435

AVANCEZ EN FRANÇAIS

D1328808

La France
et ses Régions

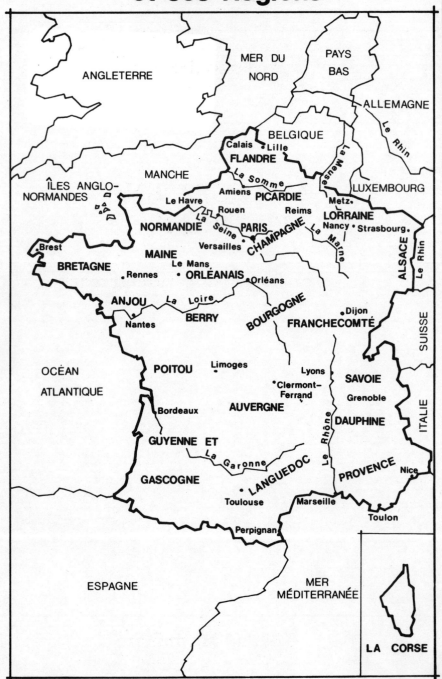

ANGLETERRE

MER DU NORD

PAYS BAS

ALLEMAGNE

Le Rhin

BELGIQUE

Calais • Lille

FLANDRE

MANCHE

La Somme

Amiens

PICARDIE

LUXEMBOURG

ÎLES ANGLO-NORMANDES

Le Havre

Rouen

Metz•

La Meuse

LORRAINE

NORMANDIE

La Seine

PARIS

Reims

CHAMPAGNE

Nancy • Strasbourg•

La Marne

Brest•

Versailles

MAINE

Le Mans

ALSACE

BRETAGNE

•Rennes

ORLÉANAIS

Orléans

Le Rhin

ANJOU

La Loire

BOURGOGNE

SUISSE

Nantes•

BERRY

•Dijon

FRANCHECOMTÉ

OCÉAN ATLANTIQUE

POITOU

Limoges•

Lyons•

SAVOIE

ITALIE

•Clermont-Ferrand

Grenoble

Bordeaux•

AUVERGNE

DAUPHINE

Le Rhône

GUYENNE ET

La Garonne

GASCOGNE

LANGUEDOC

PROVENCE

Nice•

Toulouse•

Marseille•

Toulon•

Perpignan•

ESPAGNE

MER MÉDITERRANÉE

LA CORSE

Donal Farrell

Myles Kelleher

AVANCEZ EN FRANÇAIS

A Senior Course in Written French

Gill and Macmillan

Published by
Gill and Macmillan
Goldenbridge
Dublin 8
and internationally
through association with the
Macmillan Publishers Group

© Selection and editorial matter, Donal Farrell and Myles Kelleher,
1977. All rights reserved. No part of this publication may be
reproduced or transmitted, in any form or by any means, without permission.

7171 0829 5

Reprinted with additional grammar exercises, 1979

Printed and bound in Great Britain by A. Wheaton & Co. Ltd, Exeter

CONTENTS

INTRODUCTION

Avancez en Français is intended primarily as a course textbook for the Leaving Certificate syllabus in written French. The book is divided into sections providing exercises in *Version* (translation into English), *Compréhension*, *Rédaction* (essay writing) and *Thème* (translation into French), with additional reference sections on *Grammaire* and *Vocabulaire*.

Avancez en Français provides, in one book, a complete course for pupils preparing the Ordinary Level Leaving Certificate paper. It also provides a partial course for pupils preparing the Higher Level paper. A supplementary textbook, *Avancez Encore*, will contain the additional, more advanced, exercise work needed to bring Higher Level pupils to their required standard.

The present volume includes a wide range of passages of contemporary French, arranged in order of difficulty, illustrating idiomatic usages of the language today. The passages have been selected for their inherent interest to pupils. Often they deal with topical and humorous subjects, so as to introduce pupils in a lively way to different facets of life in France itself.

The following points on the individual sections should be noted:

Version
Each passage is a complete story. A wide variety of topics has been included to suit as many tastes as possible.

The passages are graded according to their level of difficulty, one asterisk indicating an easy passage, two asterisks a less easy one and three asterisks a difficult one.

Compréhension
The passages and accompanying questions are again graded according to level of difficulty. Each passage is also complete in itself and a variety of subjects is covered.

Questions are open-ended, allowing either simple or, in many instances, more complex answers. Consequently, pupils of different ability levels can answer according to their own stage of linguistic competence.

The questions are also asked in the sequence in which answers arise in the passages, something weaker pupils will find of particular assistance. In the initial stages they will be able to locate approximately where a simple answer can be found.

1

Rédaction

Here there has been a deliberate emphasis on variety of topics, so that vocabulary in every sphere may be developed and consolidated.

Most essay topics refer back to a *version* or *compréhension* passage, encouraging the active use of vocabulary which might remain passive or, worse, be forgotten.

Thème

This section is intended mainly as an introduction to the *thème* of the Higher Level course. But all pupils can use the section as exercise work with English sentences for translation into French, highlighting certain key grammatical points.

Difficult words are translated, at this introductory stage, and cross references are given to the *grammaire* section when a specific approach is required.

Grammaire

This reference section is arranged alphabetically and is supplied with a comprehensive index, so that specific grammar points can be easily looked up.

The basic elements of functional French grammar are included, although points are not laboured unnecessarily. More complex grammatical points for Higher Level pupils will be treated in the supplementary textbook, *Avancez Encore*.

The exercises are intended to test how well grammar as an active language tool has been assimilated.

Vocabulaire

The vocabulary explains the meanings of words in the *version* and *compréhension* passages, but only in the contexts in which they appear in this book. For fuller explanations of the various meanings and usages of these and other words, pupils are advised to consult their dictionaries.

Finally the compilers of *Avancez en Français* welcome criticisms and suggestions for improvements to the book from pupils and teachers who have used it.

Donal Farrell, B.A., M. ès. L.
Masonic Boys' School
Dublin

Myles Kelleher, M.A.
Templeogue College
Dublin

VERSION

INTRODUCTION AND TECHNIQUE

In the *Version*, the aim is to produce a translation in clear, fluent English, which will be faithful to the original French text. The passage in question should be read at least twice. On the first reading we should try to obtain an overall picture of the extract—situation, characters, action, time of day, year, weather and so on. This will help in translating new words, since the context often supplies a guide to meaning.

On the second reading, two operations are required: (1) the underlining of unknown words. This allows us to see exactly where we stand in relation to the passage. Where there is little underlining, we know that there will be few problems of translation; however, where there is much underlining, considerable work will be required; (2) the jotting down of English words which seem to be particularly apt in expressing a statement or idea occurring in the French. Do not rely on memory as, under the pressure of an exam situation, this faculty cannot always be depended upon.

The actual translation is the last stage in the operation. We must bear in mind that the unit of translation is not the individual word but the sentence. To tackle the passage on a word-for-word basis will result in a distortion of meaning. There will be many new and unknown words so we shall require a technique to help deal with these:

1. Study the word. It may resemble an English word, either in construction or sound.
2. See if the word contains part of a known French word.
3. If neither of the above methods works, a guess will be called for. But this guess will not be a random choice: it will be based on contextual evidence and must therefore fit in with the rest of the passage. It is important to realise that the guess is the weak link in the chain. Whole sentences should not be changed to fit in a word which is only possibly correct. On the other hand, there is no point in leaving a blank space: a guess has a chance of being correct; a blank space is always wrong.
4. When not in an exam situation, the student should, if he is unable to discover the meaning of a word by using the above methods, consult the glossary or a dictionary.

Let us use the passages which follow to illustrate the above points. Those words which the average student might not know, but which can be worked out by using the hints just given, are in *italics*.

3

Je l'avais pris pour une *bête sauvage*, mais, pendant des années, Booto a été pour moi un compagnon sans *pareil*.

C'était pour écrire un roman que je m'étais fixé dans l'Ouest. J'avais choisi les régions sauvages et désertes de la *côte* du Pacifique, en Columbie britannique, et, à vrai dire, depuis sept mois j'y vivais dans un isolement complet.

Par une nuit de février où la *tempête faisait rage*, j'ai soudain vu, derrière les vitres de ma cabane, deux grands yeux *flamboyants*. Puis un éclair de dents m'a révélé de *féroces mâchoires* et la silhouette d'un grand corps brun. Je savais qu'il y avait un puma dans les environs, j'ai eu peur.

Très effrayé, j'ai reculé lentement jusqu'à la cuisine pour y chercher une lampe électrique et mon *fusil*. Voilà ce qui me permettrait *au moins* de me défendre et de donner un bon coup si j'étais attaqué. J'ai *allumé* la lampe pour me trouver en face d'un gros chien noir et brun aux pattes blanches qui remuait la queue.

J'ai *légèrement* ouvert la porte et il est entré dans la cabane *escorté de paquets d'eau*. Malgré sa tête énorme, il était d'une maigreur effrayante, on pouvait voir tous ses *os*. Ses yeux, beaucoup plus expressifs que des *paroles* semblaient me dire: 'S'il te plaît, donne-moi à manger.'

En effet, je lui ai donné tout ce qu'il a pu manger: les restes de mon dîner, puis deux *boîtes* de viande. Il s'est jeté dessus. Son repas terminé, il m'a *remercié* pendant une demi-heure en me *léchant* le visage.

C'est ainsi que Booto, le chien sauvage des forêts est entré dans mon existence solitaire. Maintenant, il n'est plus avec moi. J'ai dû quitter le Canada pour revenir en Écosse. Booto, lui, est resté chez des amis où il est très heureux et se porte bien. Mais, *au fond du coeur*, je sais qu'un jour je retournerai au Canada: un homme seul en *pleine* nature ne se fait pas beaucoup de vrais amis et Booto, le chien sauvage, est un de ceux que je n'oublierai jamais.

d'après Mike Tomkies: Sélection du Reader's Digest

The first word which presents us with difficulty is *bête*. However, knowing that the circumflex (ˆ) accent often indicates a missing *s* in English, the meaning soon becomes clear. Secondly, there is *sauvage*. *Savage* would not be a correct translation, as we know that the animal was friendly. Therefore a less extreme word is required. *Pareil* immediately recalls the English *parallel* which in turn recalls *equal*, *similar*.

Tempête can be handled in the same way as *bête*, while *faisait rage* presents no real problems once *tempête* has been dealt with. *Flamboyants* clearly has to do with *flame*, *bright* etc. *Féroces* is obviously connected with *ferocious* but *mâchoires* will have to be guessed.

Fusil calls to mind the English, though originally French, *fusilier*, the 19th century rifleman. Knowing that *moins* means *less* or *least*, the translation of *au moins* is fairly clear. *Allumé*, since it is followed by *lampe*, is not hard to translate; the word *lumière* gives an extra clue here.

Léger, (light or slight), is still the same word, basically, when it is made into an adverb. In the next phrase, *escorté de paquets d'eau,* we must be careful to avoid a literal translation which would be ridiculous. *Os* will require a guess, but given its connection with *maigreur (thinness)*, and *voir*, little difficulty should be met here. *Paroles* is evidently the noun from *parler*.

Here *boîtes* does not mean *boxes*, but a little thought will show what it does mean. The word *remercié* is obviously connected with *merci*, while *léchant* is not hard to guess once it is seen in context.

Au fond du coeur, when it is known that *fond* means *back* and *coeur, heart*, is easily translated. Finally, *pleine* does not exactly mean *full*.

Once we have gone through the passage in the way suggested above, we should arrive at a final draft similar to the following:

I had taken him to be a wild beast, but, for years, Booto was a peerless companion for me.

It was in order to write a novel that I had taken up residence in the West. I had chosen the wild deserted regions of the Pacific coast, in British Columbia, and, to tell the truth, I had been living there in complete isolation for seven months.

One February night, when a storm was raging, I saw, behind the window panes of my cabin, two great flashing eyes. Then a flash of teeth revealed ferocious jaws to me, as well as the outline of a large brown body. I knew that there was a puma in the area; I was afraid.

Very frightened, I slowly backed into the kitchen to fetch a torch and my rifle there. That would allow me at least to defend myself and to deal a good blow if I were attacked. I switched on the torch and found myself facing a large black and brown dog with white paws; he was wagging his tail.

I opened the door slightly and he came into the cabin dripping wet. In spite of his huge head, he was terrifyingly thin; all his bones were visible. His eyes, far more expressive than words, seemed to say to me: 'Give me something to eat, please.'

Indeed, I gave him all he could eat: the remains of my evening meal, then two tins of meat.

He pounced upon them. Once his meal was over, he thanked me for half an hour by licking my face.

It was thus that Booto, the wild dog of the forest, came into my solitary existence. He is no longer with me now. I had to leave Canada and come back to Scotland. Booto remained with friends where he is very happy and healthy. But, in the bottom of my heart, I know that one day I shall go back to Canada: a man alone in the depths of the wild does not make many real friends and Booto, the wild dog, is one of those whom I shall never forget.

Use the same step-by-step approach with the next translation:

Le *père* Sorel vit son fils *à cheval* sur une machine mais, *au lieu de* surveiller attentivement tout le mécanisme, Julien lisait. Rien n'était plus *antipathique* au vieux Sorel, cette *manie* de lecture lui était *odieuse*. Ce fut en vain qu'il appela Julien deux ou trois fois, car l'attention que le jeune homme donnait à son livre, *bien* plus que le bruit dans la *fabrique*, l'empêchait d'entendre la terrible voix de son père. Enfin, dans un *accès* de colère, celui-ci *se précipita en avant* et, d'un coup violent, fit voler le livre que tenait Julien; un second coup, donné sur la tête, lui fit perdre *son équilibre* et il tomba *à plat* par terre. Julien, *étourdi* par la force du coup et tout *sanglant se mit debout avec peine*. Il avait les larmes aux yeux, moins à cause de la *douleur* physique que pour la *perte* de son livre qu'il adorait.

d'après Stendhal: *Le Rouge et le Noir*

The first sentence presents three difficulties. The first word, *père*, can easily be mis-translated as *father*. However, in this case it means *old* or *old mister*. This should warn us to be on our guard, as things are seldom as simple as they appear. Next there is *à cheval*. Clearly, because of context, this cannot mean *on a horse*. But, equally clearly, it will be connected with the word *horse*. The translation of the final word depends on our knowing that *lieu* means *place*.

The second sentence, too, has three items to be examined. *Antipathique* is obviously the opposite of *sympathique*. *Manie* has a fairly evident meaning—the English *mania* gives a worthwhile clue. The same applies to *odieuse*—*odious* springs to mind.

In the third sentence, we meet *bien*. Too often this is translated as *well*, but its real function is to strengthen weak words. This should be borne in mind. Then comes *fabrique*. The English *prefabricate* is familiar and supplies a clue. Additionally, since there are machines in the vicinity, a guess based on contextual evidence will reinforce the already suspected meaning of the word. We can see that we need not necessarily confine ourselves to only one method of deduction: two in combination will increase the chances of accuracy.

Next is *accès*. This word does not, here, mean *access* and is a good example of what is known as a *faux ami*—a false friend whose meaning seems clear, but which serves only to mislead us. *Se précipita en avant* requires us to use both English and French to arrive at a translation. In the first place, the words *precipitate* and *precipitous* spring to mind; they both contain an idea of haste. This, combined with the fact that words like *devant* and *avant* mean *forward*, should make the translation an easy matter.

The fifth sentence gives us *équilibre*. At once a connection with *equilibrium* is seen. *Plateau* and *platform*, as well as the very sound of the phrase, indicate what *à plat* could mean. *Étourdi* will have to be guessed but, given the context, its possible meanings are fairly restricted. *Sanglant* is connected with *sang*—blood—and the ending *-ant* is the equivalent of the English *-ing*. A literal translation of the next phrase makes its meaning evident, but we should not forget that the literal translation must be put into good English: obviously, *he put himself standing with pain* is not a sufficiently fluent rendering of *il se mit debout avec peine*.

In the final sentence, *douleur* will have to be guessed. But the last difficult term is a perfect example of a noun derived from a verb, the verb being *perdre*.

We are now prepared to set out — clearly, unambiguously and fluently — a version of the passage for translation. Apart from a last check of spelling and punctuation, this will be the final operation and should resemble the following:

Old mister Sorel saw his son astride on a machine but, instead of paying close attention to the entire mechanism, Julien was reading. Nothing was more hateful to old Sorel; to him this craze for reading was odious. In vain he called Julien two or three times, for the attention that the young man was paying to his book, much more than the noise in the factory, prevented him from hearing the terrible voice of his father. Finally, in a fit of anger, the latter rushed forward and, with a violent blow, sent flying the book which Julien was holding; a second blow, against the head, caused him to lose his balance and he fell flat on the ground. Julien, bleeding and stunned by the force of the blow, stood up with difficulty. There were tears in his eyes, less because of the physical pain than for the loss of his beloved book.

Conclusion

The purpose of this section has been to show that the approach to the *Version* should not and need not be haphazard. There is a technique for tackling the problem.

PASSAGES

*Le Mauvais Garçon

Monsieur Leblanc avait un message urgent à donner à une certaine Madame Dupont. Il a traversé Paris et est arrivé enfin, assez fatigué, devant l'adresse qu'on lui avait donnée. C'était un gratte-ciel immense.

Il a frappé à la loge de la concierge. Un petit garçon est venu lui ouvrir et lui a annoncé que sa mère était dans la cour. 'N'importe,' a répondu M. Leblanc, 'tu peux sans doute me dire où habite Madame Dupont?' 'Mais certainement, Monsieur,' a répondu le petit garçon. 'Son appartement est au quinzième étage.' M. Leblanc est allé vers l'ascenseur — mais malheureusement l'ascenseur ne fonctionnait pas. Cependant il a pris l'escalier et il est monté péniblement jusqu'au quinzième étage. Le fils de la concierge l'a accompagné et lui a indiqué la porte de Madame Dupont.

M. Leblanc a sonné plusieurs fois sans résultat et enfin, découragé, il s'est tourné et a dit au petit garçon: 'Elle n'est pas là.' 'Bien sûr que non,' a répondu l'enfant, 'elle est en train de bavarder dans la cour avec ma mère.'

Cambridge O. Level

7

*En Ville

Ce jour-là il faisait très beau. J'allais avec ma classe et mon professeur faire une visite à la capitale. Nous allions voir les bâtiments publics et visiter le zoo. On a fait le voyage de chez nous, à la campagne, en autobus. Tout le monde était très content et on a chanté dans l'autobus. Quel bruit! Le professeur a crié 'Silence!' et tout le monde s'est tu. Cinq minutes plus tard on chantait encore une fois. Cette fois le professeur n'a rien dit.

A onze heures nous sommes arrivés à la banlieue et à midi nous étions en ville. Les rues étaient pleines de monde, et dans les vitrines on a vu beaucoup de belles choses—des vêtements, des tourne-disques, des guitares—mais elles étaient beaucoup trop chères. On allait visiter le musée, une usine, l'hôtel de ville, et la cathédrale qui date du moyen-âge. Malheureusement nous étions lundi et tous les bâtiments publics étaient fermés. Le professeur avait oublié cela. Il a rougi et on est allé voir l'usine. Quand on y est arrivé, on a trouvé que les ouvriers étaient en grève. Le professeur ne le savait pas. Encore une fois il a rougi.

Le zoo était ouvert et c'était vraiment chouette! On a vu des lions, des tigres, des singes, des ours (blancs et bruns) et beaucoup d'autres animaux. On a mangé là et puis l'autobus est parti pour la campagne. En traversant la ville, le conducteur de l'autobus, distrait sans doute par le bruit que nous faisions, a brûlé les feux. Naturellement on a été arrêté par un agent de police et le conducteur a passé trois quarts d'heure à expliquer à l'agent qu'il ne l'avait pas fait exprès. Cette fois c'était à lui de rougir. Quel désastre!

Enfin tout allait bien et on est reparti. De retour chez moi, j'ai répondu aux questions de mes parents en disant que l'année suivante on irait au bord de la mer. Là, au moins, la plage n'est pas fermée et les vagues ne font pas la grève!

*Paris

Montons sur une des tours de Notre-Dame, observatoire incomparable situé au coeur même de la Cité, berceau de Paris. Au-dessous de nous, la capitale s'étale comme un livre ouvert.

A nos pieds coule la Seine, qui traverse la ville à peu près d'est en ouest et qui la partage en deux grandes zones—la rive gauche et la rive droite. Au nord, la butte Montmartre où, depuis un demi-siècle, se dresse la silhouette blanche du Sacré-Coeur. Au sud la montagne Sainte-Geneviève, surmontée du dôme du Panthéon où sont enterrés beaucoup de Français célèbres—parmi d'autres, Victor Hugo.

Transportons-nous sur la dernière plate-forme de la tour Eiffel. De là nous pouvons voir les grands Boulevards. Et, bien entendu, l'Arc de Triomphe et l'avenue des Champs-Elysées qui est aujourd'hui, avec ses cinémas, ses grands cafés, ses journaux, ses stands d'automobiles, le centre du Paris cosmopolite.

Aussi peut-on voir le palais du Louvre, qui était une résidence royale mais qui, après la Révolution, est devenu un musée qui est aujourd'hui un des plus célèbres et des plus riches du monde—antiquités, sculptures, objets d'art, peintures de toutes les époques.

Voici quelques-uns des spectacles qu'il faut voir à Paris, ville qui une fois visitée, restera dans nos esprits jusqu'à la mort.

Guide France

*Les Voitures Volées

On vole chaque jour en France quatre cents voitures, soit près de cent cinquante mille par an. On peut néanmoins réduire ce risque en évitant quelques imprudences et aussi en étant bien assuré.

Les statistiques le prouvent, la meilleure protection est dans le garage privé ou collectif. Quand 1.000 voitures sont volées sur la voie publique, 22 le sont dans les garages collectifs des immeubles, 74 dans des garages privés, 28 sur des parkings collectifs à ciel ouvert.

Il vaut donc mieux ne pas parquer la nuit (15 vols sur 20 ont lieu après 22 h.) sur la voie publique, surtout le vendredi soir et le samedi soir où de nombreux voleurs amateurs empruntent une auto pour une balade, pour aller au bal à la ville voisine, pour regagner la maison après avoir raté le dernier train (ceux-là abandonnent la voiture lorsque le réservoir est vide).

A Paris, les grandes avenues des quartiers résidentiels et les boulevards extérieurs sont le terrain de chasse favori des voleurs nocturnes de voitures. Curieusement, il y a beaucoup de vols de voitures dans les lieux publics très fréquentés: parcs publics, gares, centres commerciaux. Il convient, quand on fait des courses, de bien fermer vitres et portes, ce que négligent de faire beaucoup de ménagères.

Paris Match

*La Table

La table, (c'est-à-dire les repas) est une des préoccupations essentielles de la ménagère française. Manger, c'est un des principaux plaisirs du Français. La journée commence avec le petit-déjeuner — un simple bol de café noir, café au lait ou chocolat, tartines de beurre ou croissants. A midi on mange le déjeuner — un repas important qui est souvent mangé en famille et qui comprend trois ou quatre plats. A quatre heures de l'après-midi les enfants prennent souvent le goûter — c'est-à-dire du pain ou du chocolat. Vers sept heures on mange le dîner — le repas familial par excellence, au cours duquel chacun raconte sa journée — le potage, l'entrée (oeufs, poisson, ou charcuterie), la viande, les légumes, le fromage et le dessert.

Le vin français a une renommée mondiale. Bourgogne, Bordeaux, Beaujolais, Chablis, Côtes-du-Rhône et Champagne sont tous des vins très bien connus.

La France possède une variété incomparable de fromages — plus de cent espèces et de trois cents sortes différentes. Certains, comme le Roquefort, le Camembert, et le Brie ont une réputation mondiale. On doit les manger avec un bon vin rouge.

Guide France

*Le Château de Pourbales

Il était une fois, près de Strasbourg, un vieux château de pierre rose: le château de Pourbales. C'était un peu le domaine de la Belle au Bois Dormant. Personne n'y habitait. Le parc, redevenu sauvage, était peuplé de toutes sortes d'animaux timides. Les oiseaux se disaient dans leur langage d'oiseaux que les arbres du parc étaient favorables aux nids chauds. Il y avait aussi un lac dans lequel vivait, disait-on, une très jolie fée appelée Arcane qui donnait des coups de baguette magique pour faire pousser des fleurs.

Seuls étaient tristes les petits enfants du village voisin, la Robertsau. Car le château tombait en ruines. Les grandes personnes expliquaient qu'un château coûte très cher. Ils parlaient de toits à refaire et de 120 fenêtres dont les carreaux tremblaient de vieillesse. Son propriétaire, disait-on aux enfants, était un vieux monsieur très gentil, mais absent. Si absent qu'il avait décidé de vendre son beau château pour six millions de francs. A la place du château, des messieurs de la ville voulaient construire des tours en béton armé. Des tours vilaines comme des sorcières. 'Nous ne voulons pas qu'on démolisse "notre" château et nous espérons qu'ils iront autre part construire leurs bâtiments'. C'est Michel, dix ans, qui parle au nom de toute sa classe. Ils sont 23 écoliers (11 filles et 12 garçons) et ils aiment le château de tout leur coeur. Caprice d'enfants? Mais non: patriotisme de petits Alsaciens en chaussettes et culottes courtes.

Mais se pose la question: que faire du château? Un zoo? Un musée? Une maison de la culture? Bref, beaucoup d'idées et un seul but: conserver un beau château d'Alsace à la France.

Paris Match

*Quelques Aspects de Paris

Le boulevard périphérique:
Si vous ne voulez pas traverser le centre de Paris en voiture, vous pouvez toujours prendre le boulevard périphérique. Le boulevard périphérique est un grand cercle qui entoure Paris et qui permet d'aller très vite normalement. On peut faire le tour de Paris en moins de vingt minutes si la circulation roule très bien. Mais s'il y a une auto en panne ou un accident c'est épouvantable—on peut passer des heures dans un embouteillage. Les gens s'énervent et c'est la panique. On peut être asphyxié par les gaz qui s'échappent.

La Tour Maine-Montparnasse:
Deux cents mètres de hauteur, 58 étages, 25 ascenseurs électroniques— La Tour Maine-Montparnasse est magnifique. Elle possède des bureaux, des restaurants, un centre commercial, et des parkings. On la voit de partout dans Paris. Elle est juste à côté de la gare Montparnasse. En haut de la tour il y a un restaurant. On monte en ascenseur. Ça monte très vite et c'est très moderne. Elle est devenue le rival direct de la Tour Eiffel. On dit que la plus belle vue de Paris se trouve en haut de la Tour Maine-Montparnasse, parce que c'est le seul endroit d'où on ne la voit pas! On voit alors qu'il y a des gens qui

n'aiment pas ces hautes tours. Quelques gens disent que la Tour Montparnasse est impersonnelle, comme tous ces grands bâtiments qu'on construit aujourd'hui.

Des clochards assis sur un trottoir:
Qu'est-ce qu'un clochard? Les clochards sont des gens qui ne travaillent pas et qui vivent en général de pain et de vin. Il y a des clochards qui ont abandonné un métier qu'ils avaient parce qu'ils avaient besoin d'une vie totalement indépendante, ou bien parce qu'ils ont eu des difficultés dans la vie, des problèmes graves, des crises de famille.

*La Radio et La Télévision

L'O.R.T.F. (Office de la Radio-Télévision Française) est un service public, dirigé par le gouvernement. La radio est née avec la station militaire de la Tour Eiffel. Elle a cinq chaînes qui émettent des programmes d'une grande variété et qui reflètent la vie culturelle du pays. Il y a par exemple France-Inter (ex France I et II) où l'on trouve des variétés, des chansons, des jeux et des informations. Il y a France-Culture (ex France III) où l'on trouve des programmes culturels et éducatifs et des émissions scolaires. Et il y a France-Musique, où l'on trouve la musique classique.

La France était un des pionniers de la télévision. Aujourd'hui l'O.R.T.F. a trois chaînes. On diffuse des programmes scolaires, des documentaires, des pièces de théâtre, des films, des émissions de variétés, des feuilletons, des reportages sportifs, des conseils pour l'achat des produits d'alimentation, les prévisions de la météorologie, etc.

La publicité de marques a été autorisée par le gouvernement en 1968, mais elle est limitée à huit minutes par jour et ne peut pas être diffusée au cours d'un programme (par exemple, il n'est pas permis d'interrompre un film pour diffuser un message publicitaire). La télévision française émet en couleur depuis 1967.

*Attachez votre ceinture . . .

Aujourd'hui nous allons prendre l'avion, alors attachez votre ceinture de sécurité. Nous allons apprendre quelque chose des métiers d'hôtesse de l'air et de steward. En France, pour devenir hôtesse ou steward on doit être âgé de 21 à 30 ans, on doit bien connaître l'anglais, et savoir nager. Et on doit être en bonne santé, car ce sont des métiers intéressants mais aussi très fatigants. Ce n'est pas tout — on doit avoir beaucoup de courtoisie et d'initiative.

Le salaire moyen d'une hôtesse de l'air est de 2.400 francs par mois pendant la période d'essai, et de 3.050 francs quand elle fait partie du personnel permanent.

D'abord, on fait un stage de formation pour hôtesses. Il faut apprendre à parler dans un micro, il faut savoir ce qu'il faut en cas d'évacuation de l'avion, et ce qu'il faut faire si un passager tombe malade.

'Les voyageurs à destination de Tokyo sont priés de se présenter à la porte numéro 10.' Nous allons partir à bord d'un Boeing 747. L'avion se dirigera vers l'océan Arctique pour survoler le Pôle Nord. Il fera escale à Anchorage, en Alaska, avant de repartir pour le Japon.

Avant de monter dans l'avion les passagers sont obligés de passer par le contrôle de sécurité. Un des passagers, un homme d'affaires, n'est pas content, mais malheureusement ces précautions sont indispensables.

Avec 400 passagers à bord, les hôtesses et les stewards ne vont pas avoir beaucoup de repos — 400 repas à servir, 400 personnes qui peuvent leur demander un service. 400 personnes normales sans doute, mais il y a toujours un passager — ou une passagère — qui est plus difficile que les autres. C'est là que la vie de l'hôtesse devient dure — ce n'est pas toujours la vie en rose.

Paule-Aline Dent: *B.B.C.*

*Le Coeur de Hialmar

Une nuit claire, un vent glacé. La neige est rouge.
Mille braves sont là qui dorment sans tombeaux,
L'épée au poing, les yeux hagards. Pas un ne bouge.
Au-dessus tourne et crie un vol de noirs corbeaux.

La lune froide verse au loin sa pâle flamme.
Hialmar se soulève entre les morts sanglants,
Appuyé des deux mains au tronçon de sa lame.
La pourpre du combat ruisselle de ses flancs.

— Viens ici, Corbeau, mon brave mangeur d'hommes
Ouvre-moi la poitrine avec ton bec de fer.
A tire-d'aile vole vers la fille d'Ylmer,
Cherche ma fiancée et porte-lui mon coeur.

Au sommet de la tour que hantent les oiseaux
Tu la verras debout, blanche, aux longs cheveux noirs.
Deux anneaux d'argent fin lui pendent aux oreilles,
Et ses yeux sont plus clairs que l'étoile du soir.

Va, sombre messager, dis-lui que je l'aime bien,
Et que voici mon coeur. Elle reconnaîtra
Qu'il est rouge et solide et non tremblant et las,
Et la fille d'Ylmer, Corbeau, te sourira.

d'après Leconte de Lisle

*A bas la pollution!

La pollution atmosphérique est un des grands problèmes du monde moderne. C'est notre problème à nous tous. C'est comme un cancer de la nature: l'air, l'eau, les plantes, les animaux, tout meurt lentement — et c'est nous qui sommes les responsables.

Nous avons tous une expérience de la pollution—montez voir dans un autobus ou dans un train en fin de journée. Vous respirerez l'air empoisonnant de la fumée, vous verrez par terre des bouts de papier, des journaux, des bouts de cigarette. Et vous-même, vous n'avez jamais rien jeté dans la rue sans chercher une corbeille? Nous sommes tous coupables. Il faut faire quelque chose, mais quoi?

En France, trois jeunes lycéens ont essayé de lutter contre la pollution. Marc trouve un bon moyen d'empêcher son père d'utiliser sa voiture, et la réaction de son père est intéressante! Paul et Caroline arrêtent des passants dans la rue, (Ils ont du courage!) leur demandant de ne pas jeter des papiers sur le trottoir. Heureusement, ils trouvent que tout le monde est plus ou moins contre la pollution.

Nous ne pouvons empêcher les voitures de rouler, ni les usines de cracher du poison par leurs cheminées. Mais nous pouvons encourager les gens à ne pas se servir trop souvent de leur voiture. Nous pouvons refuser d'acheter des produits qui sont emballés dans du plastique. Nous pouvons refuser de fumer, et assurer que les gens ne jettent pas d'ordures dans la rue.

La mère de Caroline a parlé du problème de la pollution à toutes ses amies. Elles ont toutes décidé de refuser toute marchandise emballée dans du plastique. Hier, l'épicier du coin est resté avec deux douzaines de litres de lait qu'il n'a pas pu vendre. Maintenant, il a compris. Il commande tout son lait dans des bouteilles en verre ou des sachets en carton.

B.B.C.

*Les noms d'enfants

Quel nom donner à son enfant? Voilà la question qui peut poser un problème à certains parents français qui désirent que leurs enfants aient un prénom un peu original. Actuellement, l'état civil admet beaucoup de noms étranges en même temps qu'il refuse ceux qu'il considère bizarres.

Doivent être acceptés tous les noms tirés du calendrier des saints; ce qui laisse de larges possibilités: Capitou, Bortanates et Zingue, ce dernier a été martyrisé en Perse il y a des centaines d'années.

On peut aussi donner à un enfant les noms qui figurent sur le calendrier de la Révolution française et qui honorent les animaux ainsi que les plantes. Vous avez donc le droit de prénommer vos enfants comme suite: Anémone, Belle de Nuit, Melon et Ver à Soie.

Mais qu'est-ce qui arrive lorsque l'état civil ne veut pas consentir à un nom quelconque? Il existe à cette intention un tribunal spécial qui, après avoir jugé l'affaire, se prononcera. Si les parents ne sont pas satisfaits de la décision, ils peuvent, en dernier ressort, aller à la Cour de Cassation; le jugement de celle-ci est final.

Il arrive quelquefois qu'un enfant soit mécontent de son prénom lequel peut lui sembler ridicule. Bien sûr il est en mesure de le faire changer pourvu qu'il écrive à Monsieur le Procureur Général—l'avocat principal de la France—exposant ses raisons.

Cependant, le tout n'est pas sans son côté humoristique. Parmi les extravagances tolérées on est en état de signaler: une Defrance a été, par plaisanterie, baptisée Marie, Antoinette, Reine. Une Delune a reçu le prénom Claire. Et l'on connaît d'innombrables Pierre Pons, de Perpetue Magloire, de Marie Constant et d'Amand Fidèle. Tout récemment, un peintre a baptisé son premier-né Lapalette.

Paris Match

*Cinéma, Télé ou Radio?

Voici quelques interviews avec des jeunes Français et Françaises:

Q. Quelles sont vos préférences — le cinéma, la télévision ou la radio?

R. Je vais assez souvent au cinéma, quand le cinéma est bon. La télé, j'aime bien ça, mais je préfère aller faire du sport dehors. Puis la radio, je ne l'écoute pas souvent. (Patrick)

Moi, je trouve que la télé est une grande enterprise commerciale, où il y a du bon et du mauvais. (Florence)

Q. Quels sont vos programmes préférés?

R. Nous, à la maison, on n'a pas du tout les mêmes goûts, alors c'est toujours la bagarre pour regarder les chaînes. Mon père, il aime les variétés; ma mère aime les films, les policiers et les westerns et moi, c'est le sport. Alors c'est la grande bagarre. (Patricia)

Q. Est-ce que les trois chaînes de télévision sont indépendantes?

R. Maintenant que les trois chaînes sont indépendantes, il y a une rivalité entre elles. Toutes les trois se font de la concurrence pour celle qui attirera le plus de spectateurs. (Norbert)

Je trouve que la télé, ça va de mieux en mieux, parce que maintenant sur les trois chaînes on met un film presque tous les soirs. (Eric)

A la télé, le soir, souvent il y a trois films, mais ce sont trois westerns ou trois policiers. (Jean-François)

Q. Est-ce qu'il y a de la réclame à la télévision?

R. Moi j'aime bien la télévision, alors à la télévision ce que j'aime mieux, c'est la réclame. (Thierry)

Moi, je trouve qu'il y a trop de réclame à la télévision. Ils répètent deux fois la même réclame tous les soirs à peu près. (Brigitte)

La publicité, c'est pour gagner de l'argent. C'est pour ça que maintenant entre une émission, deux émissions, on a de la publicité. Alors à la radio la publicité, c'est vraiment pire — on a

un quart d'heure de publicité entre une chanson et une autre!
(Émile)

Moi, je pense que c'est absolument scandaleux, et je suis tout à
fait contre la publicité. (Juliette)

Q. Est-ce que toutes les chaînes de radio et de télévision font de la
publicité?

R. En France on peut trouver des chaînes sans publicité. On peut
trouver des chaînes avec de la très bonne musique. On peut
écouter pendant des heures, sans publicité.

B.B.C.

*Des idées pour vivre 'au frais'

En été, il fait chaud; souvent, il fait trop chaud. Heureusement, il y a
des moyens simples qui diminuent l'effet désagréable de la chaleur.
    D'abord, les vêtements. Portez des habits en coton: un costume ou
une robe en pur coton semble moins attirer la chaleur. Abandonnez
pour un temps le cuir: ceinture, bracelet-montre et sandales, au profit
du tissu. Habillez-vous de chemisiers ou, bien sûr, de chemises, qui
sont larges et aérées. Ce dernier aide la circulation et si vous y faites
attention, votre journée de travail se terminera sans douleurs ni
gonflements.
    Puis, la coiffure. Après vous être lavé les cheveux, laissez-les sécher à
l'air frais; vous gagnerez ainsi une demi-heure de confort glacial. En
effet, un coiffeur célèbre, Georges Saint-Gilles, suggère de retenir les
cheveux en mi-chignon, ce qui donne l'impression de porter sur la tête
un chapeau humide.
    Ensuite, les boissons rafraîchissantes. Sans vous encombrer de
bouteilles lourdes, stockez chez vous des boissons concentrées de jus de
fruits: orange, ananas et pamplemousse. Le même goût de fruit
naturel se retrouve dans une boisson obtenue en mélangeant un sachet
de poudre dans un litre d'eau. Si vous voulez partir en pique-nique,
apportez les grandes bouteilles de citronnade plutôt que les petites:
celles-ci coûtent, proportionnellement, moins cher.
    Enfin, si vous supportez difficilement la chaleur, évitez de sortir
entre midi et deux heures. Restez chez vous, les rideaux tirés, le
ventilateur en marche et prenez une petite sieste — belle coutume
espagnole.

France Soir

*Prestige de la Culture française

La littérature française reste l'une des premières du monde et garde
une large audience internationale. Les derniers 'géants' de l'entre-
deux-guerres (Valéry, Gide, Claudel) sont morts depuis la Libération.
Mais la nouvelle génération compte d'excellents écrivains: Mauriac,
Malraux, Sartre et, bien sûr, Albert Camus, disparu tragiquement
dans un accident d'automobile. Cette jeune génération apporte de

belles et nombreuses promesses. On lui a reproché son pessimisme parce qu'elle semble peindre les aspects noirs de la vie. La cause en est très facile à dégager: vivants sous l'Occupation, les jeunes auteurs ont reçu une mauvaise impression de l'humanité qu'ils décrivent dans leurs romans.

Le théâtre français conserve son prestige, surtout à Paris. Il existe même un théâtre populaire qui s'appelle le Théâtre du Boulevard où sont jouées des pièces qui traitent des problèmes de tous les jours, par exemple: le chômage, les rapports propriétaire-locataire et le coût de la vie.

En peinture, la position de la France demeure incontestée. Les grands musées américains sont, surtout pour la période contemporaine, des musées d'art français. Et chaque année des milliers d'étrangers viennent à Paris pour visiter le Musée d'Art Moderne où sont étalés les meilleurs tableaux créés par les représentants du nouveau génie artistique.

Bref, la France a encore beaucoup à offrir au monde. Le prestige de sa littérature et de son art n'est pas près d'être oublié et, si le monde reste en paix, on pourra constater que l'avenir de la France est digne de son passé.

**La Bonne Impression

Monsieur Godin, le célèbre archéologue, était en vacances à Deauville. Un soir, comme il y avait beaucoup de clients à l'hôtel, Godin a été obligé de se mettre à table avec Monsieur et Madame Dupont.

Les Dupont venaient de gagner une grosse somme d'argent et ils se trouvaient pour la première fois dans un hôtel de luxe. Cependant ils voulaient donner l'impression qu'ils avaient beaucoup voyagé.

Par politesse Godin s'est adressé à Madame Dupont:

'Qu'est-ce que vous pensez de cet hôtel, madame?'

'Oh, il me paraît tout à fait ordinaire, monsieur,' a-t-elle répondu.

'D'habitude nous allons à l'étranger. Là on ' trouve des hôtels magnifiques et on est sûr de rencontrer des gens distingués. Tenez, l'année dernière nous étions à l'hôtel Georges V d'Athènes.'

Godin, qui connaissait très bien cette ville, a murmuré: 'Ah oui, Athènes la ville de Socrate . . .'

'Qui donc?' a demandé Madame Dupont, pour qui ce nom ne signifiait absolument rien.

'Mais Socrate, le célèbre philosophe grec, madame.'

'Ah oui, bien sûr, nous l'avons rencontré pendant notre visite,' a répondu Madame Dupont. 'C'est un homme charmant.'

Étonné, Godin a dit 'Mais madame, Socrate est mort il y a bien longtemps!' Madame Dupont a hésité un instant, puis elle a continué avec un sourire — 'Mais naturellement, monsieur, je parle de son fils.'

Cambridge O. Level

**Fêtes et congés

Les congés en France sont en grande partie commandés par les fêtes. Celles-ci comprennent les fêtes religieuses (Pâques, Ascension, Pentecôte, Toussaint, Noël) et les fêtes civiles — celles qui sont célébrées dans la plupart des pays (le Jour de l'An; la Fête du Travail) et celles qui évoquent les grandes dates de l'histoire nationale (fête de Jeanne d'Arc, Fête Nationale commémorant la prise de la Bastille, Fête de la Victoire commémorant l'armistice du 11 novembre 1918).

Comme partout, les fêtes de fin d'année — Noël et le Nouvel An — sont les plus célébrées, en raison de leur caractère familial. Noël est l'occasion de réjouissances qui réunissent petits et grands autour de l'arbre traditionnel chargé de cadeaux. On mange la dinde et la bûche de Noël.

La Fête Nationale du 14 juillet est la fête populaire par excellence. Le drapeau tricolore flotte partout — le blanc des Rois, le bleu et le rouge de Paris — aux fenêtres, sur les monuments publics, les autobus. Les troupes sont passées en revue par le Président de la République, et le soir on tire des feux d'artifice, tandis que la foule danse en plein air sur les places publiques. Vraiment, il faut être à Paris le quatorze juillet.

Guide France

**La Petite Kidnappée

Sur cette route solitaire de la Charente-Maritime, il y a la silhouette un peu irréelle d'une fillette de dix ans, étrangement vêtue d'une chemise d'homme et d'un pull-over trop grand. Surpris, un automobiliste s'arrête. Il regarde l'enfant avec ses yeux bruns et son visage dont l'expression lui paraît à la fois confiante et désorientée. Il est trois heures de l'après-midi et ce qui se prépare est l'heureux dénouement d'une histoire bizarre.

'Monsieur, je veux rentrer chez moi,' a dit l'enfant.

'D'accord: mais où habites-tu?' a-t-il demandé.

'Aux Brissonneaux, près de Saint-Gemme, avec ma maman et mes trois soeurs.'

Le conducteur pense qu'il est préférable d'aller d'abord à la gendarmerie de Saujon où, quelques instants plus tard, les représentants de la loi entendent la plus incroyable histoire de leur carrière . . .

Le 17 juin, Dominique quitte sa petite maison pour aller à l'école du village voisin. Le soir, elle ne rentre pas. Deux cents soldats, accompagnés de chiens policiers et appuyés par un hélicoptère, cherchent tous les environs pendant plusieurs jours. Pas la moindre piste. L'espoir s'éloigne peu à peu. Mme Boissard pleure sa fille.

Maintenant, de retour chez elle, l'enfant explique comment un déséquilibré l'a enlevée sur le chemin de l'école:

'Il avait une voiture. Il m'a fait monter dedans en disant: "Si tu ne montes pas, je te tue". Il m'a emmenée chez lui et m'y a gardée pendant trois mois. Il possédait un chien féroce qui m'a fait très peur. Mais, à la fin, craignant une descente de police, il m'a laissée partir.'

Aujourd'hui le kidnappeur est en prison et Dominique est chez sa mère.

Paris Match

Avancez en Français

**Le Vêtement et la Mode

La mode en France, c'est surtout la mode féminine. Elle est définie non seulement par les grands couturiers de réputation mondiale (Dior, Cardin, Chanel, Balenciaga etc.) mais aussi par les grands journaux de mode et par le goût de tous ceux qui vivent dans le monde de la Haute Couture.

La mode féminine laisse libre cours à la plus grande fantaisie — forme des vêtements, couleurs, longueur, coiffure etc. Elle les fixe en détail pour chaque occupation et pour chaque moment de la journée — tenue de travail ou de sport, robe d'après-midi, robe du soir.

Au début de chaque saison, la présentation des collections de nouveaux modèles par les mannequins chez les grands couturiers est un grand événement. Mais la mode commence à changer — même les grands couturiers proposent aujourd'hui le 'prêt-à-porter' et leurs modèles sont souvent copiés pour la Française moyenne, qui n'a pas de grosses sommes d'argent à dépenser.

Guide France

**La Photo Agrandie

La vieille Bécassine était veuve et quand son fils unique partit pour faire fortune aux États-Unis, elle se sentit très triste et très seule dans son humble maison à la campagne. Elle aurait voulu posséder un portrait de son cher garçon et le garder près de son lit: malheureusement tout ce qu'elle avait, c'était une petite photo prise par un camarade de régiment quand son fils faisait son service militaire.

Un jour, une voisine lui suggéra de faire un agrandissement de la petite photo et ainsi le lendemain elle alla à la ville. Elle entra chez un photographe.

'Pourriez-vous me faire un agrandissement?' lui demanda-t-elle en lui montrant la photo.

'Mais certainement, madame. C'est très facile, cette photo est très bonne. Je pourrais vous faire la tête seulement, si vous voulez.'

'Très bien,' répondit Bécassine. 'Mais je voudrais savoir aussi si vous pourriez lui enlever son chapeau. On m'a dit que c'est possible et je l'aime mieux nu-tête.'

'Rien de plus simple, madame. Dites-moi seulement comment votre charmant garçon porte les cheveux. En brosse? A-t-il la raie au milieu ou bien le côté?'

'Pourquoi me demandez-vous cela?' dit la vieille d'une voix étonnée.

'Vous allez le voir vous-même quand vous aurez enlevé son chapeau!'

Cambridge O. Level

**Le Petit Prince

'Le Petit Prince' is on a tour of many planets. Each one is inhabited by a particular character — e.g. 'le Roi', 'le buveur'. This one is inhabited by a vain man. . .

La seconde planète était habitée par un vaniteux:

Ah! Ah! Voilà la visite d'un admirateur! s'écria de loin le vaniteux dès qu'il aperçut le petit prince.

Car, pour les vaniteux, les autres hommes sont des admirateurs.

'Bonjour', dit le petit prince. 'Vous avez un drôle de chapeau.'

'C'est pour saluer,' lui répondit le vaniteux. 'C'est pour saluer quand on m'acclame.Malheureusement il ne passe jamais personne par ici.'

'Ah oui?' dit le petit prince, qui ne comprit pas.

'Frappe tes mains l'une contre l'autre,' conseilla donc le vaniteux.

Le petit prince frappe ses mains l'une contre l'autre. Le vaniteux salua modestement en soulevant son chapeau.

'Ça c'est plus amusant que la visite au roi,' se dit en lui-même le petit prince. Et il recommença de frapper ses mains l'une contre l'autre. Le vaniteux recommença de saluer en soulevant son chapeau.

Après cinq minutes d'exercice le petit prince se fatigua de la monotonie du jeu:

'Et, pour que le chapeau tombe,' demanda-t-il, 'que faut-il faire?'

Mais le vaniteux ne l'entendit pas. Les vaniteux n'entendent jamais que les louanges.

'Est-ce que tu m'admires vraiment beaucoup?' demanda-t-il au petit prince.

'Qu'est-ce que signifie admirer?'

'Admirer signifie reconnaître que je suis l'homme le plus beau, le mieux habillé, le plus riche et le plus intelligent de la planète.'

'Mais tu es seul sur ta planète!'

'Fais-moi ce plaisir, Admire-moi quand même!'

'Je t'admire,' dit le petit prince, en haussant un peu les épaules, 'mais en quoi cela peut-il bien t'intéresser?'

Et le petit prince s'en alla.

'Les grandes personnes sont décidément bien bizarres,' se dit-il simplement en lui-même durant son voyage.

Antoine de Saint-Exupéry: *Le Petit Prince*

**Je veux être. . . ?

Tout est difficile quand on est à l'école. Non seulement, il faut apprendre mais il faut aussi choisir une carrière, donc il faut faire un choix parmi les options qu'offre l'école. Et ce choix doit être fait tôt, c'est-à-dire quand on a quinze ans, sinon c'est trop tard. Pour faire des études de Médecine, par exemple, vous devez choisir l'option 'Mathématiques et Sciences' pour votre baccalauréat. Le 'bac' vous permet d'entrer, par exemple, à la Faculté de Médecine, mais les études sont longues. Elles durent sept ans, et l'examen à la fin de la première année est très difficile. Il faut le réussir pour pouvoir continuer.

Il y a d'autres métiers. On peut aller à l'Université afin de devenir professeur, ou scientifique. Aussi y a-t-il le droit et les affaires. On peut choisir l'armée, la marine ou l'armée de l'air. On peut devenir infirmière ou secrétaire, architecte, ou ingénieur, dentiste ou mannequin. Quel choix! Il y a les bureaux, les banques et l'Etat qui donnent de l'emploi.

Mais y a-t-il vraiment un bon choix pour tous les étudiants? Et que fait-on de ceux qui quittent l'école avant d'avoir fait les examens de fin d'école? Aujourd'hui il faut avoir de très bonnes notes dans les examens pour entrer à la Faculté ou à un collège technique. Et aussi faut-il avoir de l'argent. Alors en principe il y a, semble-t-il, un bon choix, mais en réalité?

A vous de juger!

B.B.C.

**La Révolution Française

En 1789 la Révolution était inévitable. Parmi les causes principales étaient les idées et les critiques de plus en plus violentes des philosophes, l'exemple des États-Unis d'Amérique, la crise financière et la misère du peuple. En moins de cinq ans les structures de l'Ancien Régime — la monarchie absolue et le pouvoir des aristocrates — étaient détruites.

Presque d'un seul coup, la Révolution était totale. Le 14 juillet 1789, c'est la révolution politique. La prise de la Bastille symbolise le renversement de la monarchie absolue. La nuit du 4 août 1789, c'est la Révolution sociale. Par l'abolition des privilèges, la France bourgeoise succède à la vieille France aristocratique. Le 26 août, c'est la Révolution juridique. La Déclaration des Droits de l'Homme et du Citoyen affirme les grands principes de la race humaine: — 'Le but de la société est le bonheur commun.' 'Les droits de l'homme sont l'égalité, la liberté, la sûreté, la propriété.' 'Tous les hommes sont égaux par la nature et devant la loi.' Enfin, le 22 décembre, c'est la révolution administrative. La France est divisée en Départements au lieu des Provinces de l'Ancien Régime. En 1792 la République française est née.

Guide France

**Le Professeur Distrait

Un vieux professeur bien connu demeurait près de Paris. Il avait cinq enfants, tous mariés, qui le taquinaient souvent à cause de sa distraction. Un matin, comme il partait pour Paris où il allait faire une conférence à l'Université, sa femme lui dit: 'Chéri, n'oublie pas d'acheter des cadeaux de Noël pour les enfants.'

Au cours de son voyage le professeur réfléchit à sa conférence. En face de lui un monsieur lisait un journal. Ils étaient si absorbés tous les deux qu'ils ne remarquèrent pas qu'un brusque arrêt du train avait fait tomber le parapluie du monsieur. Lorsque le train arriva en gare, le professeur prit distraitement le parapluie et se leva. Alors son compagnon de voyage lui dit: 'Pardon, monsieur, ce parapluie est à moi.' S'excusant, le professeur remit tout de suite le parapluie à son propriétaire.

Mais cet incident lui donna une idée. Il entra chez un marchand de parapluies et acheta cinq parapluies pour ses cinq enfants.

Le soir, il rentra à la Gare pour retourner chez lui. Il était assez chargé — à cause de ses cinq parapluies — et il monta dans le premier compartiment du train. En face de lui un monsieur souriait: le professeur reconnut son voisin du matin qui, indiquant les cinq parapluies, lui adressa un clin d'oeil, et dit: 'Une bonne journée, hein?'

Cambridge O. Level

**Pourquoi Fume-t-on?

Pourquoi fume-t-on? Dans sa revue 'Flammes et fumées' le SEITA (Service d'Exploitation Industrielle des Tabacs et Allumettes) détaille les bienfaits du tabac. On fume, y lit-on, 'par plaisir.' 'Parce que, comme les diamants, la cigarette contribue au prestige social.' Pour 's'affirmer.' Parce que 'la fumée chaude que l'on avale égale le lait chaud de la mère.' Parce que 'c'est un piège dans l'arsenal des moyens de séduction.' Parce que, enfin 'fumer procure un climat de sécurité.'

Cette dernière affirmation est sans doute la plus vraie. Les experts mondiaux du tabagisme sont d'accord: le fumeur cherche à se placer dans un état d'émotion artificielle qui lui permet de résister aux agressions de la vie moderne. Mais, en même temps, il accoutume son organisme à une certaine dose de nicotine dont il ne peut plus se passer sans ressentir les affres du manque. L'emprise du tabac sur l'organisme est telle que, dans certains traitements, on recommande des chewing-gum ou des piqûres à la nicotine.

Chaque année, estime le Dr Daniel Schwartz, le tabac tue en France 37.000 personnes. Il est responsable de 95% des 18.000 décès dûs chaque année au cancer des voies respiratoires. 'Au total' explique M. Yves de Givry, directeur du Comité contre le tabagisme, 'on estime que les dépenses médicales et sociales dues au tabac sont trois fois plus élevées que les recettes qu'il procure à l'État.'

L'Express

**J'étais dans l'orchestre à Auschwitz

Pendant dix mois, elle a vécu à Auschwitz—ou plus exactement à Birkenau, dans le camp des femmes—à moins de cinquante mètres de la chambre à gaz. Pendant dix mois, des centaines de milliers de condamnées sont passées sous ses fenêtres, croyant aller à la douche, et ont été transformées en cendres. Des cendres qui, dispersées au vent de la plaine polonaise, s'infiltraient partout dans le camp. . . Elle s'appelle Fania Fénelon. Musicienne professionnelle, elle doit sa vie à Puccini et à *Madame Butterfly,* car elle a été choisie pour chanter un solo de cet opéra et elle a fait partie de l'orchestre du camp.

Cet orchestre avait un double but. D'abord d'offrir aux S.S. un divertissement, et de tromper les nouvelles arrivantes sur la nature de l'enfer qu'elles venaient de gagner.

Dans un livre, elle raconte d'incroyables histoires—la souffrance, la mort, l'évasion et enfin—pour ceux qui avaient de la chance—la libération.

Chaque jour elle a vu des centaines de femmes et leurs enfants qui arrivaient au camp. 'Installées au milieu de leurs bagages sur des couvertures qu'elles ont apportées, ces femmes font cuire des soupes, réchauffent du lait, donnent à manger à leurs petits enfants. Nous ne savons plus où poser nos pieds, nous enjambons des grand-mères endormies dans d'innombrables jupes. Certaines pleurent, surtout les très vieilles et les très jeunes. Toutes ces femmes polonaises ont l'air soucieuses et semblent perdues, elles regardent autour d'elles — quel est cet endroit?'

Au-dessus des crématoires, les lourdes fumées indiquent qu'ils sont pleins. Alors on laisse les femmes et leurs enfants là . . . à attendre leur tour. Il fait beau et ce camp est plein d'enfants qui courent, jouent, se poursuivent malgré l'inquiétude de leurs mères. Ils ne savent pas qu'eux aussi vont suivre les autres — Juifs de presque toutes les nations européennes, soldats dans les résistances, et beaucoup d'autres — dans les crématoires.

Paris Match

**Major Thompson

— Prenez, par exemple, le temps.

Les Français sont peut-être des maîtres dans la conversation, mais ce sont des enfants lorsqu'il s'agit de parler du temps. C'est là une spécialité dont les Anglais sont les rois incontestés. Il faut d'ailleurs rendre cette justice aux Français qu'ils ne cherchent en aucune façon à faire concurrence à leurs voisins sur ce plan. En France, parler de la pluie et du beau temps, cela revient à avouer que l'on est incapable de parler d'autre chose. En Angleterre, c'est un devoir sacré et la marque d'une sérieuse éducation. Pour être un vraiment bon Anglais, il faut d'abord savoir parler du temps, du temps qu'il fait, du temps qu'il fit, du temps qu'il pourrait faire. . . Un mot revient plus que n'importe quel autre dans la conversation, un mot-clef, un mot roi: *weather . . . rainy weather . . . cloudy weather . . . dreadful weather . . . stormy weather . . . incredible weather . . .* ! Il est probable qu'à l'origine du monde le temps fut conçu, en partie, pour permettre aux Anglais d'en parler. En vérité, il n'y a pas un seul pays où l'on en parle autant. C'est peut-être pourquoi il y fait si mauvais. L'impressionnante dépense de vocabulaire météorologique que l'on fait chaque jour en Angleterre doit perturber l'atmosphère.

Mais ce n'est pas là la seule différence qui sépare les Anglais des Français dans la conversation.

En France on exagère le moindre incident. En Angleterre on minimise la plus grande catastrophe. Si un Français arrive à un dîner avec une heure de retard parce qu'il s'est trompé de jour, il parlera toute la soirée de son invraisemblable aventure. Si un Anglais arrive quelques minutes en retard parce que le toit de sa maison s'est effondré, il dira qu'il a été retenu par une 'slight disturbance.'

Pierre Daninos: *Les Carnets du Major Thompson*

**Les Épouses Abandonnées

Quand quatre femmes se liguent en secret, leurs maris doivent se mettre en garde. Les quatre 'Charlots', un groupe de chanteurs français, viennent de découvrir ce fait, à leurs depens. Ce qui a déclenché la crise, c'est le départ des hommes pour le Festival de Cannes.

Comme elles ont l'habitude de le faire chaque fois que leurs époux partent en voyage, les femmes les ont accompagnés à l'aéroport Charles de Gaulle où ils devaient prendre l'avion. Après un dernier au revoir, elles sont montées sur la terrasse pour regarder le décollage de l'appareil Air Inter. Un peu plus tard, elles se sont retrouvées, toutes les quatre, assises devant un café au bar de l'aéroport. Devant elles il n'y a que l'amère perspective de deux semaines de solitude.

Pour leurs maris, le soleil, la plage et son sable doré, les voitures de luxe, les honneurs et les réceptions brillantes. Quant aux femmes, il y a la maison à tenir, les gosses à surveiller, les coups de téléphone à noter et, surtout, les longues soirées en tête à tête avec la télévision, comme toujours . . .

Mais tout à coup, les épouses abandonnées se sont rendu compte qu'elles en avaient assez d'être les éternelles sacrifiées. Alors, d'un commun accord, elles ont décidé de tenir un véritable conseil de guerre. Le résultat était qu'elles ont menacé, purement et simplement, de demander le divorce si les maris n'acceptaient pas de changer leur façon de vivre.

Dès que cette nouvelle leur est parvenue, les 'Charlots' se sont vraiment inquiétés, bien sûr, et les maris ont fait envoyer des fleurs à leurs femmes. Inutile. Elles tenaient ferme face à ces 'pots-de-vin'. Heureusement, le conflit a été résolu par un compromis intelligent: à l'avenir, quand les époux s'en iront aux festivals, ils emmèneront les femmes avec eux.

France Dimanche

**Le coq de la classe

Jasmin Delouche, encore qu'assez petit, était l'un des plus âgés du Cours Supérieur. Il était fort jaloux du grand Meaulnes, mais il donnait l'impression d'être son ami. Avant l'arrivée de Meaulnes, c'était lui, Jasmin, le coq de la classe. Il avait une figure pâle et fils unique de la veuve Delouche, aubergiste, il faisait l'homme et il répétait avec vanité ce qu'il entendait dire aux joueurs de billard, aux buveurs de vermouth.

A son entrée, Meaulnes leva la tête et cria:

'Est-ce que je ne peux pas être tranquille une minute ici?'

'Si tu n'es pas content, il fallait rester où tu étais,' répondit Jasmin, sans lever la tête.

Je pense que Meaulness était dans cet état de fatigue où la colère monte subitement sans qu'on puisse la contenir car, en un rien de temps, il était sur son adversaire. D'une poussée violente, Meaulnes le jeta au milieu de la classe; puis le saisissant de nouveau, il tenta de le jeter dehors mais Jasmin s'était agrippé aux pupitres et il traînait les pieds sur les dalles. Soudain, quelqu'un signala l'arrivée du maître.

Aussitôt la bataille s'arrêta.

Alain-Fournier: *Le Grand Meaulnes*

**La Valise Oubliée

A cinq heures du matin toute la famille Arnaud était debout.

L'automobile attendait, le réservoir plein d'essence. Les Arnaud avaient devant eux sept cents kilomètres de route à faire.

Le plus âgé des enfants, François, voulait aider son père et avait offert d'aller chercher dans la maison tous les petits bagages et paquets qui restaient. Son père avait déjà mis les gros bagages dans la voiture et s'occupait à vérifier que tout était bien attaché. Anne et Louise, les deux filles, et leur mère se sont installées dans la voiture. François a apporté un dernier paquet et il est monté avec les autres.

'Tu es sûr que c'est tout?' a demandé son père, avant de fermer la porte de la maison à clef.

'Oui, papa, j'en suis sûr.'

'As-tu fermé toutes les fenêtres?' a dit Madame Arnaud à son mari.

'Oui, c'est fait. Alors, en route!'

On roulait vite à cette heure matinale, mais en traversant la ville de Chartres, Monsieur Arnaud a dû s'arrêter devant un feu rouge. La vue de ce feu rouge a donné une idée à sa femme.

'François,' a-t-elle dit, 'je ne vois pas ma petite valise rouge. L'as-tu bien mise dans la voiture?'

'Oh!' s'est exclamé François, 'que je suis bête! Non je l'ai laissée dans le salon.'

'Petit imbécile! Tu ne penses jamais à rien. Il faut retourner tout de suite,' a dit son père. 'Nous venons de faire une heure de route. Nous en perdrons donc deux.'

De retour à la maison, François s'est précipité dans le salon pour prendre la valise, mais avant de sortir de la maison, il a jeté un coup d'oeil dans la cuisine pour s'assurer qu'il n'avait pas oublié autre chose. Mais quelle surprise! Il a remarqué que la fenêtre était grande ouverte et que l'eau coulait du robinet. Et c'était son père qui en était responsable! Heureusement qu'il avait oublié la valise!

Cambridge O. Level

**Vacances et Loisirs

Les mois de juillet et d'août voient, en France, les migrations les plus étonnantes vers les plages, laissant derrière elles des villes désertes, et tout particulièrement Paris. Le premier juillet et le premier août il ne faut pas être sur les routes de France. Plus particulièrement on doit éviter à tout prix les sorties des grandes villes. Les Français sont en vacances!

Aujourd'hui les travailleurs français ont un mois de congés payés, à part les fêtes nationales, telle le 14 juillet.

Plus de trois millions de touristes français vont à l'étranger — en Allemagne, en Italie, en Suisse, en Espagne, en Angleterre, en Irlande, ou même plus loin. Le camping — mais le camping tout confort bien sûr — est devenu un phénomène culturel nouveau. Et en dehors des vacances d'été, il faut noter l'essor extraordinaire des sports d'hiver (le ski, etc.).

Le week-end — une conception anglaise — est devenu un phénomène bien français. L'intense circulation routière entre chaque vendredi et dimanche soir nous démontre ce fait.

Quant aux loisirs, ils sont nombreux et variés allant du bricolage et du jardinage aux sports, à la lecture et à la fréquentation des salles de cinéma. Le petit écran est toujours un des divertissements principaux des Français. Et n'oublions pas les courses de chevaux et le pari, et enfin l'annuel Tour de France.

**La Haute Couture

Madame Grès est la doyenne des grands couturiers. Au printemps, elle présente sa nouvelle collection à Paris. 'Chaque robe,' dit-elle, 'pour moi, est une nouvelle création et, à chaque collection, je laisse un peu de ma vie. C'est terrible car, chaque fois, je ne peux me mettre au travail que contrainte et forcée, trois semaines avant la collection. Et alors je suis prise d'une telle peur panique que j'ai parfois envie de me jeter par la fenêtre. . .'

Anne-Aymone Giscard d'Estaing, depuis quelque temps, est devenue cliente de Grès. 'Oui j'habille notre présidente. Et aussi la Duchesse d'Orléans, Mme Onassis, Marlène Dietrich et Romy Schneider. Je tiens beaucoup à mes clientes, aux femmes qui portent mes robes. Une cliente doit comprendre la robe pour l'aimer et c'est seulement si elle l'aime qu'elle saura la porter. C'est vrai, je ne peux pas habiller toutes les femmes. Mais j'adore me promener dans les rues où je retrouve, adaptées, les idées que la couture a lancées souvent plusieurs années en arrière. Les nouvelles façons d'interpréter ces idées sont souvent pleines d'humour, de fantaisie, de vie et d'actualité.'

Paris Match

**La Visite chez le Médecin

Mathieu était un pauvre paysan qui demeurait au fond de la campagne. Il avait déjà dépassé sa quatre-vingtième année et il n'avait jamais été malade. Cependant il commençait à avoir des douleurs à la jambe droite. L'un après l'autre il essaya tous les vieux remèdes que ses voisins lui suggéraient mais les douleurs continuaient toujours et devenaient de plus en plus insupportables. Un jour il dit à sa femme qu'il fallait se résigner à consulter le docteur pour la première fois de sa vie.

Il se rendit donc chez le médecin du village et, une fois entré dans le cabinet de consultation, il se lamenta:

'Docteur, depuis quelque temps ma jambe droite me fait mal. Je ne sais pas pourquoi. Voyez, je vous en prie, si vous pouvez arranger ça.'

Le médecin examina la jambe, et fit toutes sortes de tests sans pouvoir rien trouver.

Puis, finalement, il fit connaître son verdict:

'Mathieu, mon ami,' dit-il, 'votre jambe n'a rien. Je ne peux pas la guérir, votre infirmité est due seulement à l'âge.' 'Mais quelle est cette histoire que vous me racontez?' s'indigna le vieux paysan. 'Ma jambe gauche a exactement le même âge que l'autre, et celle-là ne me fait pas mal du tout!'

Cambridge O. Level

**Les Enfants Surdoués

Beaucoup de parents s'intéressent aux problèmes posés par le professeur Rémy Chauvin — les enfants surdoués. A première vue, ces enfants trop intelligents ne devraient pas avoir de problèmes. Pourtant c'est tout le contraire. Leurs besoins intellectuels sont énormes et le plus souvent rien ne leur permet de s'épanouir. Une conférence mondiale s'est tenue à Londres afin que l'éducation des enfants surdoués soit particulièrement suivie. Mais comment savoir si son enfant est surdoué?

La plupart des parents sont persuadés que leur enfant est le plus intelligent. C'est 'souvent vrai' . . . mais un enfant surdoué est beaucoup plus qu'un enfant intelligent ou brillant. Voici quelques exemples: le petit David a appris à lire à 18 mois, assis sur le genou de sa mère pendant qu'elle tapait à la machine. Millie pouvait lire 700 mots à 26 mois et demi. Verda pouvait lire et imprimer sur une petite machine-jouet toutes les lettres de l'alphabet à 4 mois. Madeleine pouvait compter jusqu'à 100 à 3 ans, etc.

Le pourcentage d'enfants surdoués est d'environ un pour 10.000 et il est bon de préciser que l'on en trouve dans toutes les classes de la société. L'éducation et la fortune n'y sont pour rien. Pourtant il y a des 'génies' qui sont doués d'une extraordinaire imagination plutôt que d'un goût pour la lecture, le calcul et l'école. Louis Pasteur était un élève très médiocre, surtout en chimie. Einstein n'était pas dans les premiers de sa classe et Winston Churchill n'avait qu'une idée — ne rien faire à l'école.

Évidemment il faut beaucoup s'occuper de l'enfant surdoué. On peut essayer de lui faire apprendre une deuxième langue, et même une troisième. Il faut l'encourager à dessiner, à peindre, à lire et répondre à toutes ses questions. Le laisser trop regarder la télévision n'est pas bon car elle encourage la passivité. Montrer à l'enfant un maximum de paysages, musées, spectacles; lui apprendre à jouer aux échecs. Un club d'échecs pour enfants fonctionne à Nice. Il y a des adeptes âgés de 5 ans!

Paris Match

**L'enfant noyé

Oui, c'était au cimetière qu'ils allaient. Au ciel, il y avait un soleil rouge qui brillait à travers les nuages. Le jeune garçon tenait la main de son père mais, après quelques moments, il a mis les mains dans ses poches parce qu'il faisait trop froid. Quand ils sont arrivés à l'église, le père est entré dans la sacristie pour chercher la bêche avec laquelle il enlevait les mauvaises herbes qui poussaient sur les tombeaux.

L'enfant s'est assis sur un mur bas d'où il regardait son père qui travaillait en silence. Il ne pouvait entendre que les coups de bêche et un rouge-gorge qui chantait, perché sur une branche tout près. Enfin, Guillaume, le fils, a décidé d'aller se promener dans le bois près de la rivière noire. Donc, sans rien dire à son père, il s'est levé et s'est mis en route.

Pendant tout ce temps, Jean-Luc, le père, continuait son travail; il n'avait point remarqué l'absence du jeune Guillaume. Cependant, puisqu'il voulait que son fils l'aidât, il s'est retourné et il a vu que l'enfant n'était plus là. Il s'est approché du mur et il a vu son fils qui était sur le point de disparaître derrière les arbres.

Comme un éclair, il a jeté sa bêche et s'est lancé à la poursuite de cet échappé. Il a couru aussi vite que possible mais l'enfant avait déjà gagné la rivière et, quand Jean-Luc y est arrivé, il n'a rien vu sauf un petit béret qui flottait sur la surface de cette rivière sombre. Qu'allait-il dire à sa femme?

François Mauriac: Le Sagouin

**La Libération de la Femme

La femme a toujours joué un rôle important dans la société française. Elle est inséparable de l'amour, qui fut toujours, en France, 'la grande affaire'.

Pourtant l'amour ne semble plus pour la Française la condition impérative du bonheur. Elle dit que 'le grand amour' est rare dans sa vie, et un mariage sur cinq seulement — selon les enquêtes — est un mariage d'amour. La femme française désire avant tout un bon mari, un bon ménage, un 'chez-soi' confortable.

Mais elle désire aussi, de plus en plus, s'assurer une existence indépendante. Longtemps réduite à un rôle moins important que celui de l'homme, la Française d'aujourd'hui — grâce aux efforts des mouvements féministes — est juridiquement devenue l'égale de l'homme et la partenaire de son mari.

Son activité sociale (une femme sur deux travaille au dehors) transforme peu à peu non seulement le genre d'existence de la femme, mais le visage même de la famille et les rapports de ses membres — père, mère et enfants. La Française a atteint sa majorité.

Guide France

**Chagrin d'Amour

Le père de Félicité, un maçon, s'était tué en tombant d'une échelle. Puis sa mère mourut, ses soeurs se dispersèrent et un fermier la recueillit et l'employa toute petite à garder les vaches dans la campagne. Elle grelottait de froid sous des haillons, buvait à plat ventre l'eau des étangs, à propos de rien était battue, et finalement fut chassée pour un vol de trente sous, qu'elle n'avait pas commis. Elle entra dans une autre ferme, y devint fille de basse cour, et, comme elle plaisait aux patrons, ses camarades la jalousaient.

Un jour du mois d'août, elle avait alors dix-huit ans, elle alla à la foire d'un village voisin. Tout de suite, elle fut stupéfaite par le bruit, la lumière brillante, cette masse de monde sautant à la fois. Elle se tenait à l'écart modestement, quand un jeune homme qui fumait une pipe vint l'inviter à la danse. Il lui paya du cidre, du café, de la galette et un foulard. Vers la fin de la soirée il offrit de la reconduire.

Chemin faisant, il parlait des récoltes, du temps qu'il faisait, du travail de la ferme. Ils marchaient, se tenant par la taille, tout droit à la ferme où travaillait Félicité et, au seuil, Théodore demanda et obtint un rendez-vous pour la semaine suivante. Ils se revirent bien des fois et, au mois de septembre, le jeune homme proposa de l'épouser; elle accepta. Ses parents à lui, cependant, ne voulaient pas que leur fils épousât une simple fille de ferme et ils mirent fin à la liaison.

Ce fut un chagrin désordonné. Félicité se jeta par terre, poussa des cris épouvantables, appela le bon Dieu, et gémit toute seule dans la grange jusqu'au soleil levant. Puis elle revint à la ferme, déclara son intention d'en partir; et, au bout du mois, ayant reçu ses gages, elle enferma tout son petit bagage dans un mouchoir et s'en alla dans la direction de Dijon.

Après y être arrivée, alle entra dans une auberge pour demander au tenancier s'il connaissait quelqu'un qui cherchait une cuisinière. Il répondit qu'une bourgeoise de la ville en recherchait une et lui donna l'adresse de cette personne. Voilà comment Félicité s'engagea chez Mme Aubain.

Flaubert: *Un coeur simple*

**Quels Changements en Éducation?

Pour réorganiser une grande entreprise, il est indispensable de savoir précisément ce qu'on désire accomplir par ce changement. Si, par exemple, on veut modifier le système éducatif, il faut définir les principaux objectifs à atteindre. C'est la fonction du Ministre de l'Éducation Nationale de proposer ces nouveaux buts; ce qu'il a fait, d'ailleurs, tout récemment. Ils sont, par ordre d'importance: donner à toute la nation une formation de base qui répond aux exigences de la vie moderne. Cette nouvelle éducation doit être donc plus large que l'ancienne. Deuxièmement, elle doit améliorer la qualité de l'éducation du niveau élevé, celle des universités en particulier pour maintenir à la France ses capacités de progrès. Troisièmement, elle doit promouvoir l'égalité des chances pour les enfants des différentes classes sociales. Finalement, elle doit faire attention aux données de la physiologie, de la psychologie et de la médecine pour définir les normes du travail scolaire.

Pour en finir, laissons parler le Ministre lui-même:

'Aujourd'hui la France doit proposer un système d'éducation qui lui donnera la possibilité d'être parmi les nations les plus importantes dans les années à venir.'

Le Figaro

***L'Étranger

Qu'est-ce que je faisais pour passer le temps dans ma cellule?

Il y avait d'abord le sommeil. Au début, je dormais mal la nuit et pas du tout le jour. Peu à peu, mes nuits ont été meilleures et j'ai pu dormir aussi le jour. Je peux dire que, dans les derniers mois, je dormais de seize à dix-huit heures par jour. Puis il y avait les repas, les besoins naturels, mes souvenirs et l'histoire du Tchécoslovaque.

En effet entre ma paillasse et la planche du lit, j'avais trouvé un vieux morceau de journal presque collé à l'étoffe, jauni et transparent. Il relatait un fait divers dont le début manquait, mais qui avait dû se passer en Tchécoslovaquie. Un homme était parti d'un village tchèque pour faire fortune. Au bout de vingt-cinq ans, riche, il était revenu avec une femme et un enfant. Sa mère tenait un hôtel avec sa soeur dans son village natal. Pour les surprendre, il avait laissé sa femme et son enfant dans un autre établissement, était allé chez sa mère qui ne l'avait pas reconnu quand il était entré. Par plaisanterie, il avait eu l'idée de prendre une chambre. Il avait montré son argent. Dans la nuit, sa mère et sa soeur l'avaient assassiné à coups de marteau pour le voler et avaient jeté son corps dans la rivière. Le matin, la femme était venue, avait révélé sans le savoir l'identité du voyageur. La mère s'était pendue. La soeur s'était jetée dans un puits. J'ai dû lire cette histoire des milliers de fois. D'un côté, elle était invraisemblable. D'un autre, elle était naturelle. De toute façon, je trouvais que le voyageur l'avait un peu mérité et qu'il ne faut jamais jouer.

Ainsi, avec les heures de sommeil, les souvenirs, la lecture de mon fait divers et l'alternance de la lumière et de l'ombre, le temps a passé.

Albert Camus: *L'Étranger*

***Une journée à la cour de Louis XIV

Louis XIV n'a jamais eu de vie privée, mais seulement une vie publique. Dès son réveil, il est soumis à une série d'actions réglées par l'étiquette, qui est scrupuleusement respectée. D'abord, le matin, il y a le 'petit lever' pour les intimes du roi, puis un second 'lever' pour les courtisans. La journée continue ainsi, la vie de la cour se confondant avec celle du roi.

Il est important de rappeler que le règne de Louis XIV va s'étendre sur presque trois quarts de siècle, commençant en 1643 à la mort de son père, Louis XIII, quand il n'a que cinq ans, et finissant à sa mort en 1715.

Pendant sa minorité, sa mère, Anne d'Autriche, exerce la régence et gouverne avec l'aide de Mazarin, le premier ministre, qui se charge de l'éducation politique du futur roi. Mazarin lui enseigne surtout l'importance du pouvoir personnel et la nécessité de réduire au minimum l'indépendance de la noblesse.

Il décide de ne jamais habiter Paris quand il sera roi et il rêve de faire bâtir un grand château loin de la ville. Il épouse Marie-Thérèse et, fidèle aux leçons de sa jeunesse, il gouverne lui-même. Il est au courant des affaires du pays et tient conseil avec ses ministres tous les jours— sauf le jeudi, qu'il réserve aux audiences le matin et à la chasse l'après-midi.

En effet, il suit un emploi du temps rigide et organise un programme quotidien. Ce programme s'étend également à la reine, aux princes et aux princesses et à tous les courtisans qui se pressent autour du 'Roi-Soleil', espérant peut-être quelque faveur, ou même seulement une remarque, un sourire, un regard.

Cette étiquette a un but très clair— la soumission des nobles. Ceux-ci se sentent humiliés, mais que faire? Il leur est impossible de quitter la cour, car le roi n'accorde ses faveurs qu'à ceux qui lui sont familiers. Et ces nobles ont besoin d'argent. Ils se sont ruinés dans les campagnes militaires et puisqu'ils sont des nobles, ils ne peuvent pas travailler!

Le Roi-Soleil possède maintenant un superbe château — à Versailles — entouré de jardins élégants où des fêtes somptueuses ont lieu et où les courtisans sont plus nombreux que jamais. Louis a réalisé son rêve.

B.B.C.

***Les Chasseurs de Casquettes

Au temps dont je vous parle, Tartarin de Tarascon n'était pas encore le Tartarin qu'il est aujourd'hui, le grand Tartarin si populaire et connu dans tout le Midi de la France. Pourtant — même à cette époque — c'était déjà le roi incontesté de Tarascon. Disons d'où lui venait cette royauté.

Vous saurez d'abord que là-bas tout le monde est chasseur, depuis le plus grand jusqu'au plus petit: la chasse est la passion des Tarasconnais, et cela depuis bien longtemps. Donc, tous les dimanches matin, Tarascon prend les armes et sort de ses murs, le sac au dos, le fusil sur l'épaule, le cor de chasse suspendu au cou et suivi des chiens. C'est superbe à voir. . . Par malheur le gibier manque, il manque absolument. A cinq lieues autour de Tarascon pas un merle, pas une caille, pas le moindre lapin, pas le plus petit renard. Ah ça! me direz-vous, puisque le gibier est si rare, qu'est-ce que les chasseurs font donc tous les dimanches?

Eh bien, ils s'en vont en pleine campagne, à deux ou trois kilomètres de la ville, ils se réunissent par petits groupes de cinq ou six et alors chacun de ces messieurs prend sa casquette et la jette en l'air de toutes ses forces et la tire au vol. Celui qui met le plus souvent dans sa casquette est proclamé roi de la chasse, et rentre le soir en triomphe à Tarascon, la casquette criblée au bout de son fusil, au milieu des aboiements et des fanfares. Inutile de vous dire qu'il se fait dans la ville un grand commerce de casquettes de chasse. Il y a même des chapeliers qui vendent des casquettes trouées et déchirées à l'avance à l'usage des maladroits; mais on ne connaît que le pharmacien qui leur en achète. C'est déshonorant!

Comme chasseur de casquettes, Tartarin n'avait pas son pareil. Tous les dimanches matin, il partait avec une casquette neuve: tous les dimanches soir, il revenait avec une loque. Dans sa petite maison, les greniers étaient pleins de ces glorieux trophées. Aussi les Tarasconnais le reconnaissaient-ils pour leur maître, et comme Tartarin savait à fond le code du chasseur, qu'il avait lu tous les traités, tous les manuels de toutes les chasses possibles, depuis la chasse à la casquette jusqu'à la chasse au tigre, ces messieurs le prenaient pour arbitre dans toutes leurs discussions. Tous les jours, de trois à quatre, on voyait un gros homme, grave et la pipe aux dents, assis sur un fauteuil de cuir vert devant chez l'armurier, entouré de quinze ou vingt soi-disant chasseurs: c'était Tartarin de Tarascon qui rendait la justice, Nemrod doublé de Salomon.

Alphonse Daudet: *Tartarin de Tarascon*

***Le Train Prisonnier

Le conducteur du train et le machiniste virent soudain les canons des fusils mitrailleurs que ces hommes masqués de noir braquaient sur eux. Ils entendirent à peine l'ordre de stopper le convoi. D'instinct, le machiniste appuyait sur le bouton d'alarme. Le train, qui allait de Groningue à Zwolle, stoppa près d'un passage à niveau. C'est le 2 décembre, à 9h.30, près de Wijster, au nord-est de la Hollande. Pour la première fois dans l'histoire du monde, un commando de pirates du rail s'est emparé d'un train de voyageurs. Déjà les têtes des passagers se montrent par les glaces baissées. Plusieurs dizaines — de 70 à 80, comme on le saura plus tard.

Bousculés par l'arrêt brutal, ils ne comprennent pas qu'ils viennent d'être jetés dans le drame. Un coup de feu retentit alors: le conducteur vient d'être abattu. Épouvanté, l'un des passagers saute de son wagon. Une seconde balle le tue à son tour.

Juste à cet instant, un autre train arrive en sens inverse. Le chef de gare de la station en amont l'a alerté au passage: 'Il arrive quelque chose de bizarre. Le Groningue-Zwolle devrait être là, et nous n'avons pas reçu de message. Regardez ce qu'il y a sur la ligne.' Mais en arrivant sur les lieux du hold-up, le conducteur n'a pas le temps de poser de questions. Des coups de feu l'accueillent. Il s'éloigne à bonne distance, puis stoppe près d'une ferme et se précipite vers le téléphone.

En moins d'une heure, toute la Hollande est sur le pied de guerre. Des soldats prennent position au long d'un cercle énorme, long de plusieurs kilomètres, qui entoure le train.

Soudain, ils voient quatre personnes quitter le convoi et s'avancer à leur rencontre. Ce sont trois femmes et un enfant. Les agresseurs les ont libérés afin de transmettre aux autorités leurs conditions. Le siège touche à sa fin.

Paris Match

***La Religion en France

La France est traditionellement un pays catholique, la 'fille aînée de l'Église'. Couverte d'églises et de cathédrales, elle fut aussi de tous temps et est encore le pays des sanctuaires et des pèlerinages.

Certes, patrie de la liberté et de l'esprit critique, elle fut le théâtre de beaucoup de luttes spirituelles, notamment des sanglantes guerres de Religion. La France, par souci d'ordre et d'unité, a tout fait pour éliminer le protestantisme de son sol. Aujourd'hui encore, l'Église catholique y apparaît toute-puissante. Il y a 40.000 paroisses réparties en 88 diocèses: il y a 55.000 prêtres séculiers et plus de 100.000 prêtres réguliers; enfin 38 millions de Français (plus de 80% de la population) sont baptisés catholiques. Mais cette puissance n'est-elle pas plus apparente que réele?

Aujourd'hui, on évalue seulement à 5 ou 6 millions les véritables pratiquants, et à 15 millions les Français qui vont régulièrement à la messe le dimanche.

Si le catholicisme reste vivant dans les milieux bourgeois, il touche à peine 5% des ouvriers, ce chiffre tombant même à 1% dans la région parisienne: c'est là un trait caractéristique de la France.

Guide France

Avec 100.000 policiers et 65.000 gendarmes, la France est le pays d'Europe occidentale — l'Espagne exceptée — qui compte les plus importantes forces de l'ordre: deux fois plus que l'Angleterre. Les Pays-Bas ne disposent que de 6.000 hommes pour assurer les différentes missions policières. La République fédérale d'Allemagne, où la police est puissante, consacre au maintien de l'ordre un budget sensiblement moindre. Pourtant, les efforts du gouvernement ne semblent pas très impressionnants. La majorité des Français, selon les sondages d'opinion, estime que leur sécurité est assurée de façon insuffisante.

Tous ces problèmes ont commencé avec la guerre d'Algérie: la police qui, jusque-là, veillait paisiblement aux carrefours de nos cités est appelée à une autre mission: à pourchasser le terroriste, du F.L.N. d'abord, de l'O.A.S. ensuite. Le préfet de police lui insuffle une ardeur belliqueuse: Maurice Papon, en effet, aux obsèques d'un brigadier tué dans un attentat, s'écrie: 'Pour un coup reçu, nous en rendrons dix.' Les gardiens de la paix sont transformés en foudres de guerre.

Le mois de mai 1968 provoquera dans cette police un nouveau traumatisme. Cette fois les forces de l'ordre sont mobilisées contre des jeunes, contre leurs propres fils: 'Mes trois fils étaient étudiants à cette époque, raconte Gérard Monate. Le soir à la maison, ils critiquaient ouvertement la police et les C.R.S. Et je n'étais pas le seul agent qui devait supporter ces insultes.'

Entre temps, au cours des années 1958-1968, les gouvernants avaient compris qu'une police était utilisable pour des tâches variées et les brigades, les services dits spéciaux, s'étaient multipliés. La police est devenue un monstre aux cent têtes et aux mille bras et le problème s'est posé: comment réorganiser une police aussi multiforme pour en faire une seule arme contre le désordre et le crime. Mais la police étant un organe hypersensible aux atteintes portées contre sa personne, les changements proposés n'ont pas été pratiqués: il existe toujours les différentes sections: la police nationale, la police municipale, la police judiciaire et la gendarmerie.

Mais les policiers eux-mêmes, qui sont-ils? Pour la plupart ils sont paysans ou ouvriers propulsés dans une catégorie sociale supérieure, celle du service de l'État. Et le prestige de l'uniforme n'a point disparu surtout aux yeux des femmes. Les salaires sont supérieurs à ceux pratiqués dans l'industrie: 2.800f par mois pour un gardien débutant, 3.500f pour un officier du premier échelon. On note qu'il y a très peu de démissions et qu'il y a plus de candidats que de postes disponibles.

Pourtant, les policiers se posent la question: quel est notre rôle dans la société? Jadis le gardien de la paix était connu et populaire; il rendait des services, s'occupait des enfants, des blessés, des vieillards. Au besoin, il jouait la sage-femme. On le saluait car c'était le temps de la gentillesse. Aujourd'hui, dans une société où la violence, la délinquence et le crime sont partout, c'est une autre police qu'il faudra, ayant un peu plus de matière grise et un peu moins de force physique.

Paris Match

***Julien Clerc

Aujourd'hui Perpignan, demain Bruxelles, hier Lyon, Saint-Étienne, Dijon, Mulhouse: partout on se bat pour l'entendre, partout on refuse du monde. Un public en majorité féminin, dont l'âge varie entre quinze et vingt-cinq ans, mais on voit aussi des grands-mères accompagnées de leurs petites-filles. Grand, mince, une épaisse chevelure noire bouclée, Julien Clerc, en velours noir et chemise de soie, chante debout derrière son micro ou assis sur un tabouret blanc, des chansons travaillées comme des poèmes. Après chaque chanson, ce n'est pas le délire et les fauteuils cassés qui accompagnèrent si longtemps Johnny Halliday; plutôt qu'une hystérie c'est une extase, des applaudissements coupés par des: 'Julien, je t'aime!' 'Juju, tu es beau!' 'Julien, Julien, Julien!'

Après avoir salué très bas, il rejoint sa loge, épuisé comme un boxeur après le quinzième round. Il met un long peignoir en éponge bleu marine et s'assied, la tête entre les mains. Chacun respecte son silence: il lui faut 30 à 40 minutes pour récupérer. Près de lui ses amis de toujours — son secrétaire — chauffeur — gorille, Marchal, et parfois, sa mère venue de Paris.

Pour lui éviter d'être bousculé par ses admirateurs — certaines l'attendent pendant des heures devant l'entrée des artistes — Marchal filtre ces dames et demoiselles en les faisant entrer trois par trois dans la loge de leur idole. Certaines lui apportent des fleurs, et cette semaine, des oeufs de Pâques. Il signe photos, programmes, sacs, tout ce qu'on lui présente, répond aux questions si elles ne sont pas trop indiscrètes, se laisse faire la bise sur la joue.

Vers deux heures du matin, libéré, le chanteur part dîner avec ses musiciens. Le souper se termine de temps à autre par un petit poker avant le sommeil. C'est encore Marchal qui fixe l'heure du réveil en fonction de la durée de l'étape. Il conduit Julien dans la Mercedes 300 verte (87.000 km. en un an). Les musiciens suivent dans deux DS et le matériel dans un camion.

A peine arrivée dans la ville suivante, avant même de s'installer à l'hôtel et de défaire les valises, toute l'équipe se retrouve au théâtre pour l'installation du matériel et les répétitions. Julein Clerc est si amoureux de la perfection que certains le traitent de maniaque. Il tient à régler lui-même ses éclairages et la sono qui varie selon l'acoustique de la salle.

Dans sa vie privée, sa première folie est une propriété de 24 hectares dans l'Yonne où il a l'intention d'élever des moutons. 'Je compte,' dit-il, 'm'y installer en mai et en faire ma résidence principale, car je n'aime pas la ville.'

Julien est poutant né (le 4 octobre 1947) à Paris, mais il a toujours vécu à Bourg-la-Reine. Ses parents vivaient séparés et, depuis l'âge de deux ans il ne voyait sa mère que pendant les week-ends. Élevé par une belle-mère charmante et compréhensive mais qui ne remplaçait pas entièrement sa vraie mère, au milieu de ses cinq demi-frères et soeurs, il se sentait différent. 'Peut-être,' dit-il, 'parce que mon grand-père maternel avait du sang noir. Mon père n'était pas musicien, mais ma belle-mère si: elle voulait nous initier à la musique classique, nous apprendre à l'aimer. Moi, j'étais complètement sourd à ce genre de musique et je rejetais tout en bloc.' Et bien des années après Julien Clerc est devenu le numéro un du 'hit-parade' des années soixante-dix.

Paris Match

***Le nouvel élève

Nous étions à l'étude quand le proviseur entra suivi d'un 'nouveau' habillé en bourgeois, et d'un garçon de classe qui portait un pupitre. Ceux qui dormaient se réveillèrent, et chacun se leva. Le proviseur nous fit signe de nous rasseoir; puis, se tournant vers le maître d'études, il dit: 'Monsieur Roger, voici un élève que je vous recommande; qu'il entre en cinquième. Si son travail et sa conduite sont méritoires, il passera "dans les grands". Espérons que ce sera avant longtemps.'

Le 'nouveau' était un gars de la campagne, d'une quinzaine d'années environ, et plus haut de taille qu'aucun de nous. Il avait les cheveux coupés en brosse et l'air fort embarrassé. On commença la récitation des leçons. Il les écouta de toutes ses oreilles, attentif comme au sermon, n'osant même pas croiser les jambes, ni s'appuyer sur le coude. Au bout de quelques minutes, le maître lui dit: 'Levez-vous et dites-moi votre nom.' Le 'nouveau' timide et mal à l'aise, articula un nom inintelligible. 'Répétez.' Le même mélange de syllabes se fit entendre, couvert par les rires de la classe. 'Plus haut!' cria le maître, 'plus haut!' Le nouveau, prenant alors une résolution extrême, ouvrit la bouche et lança à pleins poumons: 'CHARBOVARI!'

Ce fut un vacarme. Des voix aigus hurlaient, aboyaient, répétaient: 'CHARBOVARI! CHARBOVARI!' Cependant, sous une pluie de menaces, l'ordre peu à peu se rétablit et le professeur parvint à saisir le nom de Charles Bovary.

Gustave Flaubert: *Madame Bovary*

***Les Croisées

Il y avait une fois, à Nevers, deux jeunes filles, Evelyne Coquet et sa soeur Corinne, de sept ans sa cadette. Une histoire hantait leurs rêves: celle des Croisades. Elles étaient bouleversées par l'épopée de ces hommes qui, pour aller délivrer le tombeau du Christ, n'hésitaient pas à tout quitter. Suivre les traces des Croisés en allant de Paris à Jérusalem à cheval devint ainsi pour elles une véritable obsession. Pendant des mois, Evelyne lutte pour obtenir les fonds et les autorisations nécessaires. Enfin tout est prêt, c'est le départ. Elles ne parviendront à Jerusalem que sept mois plus tard après avoir parcouru plus de six mille kilomètres, traversé toute l'Europe jusqu'à Istanbul, puis la Turquie d'Asie, le Liban, la Syrie et la Jordanie.

Le jour J est un dimanche de septembre, l'heure H, 9h.30, le point de départ est Notre-Dame.

Depuis 8 heures, leurs fans one commencé à s'agglomérer devant la cathédrale. Lorsque Corinne arrive, il y a déja là une petite foule; car elle n'est pas en avance. Son excuse: elle a dû finir de vider l'appartement qu'elle occupait pour le céder aux nouveaux locataires. Mais, pour sa part, Evelyne elle aussi est en retard. Son excuse: elle a voulu, à la manière des Croisés, distribuer ses biens avant de partir pour la Terre Sainte.

Présente au départ est, bien sûr, la famille: parents, frères, oncles, tantes et cousins. En plus il y a une foule d'amis et ces messieurs de la presse, de la radio, de la télévision et des actualités filmées. Un service est prévu dans une chapelle de Notre-Dame. C'est normal, tout à fait: les Croisées ne partiront pas sans avoir été bénies. Evelyne a voulu emmener dans la cathédrale avec elle son chien Pluto. Le chanoine qui dirige la cérémonie fait barrage: pas de chiens dans la maison de Dieu. Il affirme: 'L'Église n'est pas là pour donner lieu aux contes fantastiques, mais pour accorder la grâce de Dieu.' Et c'est Corinne qui pense que c'est exactement cela dont elle et sa soeur auront besoin au cours des semaines à venir. . .

Paris Match

***La Bretagne

Peuplée depuis la cinquième siècle de Celtes chassés de Cornouaille, la Bretagne, pays des menhirs et des dolmens et des légendes (Merlin et Viviane, Ys, et bien entendu Astérix!), apparut longtemps comme une contrée étrange et lointaine.

La Bretagne est le pays des calvaires — ces sculptures en granit qu'on trouve près de beaucoup d'églises et qui datent généralement du quinzième siècle — et des pardons — les processions religieuses qui sont le symbole d'une foi en danger ailleurs en France.

Bien que son passé reste vivant, les marins et les paysans de la Bretagne connaissent aujourd'hui une transformation profonde, grâce à l'équipement technique et au tourisme.

La Bretagne côtière dépend tout à fait de la mer. Non seulement celle-ci donne un métier à 100.000 marins (et à la moitié des pêcheurs de France, qui pêchent le thon et la sardine), et à des milliers d'ouvriers chargés de mettre ceux-ci en conserve. Mais ses côtes découpées, qui offrent des spectacles grandioses, des sites au nom souvent terrifiant (Enfer de Plogoff, Baie des Trépassés), et de magnifiques plages de sable fin et doré, ont aussi favorisé l'établissement de ports de guerre (Brest, Lorient), de pêche (Saint-Malo, Concarneau) et de commerce (Nantes, Saint-Nazaire).

Autrefois couverte de forêts, la Bretagne de l'intérieur, au sol granitique, est un pays pauvre, mais qui avec l'aide de la C.E.E., des syndicats et des coopératives, pourrait se transformer en un pays agricole prospère.

Guide France

***Le Vieux Vagabond

Dans ce fossé cessons de vivre.
Je finis vieux, infirme et las.
Les passants vont dire: Il est ivre;

35

Tant mieux! ils ne me plaindront pas.
J'en vois qui détournent la tête;
D'autres me jettent quelques sous.
Courez vite; allez à la fête.
Vieux vagabond, je peux mourir sans vous.

Oui, je meurs ici de vieillesse,
Parce qu'on ne meurt pas de faim.
J'espérais voir de ma détresse
L'hôpital adoucir la fin,
Mais tout est plein dans chaque hospice,
Tant le peuple est infortuné!
La rue, hélas, fut ma nourrice:
Vieux vagabond, mourons où je suis né.

J'aurais pu voler, moi, pauvre homme;
Mais non: mieux vaut tendre la main.
Au plus, j'ai dérobé une pomme
Qui mûrit au bord du chemin.
Vingt fois pourtant on me verouille
Dans les cachots de par le roi.
De mon seul bien on me dépouille.
Vieux vagabond, le soleil est à moi.

Aux artisans, dans mon jeune âge,
J'ai dit: Qu'on m'enseigne un métier.
Va, nous n'avons pas trop d'ouvrage,
Répondaient-ils, va mendier.
Riches, qui me disiez: Travaille,
J'eus bien des os de vos repas;
J'ai bien dormi sur votre paille.
Vieux vagabond, je meurs votre ennemi.

J.P. de Béranger

***Les Réfugiés du Vietnam

En 1967 Henning Becker devient journaliste au Danemark. Il s'envole vers le Vietnam. Aussitôt il est bouleversé par les innombrables détresses qu'il voit — celles des enfants surtout. Il fonde deux maisons d'accueil l'une à Saigon pour cinquante garçons qu'il a recueillis dans les rues, l'autre à 15 km de là, pour cent cinquante enfants des tribus de montagnards.

En 1973, il reçoit le prix Albert Schweitzer. Tous les pays d'Europe lui envoient des fonds pour soutenir son oeuvre. Il épouse une Vietnamienne et tous deux vivent parmi leurs cinquante garçons de Saigon. Mais enfin Saigon va tomber et il veut à tout prix que les enfants quittent le pays. Ils arrivent au Danemark.

Au début tout va bien. Becker s'installe dans une petite île déserte où se trouvent six maisons abandonnées. Une nouvelle communauté est fondée. Mais le gouvernement danois a vent de l'affaire et il y a des enquêtes et des interrogatoires. L'un des petits réfugiés prend peur et s'enfuit à bord d'un bateau. Trois jours plus tard, on le retrouve mort.

Les réfugiés sont transférés dans une institution qu'ils quittent pour retourner auprès de Becker. Cela ne dure pas. Le gouvernement contre-attaque. La police cerne le refuge où se trouvent Becker et les enfants et donne l'assaut à la maison. Becker cède enfin et ordonne aux enfants de suivre les policiers. Un autobus les transporte à l'institution. Le dimanche suivant ils décident de faire tous la grève de la faim, pendant laquelle ils essaient de démolir tout ce qu'ils trouvent dans l'institution — fenêtres, meubles etc. Rien ne peut les arrêter. En désespoir de cause, on appelle Henning Becker, et, dès qu'il arrive, tout se calme.

Finalement, l'administration a dispersé les enfants dans huit institutions. Becker est désespéré — 'Ce sont des prisons de jeunes avec des départements psychiatriques! Je n'arriverai jamais à les sortir de là.' Mais le choix offert par le gouvernement danois est simple: ou bien rentrer au Vietnam, ou bien rester au Danemark, mais sans leur père adoptif, et dans les institutions puisque Becker, dit le gouvernement, ne peut pas les soigner tout seul. 'Si on nous force à rentrer au Vietnam, nous mettrons une bombe dans l'avion. Ce sera la guerre totale!'

Paris Match

***L'Affaire Dreyfus

L'affaire Dreyfus commença en 1894 et ne parut être d'abord qu'une vulgaire affaire de trahison . Un capitaine israélite, Alfred Dreyfus, aurait fourni des documents à l'attaché militaire allemand; il fut condamné, dégradé et déporté à l'île du Diable. Mais ses amis poursuivirent l'enquête et fournirent la preuve de son innocence. On fabriqua alors des faux pour appuyer l'accusation. La France se trouva divisée en deux camps: pour ou contre Dreyfus, et la droite commit la faute de s'identifier, pour défendre l'honneur de l'armée, avec les antidreyfusards. L'Église eut le tort de se compromettre aveuglément avec ces derniers. Bientôt la Ligue de la Patrie française (anti-dreyfusarde) prit des allures factieuses, et en 1899 Déroulède voulut tenter un coup d'État, qui échoua. Le scandale des faux était tel que la revision du procès s'imposait. Loubet, nouveau président de la République, jugea le moment venu d'écraser les ennemis du régime. Il fit appel à un grand bourgeois opportuniste mais courageux: Waldeck-Rousseau. Les gauches firent bloc autour de lui. La Cour de cassation cassa le jugement de 1894 et renvoya Dreyfus devant les juges. Le second jugement fut incohérent, et il indigna les dreyfusards, qui attendaient un acquittement. Ce ne fut cependant qu'en 1906 que Dreyfus fut réintégré dans son grade, promu et décoré. Mais là n'était pas la véritable révolution dreyfusarde. Waldeck-Rousseau et son successeur Émile Combres cherchèrent surtout à prévenir le retour de telles offensives contre la République. Ils s'en prirent à l'Église et firent expulser toutes les congrégations qui n'étaient pas 'autorisées'. Des méthodes peu honorables encouragèrent la délation dans l'armée et y créèrent un dangereux malaise, que l'union sacrée de 1914 devait seule guérir. Mais, tous comptes faits, la République sortait avec honneur de cette troisième crise, la plus grave de son existence.

André Maurois: *Histoire de la France*

***Mireille Mathieu, chanteuse

La petite fille d'Avignon n'a pas la grosse tête. Le succès, les millions de disques vendus, plusieurs tours du monde n'ont pas réussi à changer son heureuse nature.

Avec les yeux émerveillés d'une gosse à qui l'on vient d'offrir sa première poupée, elle parle de son somptueux appartement de Neuilly, à Paris.

'La plus belle chose de la maison,' dit elle, 'c'est ce tapis en soie que l'impératrice Farah Dibah m'a donné, lorsqu'elle m'a invitée à Téhéran en 1969. Et puis, ma chambre à coucher. Elle est toute rose, parce que c'est pour moi une chose très grave qui remonte à mon enfance. Quand j'étais jeune, ma famille était logée dans une vieille maison dont les murs étaient en ciment. Nous dormions, mes treize frères et soeurs et moi, dans deux lits. Les filles dans l'un, les garçons dans l'autre. Alors, pour rendre ces murs en ciment plus jolis, j'avais acheté un rouleau et un pot de peinture rose. Aujord'hui, voici enfin ma vraie chambre, dans mon vrai appartement, que j'ai fait peindre du même rose. C'est tellement important pour moi. Oh, quand je pense à cette époque, tout est si près, si loin à la fois. J'entends encore ma mère me raconter des contes de fées. Elle me disait: "Les rois et les reines sont des gens qu'on ne rencontre jamais." Et voici que moi, en 1967, j'ai été invitée par la reine d'Angleterre. Je n'en croyais pas mes yeux. Je me disais: "Tu rêves, voila une reine qui te parle en français, elle n'est pas du tout inaccessible." Pas du tout inaccessible non plus l'impératrice Farah Dibah qui m'a invitée à prendre le thé dans son palais.'

'Ce qui n'est pas très conte de fées, c'est le métier que je fais. Là, j'ancre mes deux pieds dans la terre, comme les arbres, et je prends garde d'où souffle le vent. Mais quand on est chanteuse, on ne peut pas plaire à tout le monde. Ma rentrée à l'Olympia — (à Paris) — après trois ans d'absence, ça me fait une bonne peur! J'ai huit nouvelles chansons, mais je chanterai presque tous mes anciens succès.

'Ensuite, j'ai un énorme projet. On me propose d'être la vedette de *Gigi* à Broadway. Parfois je me demande si tout ça n'est pas après tout un rêve.'

Marie-Claire

***Les Sociologues dans les Poubelles

'Faire les poubelles' est devenu la dernière mode des sociologues français. 'Dis-moi ce que tu jettes, je te dirai ce que tu es.' C'est un jeune professeur d'anthropologie à l'université de Bordeaux qui a eu l'idée d'examiner le contenu de certaines poubelles pour voir quels secrets il pourrait lui révéler. Son objectif est d'apprendre les habitudes des consommateurs en fouillant parmi leurs déchets.

Il engage des étudiants qui demandent à plus de six cents familles, choisies au hasard mais qui représentent toutes les classes sociales de Bordeaux, la permission de fouiller leurs poubelles. Mais hygiène oblige: plutôt que de jeter leurs détritus dans de vulgaires sacs en plastique, on leur fournit des sacs spéciaux marqués du sceau de l'université de Bordeaux. La collecte de ces sacs faite, c'est vêtus de blouses blanches, le visage caché par des masques de chirurgiens, les mains revêtues de gants en caoutchouc que les étudiants dressent la liste du contenu de ces sacs-poubelles. Ils notent la quantité, le poids, le volume, la composition, le coût et la marque de chaque objet trouvé. Cependant, par respect pour la vie privée de leurs 'clients', ils s'abstiennent de noter les objets intimes tels que des lettres déchirées en morceaux.

Et c'est là qu'intervient la surprise du siècle pour les Français. D'abord, on constate que les habitants de cette ville jettent 10 à 20% des aliments achetés par eux et cela alors qu'ils sont en parfait état. Conclusion, la seule ville de Bordeaux jette à la rue chaque année 9.500 tonnes d'aliments d'une valeur approximative de 150 millions de francs. Deuxièmement, les familles de classe moyenne gaspillent beaucoup plus que les familles riches ou pauvres. Les uns, semble-t-il, sont économes pour s'enrichir tandis que les autres le sont par nécessité.

Quant aux citoyens de Bordeaux, ils se sont rendu compte qu'ils étaient plus riches qu'ils ne le croyaient parce qu'ils peuvent se permettre de jeter tant de nourriture saine!

Paris Match

***Isabelle et le Spectre

Isabelle est assise sur le tertre. Elle a tiré sa glace, se regarde, regarde ses yeux, ses cheveux. Le fantôme surgit derrière elle. Elle le voit dans le miroir: bel homme jeune, visage pâle et net. Un moment de confrontation comme une conversation muette. Isabelle baisse le petit miroir, le relève, envoie une tache de soleil, du soleil couchant, sur le spectre qui semble en souffrir.

Isabelle: Je m'excuse de cette tache de soleil!
Le Spectre: C'est passé. La lune est venue.
Isabelle: Vous entendez ce que disent les vivants, tous les vivants?
Le Spectre: Je les entends tous y compris vous-même.
Isabelle: Tant mieux. Je désirais tellement vous parler.
Le Spectre: Me parler de qui?
Isabelle: De vos amis, de mes amis aussi, j'en suis sûre: des morts. Vous savez pas mal de choses, sur les morts?
Le Spectre: Je commence à en savoir.
Isabelle: Voulez-vous me dire ce que vous savez sur la mort, les morts, l'enfer?
Le Spectre: Venez ici, chaque soir, à cette même heure et je les dirai. Quel est votre nom?
Isabelle: Mon nom est vraiment sans intérêt. Vous me les direz, j'espère, d'une façon un peu moins grave. Vous n'allez pas me faire croire qu'ils ne sourient jamais?
Le Spectre: Qui, 'ils'?
Isabelle: Nous parlons des morts.
Le Spectre: Pourquoi souriraient-ils?

Isabelle: Que font-ils, alors, quand il arrive quelque chose de drôle aux Enfers?

Le Spectre: De drôle aux Enfers?

Isabelle: De drôle ou de tendre ou d'inattendu. Car je pense bien qu'il y a des morts maladroits, des morts comiques, des morts distraits?

Le Spectre: Que laisseraient-ils tomber? Sur quoi glisseraient-ils?

Isabelle: Sur ce qui correspond dans leur domaine au cristal ou aux pelures d'orange.

Le Spectre: Non. Les morts sont extraordinairement habiles. . . Ils ne butent jamais contre le vide. . . Ils ne s'accrochent jamais à l'ombre. . . Ils ne se prennent jamais le pied dans le néant. . . Et leur visage, jamais rien ne l'éclaire.

Isabelle: Dites-moi, est-ce que les morts meurent eux aussi?

Le Spectre: Oui. Il arrive qu'une fatigue les prend, qu'une peste des morts souffle sur eux, qu'une tumeur de néant les ronge. . . Le beau gris de leur ombre s'affaiblit. Alors, c'est bientôt la fin, la fin de tout, la fin de la mort.

Isabelle: Expliquez-moi davantage cette défaillance.

Le Spectre: Vous désirez donc tout savoir? Votre nom d'abord.

Isabelle: Je vous dis que mon nom n'a pas d'importance. . . Je m'appelle comme tout le monde. . . Parlez. . . Ayez confiance!

Le Spectre: Après la mort de la mort. . .

Isabelle: Très bien, c'est juste maintenant que cela devient intéressant. Après la mort de la mort, qu'arrive-t-il? Je vous écoute. . . Voilà, *(elle regarde derrière elle)* personne ne peut entendre, personne. . . *(pendant qu'elle se retournait, le spectre a disparu)* Où êtes-vous? Où êtes-vous *(Elle regarde désespérée autour d'elle et elle crie:)* Isabelle, je m'appelle Isabelle!

RIDEAU

Jean Giraudoux: *Intermezzo*, Acte II, scène 8.

***Visite au Cirque

Après avoir vu des tours de force, d'adresse, d'équilibre, des farces comiques, nous vîmes la jeune fille aux jupes courtes danser sur la corde avec beaucoup de joliesse, ce qui intéressa grandement mon compagnon M. Frangeas et me fit plaisir aussi. Après cette représentation, nous allâmes voir un éléphant savant qui faisait aussi des tours d'équilibre, et soupait ensuite en public, servi par un singe habillé comme un garçon de café.

Au sortir de là nous nous promenâmes un peu dans la place, et en passant nous vîmes une baraque où on montrait des oiseaux savants. Dans une autre, des ours se battaient avec des chiens. Tous les bouchers de la ville étaient là en amateurs, et avaient amené leurs dogues et leurs mâtins pour les éprouver et faire des paris. Les abois enragés des chiens et les grognements féroces des ours faisaient un bruit assourdissant; à peine entendait-on les chaînes de l'homme sauvage qui mangeait les poulets tout vivants, et dont la baraque était en face.

Toute cette soirée-là nous parlâmes patois. C'était une coutume alors même chez la bonne bourgeoisie de parler le patois, et d'en faire entrer des mots et des phrases dans les conversations faites en français. De là les locutions patoises, ces tournures de phrases traduites de périgordin en français dont nous avons l'accoutumance de nous servir. J'en devrais parler au passé, car, si autrefois, chacun tenait à gloire de s'exprimer familièrement en notre vieux patois, combien de Périgordins l'ignorent aujourd'hui! Cette coutume a disparu avec les coiffes traditionelles de nos grand-mères, avec nos vieilles moeurs simples et fortes, notre amour des coteaux pierreux, et ces habitudes de vie rustique qui avaient fait cette race robuste et vaillante. Aujourd'hui, on voit des Périgordins qui n'aiment pas l'ail, et qui ne savent pas le patois. Ça, c'est d'une tristesse mortelle.

E. le Roy: *Le Moulin de Frau*

***Le Chrétien Résigné

'Il est temps, s'écria le prêtre, il est temps d'appeler Dieu ici!' A peine a-t-il prononcé ces mots qu'une force surnaturelle me contraint à tomber à genoux, et m'incline la tête. Le prêtre ouvre un lieu secret où était enfermée une urne d'or, couverte d'un voile de soie; il se prosterne et adore profondément. La grotte parut soudain illuminée; on entendit dans les airs les paroles des anges et les frémissements des harpes célestes; et lorsque le prêtre tira le vase sacré de son tabernacle, je crus voir Dieu lui-même sortir du flanc de la montagne.

Le prêtre ouvrit le calice; il prit entre ses deux doigts une hostie qui était aussi blanche que la neige, et s'approcha solennellement d'Atala, cette jeune et belle chrétienne qui se mourait, en prononçant des mots mystérieux. La sainte Atala avait les yeux levés au ciel, en extase. Toutes ses douleurs parurent suspendues, toute sa vie se rassembla sur sa bouche; ses lèvres s'entr'ouvrirent et vinrent avec respect chercher le Dieu caché sous le pain mystique. Ensuite le divin prêtre, ce vieillard solitaire, trempe un peu de coton dans une huile consacrée; il en frotte les tempes d'Atala, il regarde un moment la fille mourante, et tout à coup ces fortes paroles lui échappent:

'Partez, âme chrétienne: allez rejoindre votre Créateur!' Relevant alors ma tête, je criai, en regardant le vase qui contenait l'huile sainte: 'Mon père, ce remède rendra-t-il la vie à Atala?' 'Oui, mon fils, dit le vieil homme, la vie éternelle!' Atala venait d'expirer.

Pendant deux jours, je fus insensible aux discours de l'ermite. En essayant de calmer mes peines, cet excellent homme ne se servait point des vaines raisons de la terre, il se contentait de me dire: 'Mon fils, c'est la volonté de Dieu,' et il me pressait dans ses bras. Je n'aurais jamais cru qu'il y eût tant de consolation dans ce peu de mots du chrétien résigné, si je ne l'avais éprouvé moi-même. Il fut décidé, alors, de la faire enterrer dans une caverne qui donnait vers le nord.

Chateaubriand: *Atala*

***La Presse Française

La presse d'aujourd'hui, c'est 6 milliards d'exemplaires annuels, 9.000 publications pesant au total 700.000 tonnes et représentant, en francs,

41

un pour cent du produit national brut, employant 90.000 salariés (dont 10.000 dans la publicité) et faisant vivre environ 200.000 personnes. A part ça, la presse est malade, très malade et son avenir paraît plutôt sombre.

En trois siècles et demi, la presse a connu de profondes transformations, à la fois sur le plan technique et juridique. Aucun régime, que ce soit la Révolution, la Terreur, le Consultat, l'Empire ou les Républiques n'ont minimisé son importance. D'où d'innombrables conflits. A travers l'histoire de la presse, c'est l'histoire de la France qui défile, car finalement la feuille imprimée est devenue la principale source de l'histoire.

Mais aujourd'hui on se pose la question: 'La France disposera-t-elle encore de 30 quotidiens en 1980?' Reste que la presse doit tenir compte de l'évolution de ses lecteurs, attirés par les moyens audio-visuels, notamment la télévision en qui 48% des Français voient un moyen de se détendre, et 8% seulement (contre 46% aux États-Unis) estiment qu'elle permet de s'informer de façon 'très satisfaisante'. Preuve que l'attirance du petit écran demeure considérable et que l'attachement à la presse, néanmoins bien réel, est très fragile. Pourtant dans un sondage, la liberté de la presse était placée parmi les biens essentiels à sauvegarder, juste après la Sécurité sociale, mais bien avant l'indépendance de la justice. C'est plutôt encourageant.

Paris Match

***Le Musée Léon Bonnat, Bayonne

En réalité, ce 'petit musée' dont Léon Bonnat rêvait dès 1860 de doter un jour sa ville natale, se trouve aujourd'hui — grâce au labeur opiniâtre, à la générosité, à la science et au goût éclairé de son créateur — être l'un des plus parfaits, l'un des plus riches de la France. A côté de véritables chefs-d'oeuvre des plus grands maîtres du passé, des esquisses originales infiniment précieuses pour les artistes et les amateurs leur offrent l'occasion de puiser à la source même de ces génies de l'Art.

Léon Bonnat poursuivit pendant un demi-siècle avec passion, la recherche des oeuvres d'art qui, dans son esprit, devaient former à Bayonne un musée éducateur, sorte d'histoire de l'art, de l'antiquité jusqu'au début du 20e siècle. L'Art est ici représenté sous toutes ses formes, dans toutes les époques. L'Antiquité égyptienne, grecque ou romaine, voisine avec le Moyen Age et la Renaissance; la sculpture grecque avec la sculpture française du 16e siècle. Si la collection des peintures du musée est admirable avec de véritables chefs-d'oeuvre des plus grands artistes — les primitifs italiens, Rembrandt, Rubens, le Greco et Goya — le Cabinet des dessins est surtout d'une richesse considérable. C'est là la collection que Bonnat fit avec le plus de soin, mettant tout son goût et ses connaissances éclairées à réunir — ainsi qu'il le disait lui-même — ces pensées intimes des grands maîtres, vénérables reliques d'un passé éloigné.

Les plus grands connaisseurs d'Europe, artistes, amateurs, critiques d'Art ou conservateurs de musées, qui ont visité le Cabinet des dessins ont éprouvé la même surprise, la même admiration devant cette écorme réunion des plus précieux dessins de toutes les écoles anciennes. Michel-Ange, Léonard et Dürer sont représentés par de nombreux dessins d'une émouvante beauté. L'école française forme un ensemble incomparable, avec pour le 19e siècle une série de puissantes aquarelles de Barye, que Bonnat admirait beaucoup, et surtout avec un très grand nombre de portraits et d'études de la plus belle qualité dessinés par Ingres, pour qui il avait un véritable culte. On peut déclarer que la visite du musée Bonnat est la meilleure, la plus belle et la plus agréable leçon de l'histoire de l'Art.

Antonin Personnaz: *Musée Bonnat*

***Dans la nuit

C'était à la source du bois que l'enfant devait aller chercher de l'eau. Tant qu'elle fut dans les environs de l'église, les boutiques illuminées éclairaient le chemin, mais bientôt la dernière lumière de la dernière maison disparut. La pauvre enfant se trouva dans l'obscurité. Plus elle cheminait, plus la nuit devenait épaisse. Il n'y avait plus personne dans les rues. Pourtant elle rencontra une femme qui se retourna en la voyant passer et qui resta immobile, murmurant entre ses lèvres: 'Mais où peut donc aller cette enfant?' L'enfant traversa ainsi les rues désertes du village. Tant qu'elle eut des maisons et même seulement des murs des deux côtés de son chemin, elle alla assez résolument. Cependant, à mesure qu'elle avançait, sa marche se ralentissait. Quand elle eut passé l'angle de la dernière maison, l'enfant s'arrêta. Aller au delà de la dernière boutique, cela avait été difficile; aller plus loin que la dernière maison, cela devenait impossible. Elle plongea sa main dans ses cheveux et se mit à se gratter lentement la tête, geste propre aux enfants terrifiés et indécis.

Leaving Certificate 1971

***Le canard et l'éléphant

Il y avait une fois un éléphant et un canard qui vivaient dans le même coin de la forêt. L'éléphant était très gros et très fort; le canard petit et rusé. Chacun prétendait être le roi du même coin de la forêt. Ils se soumettaient à des épreuves où chacun voulait prouver sa supériorité. Un jour, l'éléphant dit à l'oiseau: 'Celui de nous deux qui boira la plus grande quantité d'eau sera roi.' Le petit canard réfléchit et dit: 'Bon. Mais il nous faut trouver de l'eau maintenant.' Et il lui montra le chemin. L'éléphant suivait pendant que le canard volait en avant ou se perchait sur une branche pour attendre son compagnon. L'oiseau allait toujours menant l'éléphant à travers de grandes forêts éloignées des rivières et des lacs. Enfin, après un long voyage, ils arrivèrent à la mer. La marée montait, et le rusé canard dit à l'éléphant: 'Regarde, il y a beaucoup d'eau ici. Tu es le plus grand, c'est à toi de commencer.' L'éléphant consciencieux se mit à boire. 'Continue,' disait le canard d'une voix encourageante. 'Je pourrai faire mieux encore. Bois encore.' L'éléphant buvait toujours. 'Mais,' disait le canard, 'tu ne bois pas! Regarde, l'eau monte.' L'éléphant buvait désespérément, mais l'eau montait toujours et le repoussait en arrière et le fit tomber absolument épuisé. Le canard attendit, pour lui permettre de se reposer, jusqu'au changement de marée. Il descendit alors au bord de la mer, y plongea le bec, ayant l'air de boire et attendit un peu. Il suivait ensuite l'eau qui se retirait et l'éléphant croyait qu'il buvait toujours. Le canard attendit de nouveau et ainsi de suite jusqu'à la marée basse. Il revint alors vers l'éléphant et s'exclama: 'Tu vois tout ce que j'ai bu!' Et le canard est toujours roi de cette forêt.

Leaving Certificate 1972

***Le vieux médecin

M. Picot, notre vieux médecin, passe dans la rue, maigre, légèrement courbé sur sa canne, mais le regard souriant et l'oeil vif derrière ses lunettes, la figure respirant la bonne humeur et la bonté. C'est un si brave homme que M. Picot! Combien de personnes n'a-t-il pas soignées, aidées ou consolées! Couché tard, levé tôt, dans la ville ou par la campagne, près du lit des vieillards ou près du berceau des enfants, on rencontre toujours notre brave médecin. Le voilà près du petit Jean qui souffre depuis deux jours; l'enfant le voit venir sans crainte; il le connaît, mais il connaît surtout ses bonbons. Un court examen, une caresse sur la joue, deux mots aux parents et le docteur reprend sa route. On l'attend plus loin. Ici, c'est un vieillard, qui, près du docteur, en entendant ses bonnes paroles optimistes se met à espérer; là, c'est un malade sur les lèvres de qui il fait revenir un pâle sourire; plus loin, c'est un père de famille très pauvre qu'il va aider non seulement de son savoir, mais aussi de sa bourse. Et malgré la fatigue, du matin au soir, M. Picot questionne, compte, examine, conseille, encourage sans répit. Souvent, le soir, lorsque fatigué il espère prendre un peu de repos, un coup de sonnette le tire du lit, et c'est quelque course dans la campagne, au secours de quelque nouveau malade. M. Picot ne cesse pas d'accomplir ce labeur écrasant sans se plaindre, d'une humeur toujours égale, avec le même soin. Tout le monde connaît son bon coeur; dans la maison des pauvres la visite de M. Picot est gratuite.

Leaving Certificate 1973

***Le petit voisin qui ne sait pas lire

Je suis en vacances à la campagne chez ma grand-mère et je viens de découvrir au grenier un livre, un livre superbe qui a dû être donné à mon grand-père quand il avait mon âge. Il pleut, pas moyen de sortir; ce livre va me faire passer une bonne après-midi. Soudain la porte du grenier est poussée et je vois apparaître Jean, l'aîné des enfants de nos voisins. Il a mon âge et travaille déjà à la ferme de ma grand-mère; c'est lui qui mène les moutons. La pluie est pour lui un congé et c'est alors mon meilleur camarade de jeu.

'Que fais-tu là, Pierre?'

'Je viens de trouver ce beau livre. Il me paraît bien intéressant; si tu veux, je te le prêterai et tu pourras l'emporter aux champs; il te tiendra compagnie.'

'Oui, je regarderai les images.'

'Les images et l'histoire.'

'Hélas, mon pauvre Pierre, je ne sais pas lire.'

'Comment! est-il possible? Tu ne sais pas lire . . . qu'as tu donc fait à l'école?'

'Je n'y suis jamais allé. . . À l'époque des vacances il te paraît tout natural de me voir travailler à la ferme. Mais, lorsque tu reprends tes études, moi, comme je suis berger, je reste avec mes bêtes. Il faut que je gagne un peu d'argent pour aider mes parents à vivre.'

'Cela doit bien t'ennuyer de ne pas savoir lire.'

'Je n'y pense guère, les journées passent vite et je ne suis pas inactif.'

'Mais lorsque tu seras un homme, tu ne pourras jamais lire une lettre tout seul, tu n'apprendras les nouvelles données par les journaux qu'en les entendant raconter par les voisins.'

'C'est vrai, tout ce que tu dis là, Pierre, mais que veux-tu, il n'y a plus rien à faire, je ne sais pas lire, je ne saurai jamais, tant pis!'

'Écoute,' dis-je 'si tu veux, pendant les vacances, j'essayerai de t'apprendre à lire, et je suis sûr qu'après mon départ, grand-mère voudra bien continuer à t'aider.'

Un sourire apparaît sur la figure de Jean. Il est content: un jour, il pourra voir dans les livres autre chose qu'une série de petits caractères qu'il ne sait pas comprendre! Il me saute au cou pour me remercier et se sauve dans la cour où ma grand-mère l'appelle.

Leaving Certificate 1974

***L'Appartement

Moi je suis venu m'installer ici voilà quatre ans. Avant cela j'habitais un très bel appartement dans ce même immeuble au troisième étage. C'est-à-dire que je n'empruntais pas l'escalier de derrière comme je le fais maintenant.

Cet appartement me venait de ma tante Marie. Elle y avait passé sa vie. A sa mort, voilà bien longtemps, je l'avais repris. Les circonstances m'ont obligé à le quitter et à venir m'installer ici. Je ne me plains pas. Le propriétaire de l'immeuble a été gentil pour moi, très arrangeant. Et puis il y a cette fenêtre, en plein soleil levant, et ce petit balcon. . .

Il m'arrive parfois d'y rester la nuit. Vers trois heures du matin tout devient pur et limpide comme un ciel de campagne. Il m'arrive de m'y endormir et ce sont les pigeons qui me réveillent. J'entends leurs petites pattes gratter les tuiles du toit.

Leaving Certificate 1975

***La lettre

Elle fait quelques pas dans la chambre et s'approche de la table dont elle ouvre le tiroir. Elle remue les papiers dans la partie droite du tiroir, se penche pour mieux voir le fond et tire un peu plus le tiroir vers elle. Puis elle se redresse et demeure un instant immobile, tenant une feuille de papier entre les mains. Elle se tourne alors vers la lumière pour pouvoir lire sans se fatiguer les yeux. La feuille de papier est de couleur bleu pâle comme le papier à lettres ordinaire. Puis,

45

gardant la lettre à la main, elle repousse le tiroir et s'assied à la petite table, placée près de la fenêtre. Elle sort de sa poche son stylo, puis après un bref coup d'oeil vers la fenêtre, elle penche la tête vers la feuille et se met à écrire. Dehors l'ombre du toit s'allonge sur le mur du jardin voisin et atteint déjà la porte d'entrée. Seule la façade ouest de la maison est encore éclairée par le soleil qui pénétrerait donc dans la chambre, si les volets étaient grands ouverts.

Leaving Certificate 1976

***Un Voyage Scolaire

C'est une tradition bien agréable dans les écoles primaires françaises d'organiser chaque année, au mois de juin, un 'voyage scolaire' pour les élèves qui vont quitter l'école où ils ont passé généralement les cinq premières années de leur scolarité.

Et c'est, pour tous ceux qui y participent, l'occasion d'acquérir de précieux souvenirs qu'ils évoqueront plus tard en songeant à l'écolier ou l'écolière ensommeillé qui prenait l'auto-car à trois heures du matin pour aller, avec toute sa classe, découvrir le monde, sous la conduite de son instituteur.

Dans notre petit village de Saint-Georges, c'est un événement en effet qui touche la plupart des familles, que ce départ en pleine nuit de cinquante enfants, escortés jusqu'à l'école par des parents courageux qui se sont arrachés à leur lit pour les accompagner. Le boulanger lui-même a apporté en camionnette le pain frais et les croissants chauds dont on se dispute l'achat au moment du départ.

On veut emporter en effet le plus de provisions possible car on va très loin.

Pour éviter les frais de restaurant, les petits voyageurs emportent des repas froids. Le premier soir seulement de ce voyage de deux jours, on couchera à l'hôtel et l'on prendra un repas chaud.

Leaving Certificate 1977

COMPRÉHENSION

INTRODUCTION

Compréhension requires us to do two things:
1. understand a passage of French.
2. answer a series of questions which test this understanding.

The following hints, and the example which follows, will give us a general idea of the best way to do these two things.

GENERAL TECHNIQUE

1. The direct transcribing of entire sections of the text as an answer can and should be avoided. A certain degree of conscious manipulation of the material is always possible and credit is always given where this is in evidence.

2. Only relevant details should be given in an answer. What *precisely* is the question asking us? Which details are sufficient to answer the question fully?

3. The use of synonyms — words having approximately the same meaning — is important in *Compréhension*. For example, instead of taking a direct quotation of *la maison paternelle* from a text we would do much better to say *la maison de mon père*. This is impressive for two reasons:

   (a) it shows that one has understood the phrase.

   (b) that one can reproduce it in one's own words.

4. As a general rule, the tense of the question should be the tense of the answer, i.e. if the question is asked in the past the answer will be in the past tense etc.

5. Questions are usually asked in the order in which their answers arise in the passage, e.g. question 1 will generally refer to the first few lines, and so on.

6. *Compréhension* is not the same as *Version*. You don't need to be able to translate every word of the passage in order to be able to answer the comprehension questions.

The following example will illustrate the application of these ideas to a particular text.

As in the other sections, one asterisk (*) denotes an easy passage, two a less easy one and three a difficult one.

Example**

Daniel Éyssette, the narrator (called *Le Petit Chose* because of his size) becomes a *maître d'études* (a kind of junior teacher) in a school. However he doesn't follow the rules too closely, as M. Viot, the Dean of Studies, soon discovers:

Quelquefois, quand les élèves avaient été bien sages, je leur racontais une histoire. . . Une histoire! . . . Quel bonheur! Vite, vite, on pliait les cahiers, on fermait les livres; encriers, règles, porte-plumes, on jetait tout pêle-mêle au fond des pupitres; puis les bras croisés sur la table, on ouvrait de grands yeux et on écoutait. J'avais composé pour eux cinq ou six petits contes fantastiques: 'Les Débuts d'une cigale', 'Les infortunes de Jean Lapin' etc tous basés sur les Fables de la Fontaine. Seulement j'y mêlais de ma propre histoire. Il y avait toujours un petit grillon (*cricket*) obligé de gagner sa vie comme moi, le Petit Chose, ou des bêtes qui pleuraient toujours comme mon frère Jacques. Cela amusait beaucoup mes petits, et moi aussi cela m'amusait beaucoup. Malheureusement M. Viot n'était pas si amusé.

Trois ou quatre fois par semaine, le terrible homme aux clés faisait une tournée d'inspection dans le collège, pour voir si tout se passait selon le règlement. Or un de ces jours-là, il est arrivé dans notre étude juste au moment le plus pathétique de l'histoire de Jean Lapin. En voyant entrer M. Viot toute l'étude a tressauté. Les petits se sont regardés. Le narrateur s'est arrêté court.

Debout devant ma chaire, le souriant M. Viot promenait un long regard d'étonnement sur les pupitres dénudés. Il ne parlait pas, mais ses clés s'agitaient d'un air féroce 'Frinc! Frinc! Frinc!, on ne travaille plus ici!' J'ai essayé, tout tremblant, de calmer les terribles clés.

'Ces messieurs ont beaucoup travaillé ces jours-ci' ai-je balbutié, 'J'ai voulu les récompenser en leur racontant une petite histoire.' M. Viot ne m'a pas répondu. Il s'est incliné en souriant, a fait gronder ses clés une dernière fois, et il est sorti.

Le soir, à la récréation de quatre heures, il est venu vers moi et il m'a remis, toujours souriant, toujours muet, le cahier du règlement ouvert à la page 12: 'Devoirs des maîtres envers les élèves'.

J'ai compris qu'il ne fallait plus raconter d'histoires et à partir de ce jour-là je n'en ai plus raconté.

Alphonse Daudet: Le Petit Chose

Questions

1. Q Quelle était la réaction des élèves lorsque Daniel leur racontait une histoire?

   A Quand il racontait une histoire aux élèves, ils étaient très heureux.

Comment   This is a good example of manipulation. *Quand* has been substituted for *lorsque; leur* ('to them') has been changed to *aux élèves* (to the pupils). As for the actual question, i.e. *la réaction des élèves*, this has been fully answered in two words — *très heureux*.

2. Q Quelles sortes d'histoires a-t-il racontées?

A Il a raconté de courts récits d'imagination au sujet des animaux.

Comment: This is a more advanced type of substitution, gathering together several threads, i.e. *petits contes — courts récits; fantastiques — d'imagination,* and, the two story titles given in the passage are linked with the 'idea of La Fontaine's fables to give *au sujet des animaux.*

3. Q Est-ce qu'il y avait un élément personnel dans ses histoires? Lequel?

A Oui; Daniel basait ses histoires sur ses propres expériences.

Comment: Here a word which has occurred previously in the passage — *baser* — has been used to advantage.

4. Q Qu'est-ce M. Viot faisait de temps en temps dans la semaine?

A Il faisait le tour de l'école pour voir si tout y allait bien.

Comment: In this case, the use of the pronoun *y* avoids repetition of *collège* in the phrase *dans le collège.*

5. Q Quelle était la réaction du Petit Chose et de ses élèves à l'entrée de M. Viot?

A Le maître a interrompu son histoire et les élèves ont eu peur.

6. Q Pourquoi les pupitres étaient-ils dénudés?

A Parce que les élèves y avaient mis leurs affaires pour écouter l'histoire.

Comment: As often occurs, a *pourquoi* in the question implies an answer beginning with *parce que* while in the second part of the answer, *pour* + infinite is used to avoid a repetition of *parce que.*

7. Q Comment le Petit Chose a-t-il justifié les histoires?

A Il les a justifiées en disant que les élèves avaient été si bons qu'ils méritaient un repos.

Comment: This is a fairly sophisticated multi-clause sentence used to fuse a number of different ideas, i.e. the hard work of the pupils, their deserving a reward and the reward itself.

8. Q Qu'est-ce que M. Viot pensait de ces justifications?

A Il ne les a pas acceptées comme suffisantes.

9. Q Pourquoi M. Viot avait-il ouvert le cahier du règlement à la page 12?

A Il a choisi la page où était écrite la règle qui défendait au maître de raconter des histoires aux élèves.

Comment: Here it is a question of working out information which is not actually stated in the text. M. Viot disapproves of the action of *Le Petit Chose* and he is obviously pointing out to *le maître* that p. 12 states that a teacher must spend his class in formal teaching.

10. Q Comment savons-nous qu'à partir de ce jour-là le Petit Chose a cessé de raconter ses histoires?

A Nous le savons parce que le narrateur affirme qu'à cause du règlement il ne pouvait plus continuer avec ses histoires.

PASSAGES

*Nadia

Nadia Comaneci; la merveille des Jeux Olympiques de Montréal, est née en Roumanie, dans une petite ville industrielle. Papa est chauffeur mécanicien à une usine, et maman est femme de ménage au gymnase où sa fillette s'entraîne.

Chaque matin à huit heures Nadia entre en classe et va s'asseoir, sérieuse, derrière le troisième pupitre, à droite, près de la fenêtre. Jusqu'à midi, Nadia est une écolière 'studieuse et appliquée' dit le directeur. 'Bonne en anglais, en sciences naturelles et qui chante très bien en français.' A deux heures; direction gymnastique. Depuis huit ans, chaque jour pendant quatre heures, Maria et Bela Karoly entraînent l'équipe féminine de Roumanie dont Nadia est la 'star'. Ils travaillent même le dimanche, même pendant les vacances. C'est le prix de la gloire.

Que souhaite-t-elle? 'Je veux devenir professeur de gymnastique,' dit-elle. En vérité, médailles, trophées, coupes, lettres du monde entier la laissent froide. Quand on la félicite, elle répond 'merci' de sa voix grave.

Et elle a été félicitée beaucoup de fois. A l'âge de onze ans elle a commencé à gagner ses médailles. D'abord au championnat de Roumanie et puis à d'autres championnats internationaux. Mais son plus grand triomphe était aux Jeux Olympiques de Montréal—trois médailles d'or, une d'argent et une de bronze.

Paris Match

1. Quelle est la nationalité de Nadia?
2. Comment passe-t-elle ses matinées?
3. Quels sont ses sujets préférés à l'école?
4. Comment passe-t-elle ses après-midi?
5. Combien de jours par semaine l'équipe s'entraîne-t-elle?
6. Qu'est-ce que Nadia pense de la gloire et ses récompenses?
7. A quel championnat a-t-elle gagné sa première médaille internationale?
8. Combien de médailles a-t-elle gagnées à Montréal?

*Tuer de Gaulle

En 1962 on a tenté d'assassiner le Général de Gaulle, alors Président de la République. Parmi les hommes qui ont participé à l'attentat était un Hongrois Lazlo Varga, qui a été tué récemment en essayant de voler de l'argent dans un bureau de poste.

Varga, né en 1942, s'est réfugié en France après l'insurrection de Budapest. Il était déserteur de la Légion Étrangère et il avait en effet participé, le mercredi 22 août 1962, à l'attentat perpétré à Paris contre le général de Gaulle.

Ce jour-là, à 130 Km. à l'heure, le cortège présidentiel roule vers l'aérodrome de Villacoublay, où le général de Gaulle va prendre, après le Conseil des Ministres, l'avion qui l'ammenera à Colombey-les-Deux Églises, où il a une maison. Il est 20 heures 20, avenue de la Libération. Soudain une fusillade éclate. Sur le côté droit de la route, deux hommes tirent des fusils-mitrailleurs sur la Citroën 'DS' du Président. Mais la voiture passe.

Deux cents mètres plus loin, vient la seconde fusillade, au carrefour de l'avenue de la Libération et de l'avenue du Bois. Cette fois, les hommes ont garé leur voiture sur le côté gauche de la route. Cette fois encore bien que pleine de balles, la DS du Président passe. Malgré trois pneus crevés, le chauffeur du général accélère encore pour arriver, à plus de 140 à l'heure, à l'aérodrome à 2,5 kilomètres de là. Un miracle? Qui sait?

Quant au général, il n'a pas du tout perdu son sang froid. Il n'a pas même baissé la tête. Mais à l'aérodrome il a dit 'Cette fois-ci, j'ai eu beaucoup de chance.'

France Soir

1. Quel office De Gaulle tenait-il en 1962?
2. Où Lazlo Varga est-il né?
3. Comment est-il mort?
4. Pourquoi est-il allé en France?
5. Pourquoi De Gaulle allait-il à l'aérodrome?
6. Où était le général lorsque les hommes ont commencé à tirer?
7. Pourquoi y avait-il une seconde fusillade?
8. Est-ce que les attentats ont réussi?
9. La voiture a gagné l'aérodrome. Pourquoi ce fait semble-t-il miraculeux?
10. Comment le général a-t-il réagi pendant les attaques?

*Le Festival Pop

C'est officiel, le Festival pop d'Ustaritz aura lieu les 26, 27 et 28 août. Quarante mille personnes sont attendues. Un vaste camping doté de toutes les installations sanitaires sera édifié sur une vingtaine d'hectares. Il faut dire que, dans le coeur du département des Pyrénées-Atlantiques, frappé durement par les exodes excessifs, la place ne manque pas.

Une immense tente pourra recevoir et abriter le public. Cet hébergement sera, bien sûr, gratuit. Les organisateurs mettront en service deux restaurants, dont un végétarien, qui pourront assurer soixante mille repas par jour, ent un service d'alimentation, assistance médicale et une crèche ont été prévus.

Pour permettre à tous de voir les groupes, les organisateurs ont élevé la scène jusqu'à six mètres du sol. Certains grands noms du pop et rock Mona Lisa, Chuck Berry, the Who, etc., vont se succéder pendant trois jours sans pratiquement aucune interruption sur la scène à Ustaritz, ce hameau promu l'espace d'un long week-end au rang de ville moyenne. Le spectacle commencera tous les jours à dix heures et se poursuivra jusqu'à deux heures du matin, heure à laquelle seront projetés les films sur les grands festivals, par exemple celui de Woodstock. Cette séance se poursuivra jusqu'à quatre heures du matin, une trêve étant observée jusqu'à dix heures afin de laisser souffler artistes et public.

Le Figaro

1. Pendant combien de jours se poursuivra le festival?
2. Dans quelle ville va-t-il avoir lieu?
3. Combien de spectateurs sont attendus?
4. Quelle sera la superficie du camping?
5. Où le public va-t-il dormir?
6. Quels arrangements ont été prévus pour nourrir les assistants?
7. De quelle hauteur sera la scène?
8. A quelle heure commencera le spectacle chaque jour?
9. A quelle heure se terminera-t-il?
10. Quels divertissements y aura-t-il entre deux heures et quatre heures du matin?

*Le docteur disparu

Une soixantaine de gendarmes et un chien policier recherchent depuis trois jours le 'type heureux'. C'est le surnom que donnaient au docteur François Reynal, 26 ans, ses collègues de l'hôpital de Cognac, pour sa bonne humeur constante, ses plaisanteries et son rire éclatant. Mais aujourd'hui ils sont tristes en pensant à lui: il a disparu dans la nuit de jeudi à vendredi dernier. On a retrouvé sa voiture, feux allumés, moteur en marche, mais vide de tout occupant.

Il y avait une seule piste mais elle s'est perdue dans les carrières abandonnées et les galeries souterraines de la région. Les fouilles effectuées dans la région n'ont encore rien donné.

Le docteur Reynal avait quitté l'hôpital de Cognac jeudi vers 16h. Il aurait dû rentrer à l'hôpital le lendemain matin à 9h. Il était rentré de vacances le lundi précédent en pleine forme et plus gai que jamais. On peut signaler qu'il était très aimé de ses malades et de ses collègues dans le service de médecine générale et infantile où il travaillait.

Dans la vie privée, il préparait sa thèse de fin d'études de médecine, il travaillait dur et allait à Toulouse tous les soirs pour étudier. Enfin, il téléphonait régulièrement à ses parents, qui habitent à Toulon, pour les tenir au courant de toutes ses activités. On ne sait pas ce qui est arrivé au jeune docteur et il reste une théorie assez inquiétante: devenu amnésique il erre seul et sans secours à travers cette région où à chaque pas s'ouvre un gouffre.

France Soir

1. Le docteur recherché, quel âge a-t-il?
2. Pourquoi est-ce qu'on l'appelait 'le type heureux'?
3. Où travaillait-il?
4. Quand a-t-il disparu?
5. Pour quelle raison ses collègues sont-ils tristes?
6. A quelle heure a-t-il terminé son service le jour de sa disparition?
7. Quel détail nous montre que quelques-uns de ses malades étaient des enfants?
8. Où allait-il pour étudier?
9. Où habitent ses parents?
10. Quel danger s'exprime dans la dernière phrase du passage?

Compréhension: passages

*Christel et le Mont Blanc

Christel, une petite fille de huit ans, est la fillette la plus haute du monde! Pourquoi? Parce qu'elle a atteint le sommet du mont Blanc, haut de 4.807 mètres. Sans guide, avec seulement un porteur, Philippe Tarral, elle a accompli un exploit qui la laisse un peu déçue. 'Je n'ai rien vu! Je voulais aller au mont Blanc parce que tout le monde y allait. Le matin à dix heures, nous sommes partis, il faisait très beau. J'étais un petit peu fatiguée. Arrivés au sommet, Philippe m'a prise en photo. J'étais un peu fière! Il y avait beaucoup be brouillard, alors je ne voyais rien. Mais j'étais heureuse. Puis nous sommes redescendus.'

Christel parle de son école: 'Maintenant, je recommence l'école: Je suis en classe élémentaire. Ce que j'aime le plus, c'est la gymnastique. J'ai commencé à faire de la danse classique. Moi, j'aime l'école et la montagne.'

Elle connaît la montagne depuis toujours puisque son père, Riton Bochatay est alpiniste, et depuis l'âge de deux ans et demi, elle fait du ski avec l'aide de son frère Guy qui a seize ans.

'Aujourd'hui,' dit Christel, 'je sais par les journalistes que je suis la première petite fille au monde à être montée aussi haut. Ce n'était pas difficile, mais un peu long et un peu fatigant quand même. Ça ne m'empêchera pas de recommencer. Et j'espère que, ce jour-là, le brouillard sera parti et me laissera tout voir.'

Paris Match

1. Christel, quel âge a-t-elle?
2. Quel exploit a-t-elle accompli?
3. Qui l'a accompagnée?
4. Pourquoi était-elle un peu déçue?
5. Quel temps faisait-il le matin de leur départ?
6. Pourqui n'a-t-elle rien vu?
7. Qu'est-ce qu'elle aime à l'école?
8. Pour quelles raisons connaît-elle la montagne depuis son enfance?
9. Qui lui a dit qu'elle est la première petite fille à être montée aussi haut?
10. Quel est son espoir dans l'avenir?

*Christ's Patrol

Ils sont 500 jeunes gens qui parcourent les États-Unis, portant au dos de leur T-shirt les deux mots 'Christ's patrol'. Il y a peu de temps, tous étaient des hors-la-loi qui terrorisaient les autoroutes américaines avec leurs crimes et leurs motos. Mais grâce au Révérend Philip Blades, les Hell's Angels sont devenus les Motards de Jésus. 'Avant de rejoindre la patrouille,' raconte Dwayne, 20 ans, 'je n'allais jamais à l'église, sauf pour assister à l'enterrement d'un copain qui s'était tué à moto. Il faut dire que cela arrivait souvent.'

L'histoire de chaque membre de la patrouille est à peu près semblable. Drogues, agressions, banditisme sous toutes ses formes, violence.

Le Révérend Philip a eu l'idée de ramener ces jeunes gens vers le bien. Et il a réussi. Les Motards du Christ ont vendu leurs pistolets et acheté des Bibles. Ils vont de l'Atlantique au Pacifique pour prêcher la vertu et porter secours à leurs amis.

Un de leurs exploits: Kim, une fillette de 15 ans, souffrait d'une maladie nerveuse qui détruisait ses muscles et allait la paralyser. L'opération qui pouvait la sauver coûtait 10.000 dollars. La Christ's Patrol décide d'organiser un concert de nuit pour gagner l'argent. Ils louent une salle de 1.000 places mais dix personnes seulement viennent à la soirée. Dans leur désespoir, les Motards du Christ se font inviter par une station de télévision et là ils racontent leur conversion, la maladie de Kim, leur projet de concert, leur échec. Le lendemain, un donateur envoie 10.000 dollars. 'Si le Christ était aujourd'hui parmi nous,' a dit le Révérend Philip, émerveillé, 'je suis sûr qu'il serait motocycliste.'

Paris Match

1. Avant leur conversion, quel genre de vie ces jeunes gens menaient-ils?
2. Quel est leur moyen de transport?
3. Quelle est la profession de Philip Blades?
4. Que font ces jeunes en parcourant les États-Unis?
5. Comment voulaient-ils sauver la petite Kim?
6. Est-ce que leur premier projet a réussi à gagner les 10.000 dollars?
7. Quelle était leur deuxième idée?
8. Est-ce qu'ils ont enfin réussi à gagner l'argent?

*Séverine

Séverine poussa la porte, et entra dans la pièce. 'C'est moi. Tu as dû croire que j'étais perdue.' A vingt-cinq ans, elle semblait grande, mince et très souple. Elle n'était point jolie d'abord, la face longue, la bouche forte, éclairée de dents admirables. Mais, à la regarder, elle séduisait par le charme, l'étrangeté de ses larges yeux bleus, sous ses cheveux noirs.

Et, comme son mari, sans répondre, continuait à la regarder, elle dit: 'Oh! J'ai couru . . . il était impossible d'avoir un omnibus. Alors, ne voulant pas dépenser l'argent d'une voiture, j'ai couru. Regarde comme j'ai chaud.'

'Voyons,' dit-il violemment, 'tu veux me faire croire que tu étais aux magasins!' Mais tout de suite, avec une gentillesse d'enfant, elle se jeta à son cou, en lui posant, sur la bouche, sa jolie petite main. 'Vilain, vilain, tais-toi! Tu sais bien que je t'aime.' Une telle sincérité sortait de toute sa personne que ses soupçons disparurent tout de suite.

'Mangeons,' dit-elle. 'Comme j'ai faim. Ah! écoute, j'ai un petit cadeau pour toi. Dis: mon petit cadeau.' Elle lui riait dans le visage. Elle avait fourré sa main droite dans sa poche, où elle tenait un objet, qu'elle ne sortait pas. 'Dis vite: mon petit cadeau.'

C'était toujours le même jeu chaque fois qu'elle lui achetait un petit cadeau. Alors, riant aussi, il dit: 'Mon petit cadeau.'

Compréhension: passages

C'était un couteau qu'elle venait de lui acheter, pour en remplacer un qu'il avait perdu. Il s'exclamait, le trouvait superbe, ce beau couteau neuf, avec son manche en ivoire et sa lame luisante. 'Mangeons, mangeons' répéta t-elle. 'Non, non! je t'en prie, ne ferme pas la fenêtre. J'ai si chaud.'

Émile Zola: *La Bête Humaine*

1. A qui parle Séverine?
2. Est-ce qu'elle est belle?
3. Comment est-elle rentrée chez elle?
4. Est-ce que son mari la croit d'abord?
5. Comment a-t-elle convaincu son mari qu'elle disait la vérité?
6. Décrivez le jeu qu'ils jouaient chaque fois qu'elle lui achetait un cadeau.
7. Pourquoi avait-elle choisi un couteau comme cadeau pour lui?
8. Est-ce que le cadeau lui plut?
9. Pourquoi est-ce que Séverine dit à son mari de ne pas fermer la fenêtre?

*Le Chanteur-routier

Toutes les routes de France chantent avec lui. Tous les routiers sympathiques chantent les airs de Pierre Vernet, ses chansons tristes ou gaies, toutes à la gloire de leur *métier* rude. Pierre Vernet est un des leurs; c'est le vrai compagnon de voyage. Il a fait, lui-même, des kilomètres au volant des *mastodontes* de 35 tonnes. Cependant, ce n'est pas pour son propre compte qu'il enregistre des disques. Il déclare: 'C'est pour les handicapés physiques que j'ai fait mon premier disque. Je veux que tous les droits, tous les bénéfices, de ce disque leur soient *versés*. Je sais bien moi, qui les ai vus si nombreux et de si près, qu'on ne fait pas assez pour eux.'

C'est dans les hôpitaux qu'il les a tant approchés, dans les établissements où il a vécu lui-même des mois de souffrances. Mais il en est sorti plus heureux que d'autres, bien 'replanté' sur ses deux pieds.

Le tournant de la vie de Pierre a eu lieu il y a quelques années à Châteaurtenard. Il conduisait un camion énorme. Soudain un autocar, qui roulait à gauche, est arrivé devant lui. Il a donné un coup de volant désespéré mais en vain; il est entré en collision avec l'autre véhicule. Quel terrifiant spectacle! Il resta des heures prisonnier de l'amas de ferraille qu'il a fallu découper. Heureusement, il ne se souvient pas de cette épreuve du sauvetage car, en plus de ses nombreuses fractures, il avait perdu connaissance.

A l'hôpital, pendant sa rééducation, il a appris l'accordéon, puis il a chanté, enfin il a composé. Mais que de misères plus grandes que la sienne il avait vues pendant ces longs mois de souffrances. 'Alors', dit-il, 'je me suis juré de faire un disque pour ceux qui souffraient à côté de moi. Je peux *à présent* tenir ma promesse. C'est le plus beau moment de ma vie.'

Ici-Paris

1. Avant de devenir chanteur, quelle a été la profession de Pierre?
2. Pour le bien de qui fait il des disques?

3. Pourquoi a-t-il eu plus de chance que d'autres qui ont subi un accident de route?
4. Que faisait Pierre quand il est entré en collision avec le car?
5. Lequel des deux conducteurs était dans son tort? Justifiez votre réponse.
6. Qu'est-ce que Pierre a fait pour éviter la collison?
7. Qu'est-ce qu'on a fait pour le faire sortir de sa 'prison de fer'?
8. Qu'a fait Pierre à l'hôpital?
9. Quelle promesse a-t-il faite?
10. Exprimez autrement les mots mis en italique.

*Comment rester jeune

Oui, le soleil accentue les rides. Vous aimez le soleil et vous *pensez* que son action est bénéfique pour votre peau. Chaque année vous vous exposez longuement pour retrouver ce teint de miel qui vous fait paraître plus jeune. Maintenant regardez bien votre visage dans la *glace*. Observez-le objectivement: ces premières petites rides de sécheresse que vous *apercevez* autour de vos yeux, aux coins de votre bouche, sur votre cou, quand vont-elles devenir des rides tout court?

Non, le soleil n'est pas le seul responsable. Mais il accentue insensiblement le processus de vieillissement de votre peau. Été après été, elle se dessèche, perd sa souplesse et sa douceur. Rassurez-vous, il existe un fluide de beauté tout simple et pourtant étonnant que bien des jeunes femmes actives et énergiques comme vous ont déjà *découvert*: Huile d'Olaz.

L'Huile est une délicate alliance d'huiles et d'eau dont les propriétés se rapprochent de celles des sécrétions naturelles de votre peau. Grâce à cette originalité l'Huile d'Olaz pénètre très vite pour se combiner avec les fluides naturels. Elle prévient donc le dessèchement, les petites rides se voient moins et votre peau retrouve cette douceur, cette souplesse et cet éclat des jeunes femmes.

Après un bain de soleil, quand la chaleur et le vent ont rendu votre peau sèche et rugueuse, appliquez l'Huile d'Olaz. *Instantanément*, vous éprouverez une délicieuse sensation de fraîcheur et vous verrez votre peau redevenir douce et souple.

Jours de France

1. Quel est l'effet du soleil sur la peau?
2. Où peut-on voir surtout le résultat de trop de soleil?
3. Il existe une autre raison pour laquelle on a des rides. Laquelle?
4. Selon le passage, comment peut-on lutter contre les rides?
5. De quoi l'Huile d'Olaz se compose-t-elle?
6. Comment fonctionne-t-elle?
7. Qu'est-ce qu'elle empêche?
8. Sur quelle sorte de peau faut-il appliquer cette huile?
9. Est-ce qu'elle rend la peau sèche et dure?
10. Exprimez autrement les mots mis en italique.

*Le Retour au Pays

C'est un Breton qui revient au pays natal
Après avoir fait plusieurs mauvais coups
Il se promène devant les fabriques à Douarnenez
Il ne reconnaît personne
Personne ne le reconnaît
Il est très triste.
Il entre dans une crêperie pour manger des crêpes
Mais il ne peut pas en manger
Il a quelque chose qui les empêche de passer
Il paye
Il sort
Il allume une cigarette
Mais il ne peut pas la fumer.
Il y a quelque chose
Quelque chose dans sa tête
Quelque chose de mauvais
Il est de plus en plus triste
Et soudain il se met à se souvenir.
Quelqu'un lui a dit quand il était petit
'Tu finiras sur l'échafaud'
Et pendant des années
Il n'a jamais osé rien faire
Pas même traverser la rue
Pas même partir sur la mer
Rien absolument rien.
Il se souvient.
Celui qui avait tout prédit c'est l'oncle Grésillard
L'oncle Grésillard qui portait malheur à tout le monde
La vache!
Et le Breton pense à sa soeur
Qui travaille à Vaugirard
A son frère mort à la guerre
Pense à toutes les choses qu'il a vues
Toutes les choses qu'il a faites.
La tristesse se serre contre lui
Il essaie une nouvelle fois
D'allumer une cigarette
Mais il n'a pas envie de fumer
Alors il décide d'aller voir l'oncle Grésillard.
Il y va
Il ouvre la porte
L'oncle ne le reconnaît pas
Mais lui le reconnaît
Et il lui dit:
'Bonjour oncle Grésillard'
Et puis il lui tord le cou.
Et il finit sur l'échafaud à Quimper
Après avoir mangé deux douzaines de crêpes
Et fumé une cigarette.

Jacques Prévert: *Paroles*

1. Où le Breton est-il né?
2. Pourquoi est-ce que personne ne le reconnaît?
3. Pourquoi ne peut-il pas manger, à votre avis?
4. Qu'est-ce qu'on lui a dit quand il était jeune?
5. Pourquoi avait-il peur pendant des années?
6. A qui rend-il visite?
7. Qu'est-ce qu'il fait chez son oncle?
8. Qu'est-ce qui arrive enfin au Breton?
9. Pourquoi à votre avis, le Breton peut-il manger et fumer à la fin de sa vie?

*La Vie Moderne

'Vie infernale. Pas possible. Je gagnais beaucoup d'argent, j'étais directeur artistique dans une grande agence de publicité. Je travaillais tard la nuit, me levant tôt le matin, pas le temps de déjeuner à la maison, je ne voyais jamais mes enfants, c'était effroyable,' dit Jacques Massacrier.

Ils sont, en France, des milliers de gens qui ont dit la même chose mais qui sont restés. Lui, Jacques Massacrier, il est parti. Il a quarante ans. Sa femme s'appelle Gréta et ils ont deux fils Joël et Loïc. Ils ont quitté Paris pour venir vivre sans argent dans une petite île qui s'appelle Ibiza.

Depuis combien de temps sont-ils partis de Paris? 'Pas facile de se souvenir des dates, mais cela fait trois ans' dit Gréta. 'Bien sûr, nous avions un appartement de rêve à Paris, avec deux télés couleur, une cuisine ultra-moderne, tout le confort. Nous sommes venus passer deux fois nos vacances ici et nous avons dit "c'est tellement chouette qu'on devrait vivre ici toute l'année".' 'Quand nous sommes rentrés à Paris après les vacances, la vie a recommencé encore plus difficile que l'année précédente,' explique Jacques. 'Je travaillais dix-huit heures sur vingt-quatre parce que je venais de créer ma propre agence de publicité avec un ami. Alors, on s'est mis à parler d'Ibiza et de quitter Paris pour toujours. Pour nous, ça ne posait pas de problèmes, nous avions envie de mener une vie différente. Mais pour les enfants cela posait des problèmes. Joël avait 14 ans et il était en quatrième au lycée. Les études, pour lui, ne marchaient pas très bien. Loïc entrait en sixième et il n'était pas très passionné par les cours. Il y avait un risque à prendre en emmenant les enfants avec nous, mais il n'était pas plus grand que celui que l'on prenait en les laissant au lycée qu'ils n'aimaient pas.'

Alors ça a été décidé. Ils ont vendu leur appartement et leur voiture et ils ont pris l'avion avec une valise chacun. Jacques emportait sur lui 2.500 francs seulement. A Ibiza ils ont loué une petite ferme où ils produisent le plus possible de produits de la terre pour dépenser moins d'argent. Le potager de Jacques donne tous les légumes—salades, tomates, pois, carottes, choux et melons. Pour avoir du lait ils ont acheté deux chèvres. Ils se font leurs propres vêtements et Gréta en trois ans a fait douze robes.

Une vie saine? Certainement. Depuis qu'ils vivent à Ibiza, ils n'ont jamais été malades.

Paris Match

Compréhension: *passages*

1. Est-ce que Jacques était content à Paris? Pourquoi?
2. De quelle façon est-il différent des autres gens qui sont mécontents à Paris?
3. Comment ont-ils découvert l'île d'Ibiza pour la première fois?
4. Pourquoi Jacques travaillait-il si dur après les vacances?
5. Est-ce que les deux fils aimaient l'école?
6. Comment Jacques et Gréta ont-ils trouvé l'argent pour commencer leur nouvelle vie?
7. Que font-ils pour avoir des légumes?
8. Que font-ils pour se vêtir?
9. Comment savons-nous que leur nouvelle vie est une vie saine?

*Le Voleur Barbu

Minuit. . .

Un homme suivait sans bruit la grille du vieux château.

Le château se trouvait, solitaire, au sommet d'une colline, entouré d'un épais bois de pins.

A mi-hauteur de la colline, le gros village dormait.

L'homme portait de grosses moustaches et une barbe noire très épaisse. Il tenait une grande valise en toile, qui semblait très légère.

Il a escaladé facilement la grille. Il n'y avait aucun chien de garde, ni même le plus petit chien. Il a été plus facile encore de pénétrer à l'intérieur du château: des échelles étaient posées le long d'échafaudages qui s'élevaient contre le mur à cause de grandes réparations. Il a pensé que l'on ne pouvait pas être plus aimable pour les voleurs! C'était vraiment très imprudent de la part de la propriétaire du château: la veuve Isabelle Angelino. On ne devrait pas, quand on est une dame âgée, vivre toute seule, sans gardien, sans personnel, au sommet d'une colline, à plus de cinq cents mètres du village! . . .

A la hauteur du deuxième étage, l'homme est entré dans le bâtiment très simplement: par une fenêtre grande ouverte sur un salon bibliothèque.

Penser que tant de voleurs, dans le monde entier, faisaient de véritables exploits d'alpinistes, quelquefois au péril de leur vie pour prendre une petite somme d'argent, alors que l'on pouvait entrer ici comme dans un moulin et prendre une fortune immense, qui, savait-il, était cachée là depuis plus de quarante ans! . . .

L'homme a allumé une lampe électrique, il a poussé une porte et il s'est trouvé sur un palier.

Il a monté un escalier à pas de loup, pour ne pas réveiller la veuve Angelino: les personnes âgées ont le sommeil léger! . . .

Il a atteint le grenier. C'était là.

D'après les renseignements qu'il possédait, la fortune était entassée dans un ancien coffre espagnol qui devait se trouver dans le grenier. Une porte seulement séparait l'homme des millions de Guillaume Avril, le propriétaire du château qui est mort pendant la guerre de 1914.

C'était trop beau. C'était trop facile. Il a posé sa main sur la porte et a vu que cette porte, très épaisse, avait une énorme serrure et qu'elle était fermée à clé.

Enfin, une difficulté! . . .

Ce n'était pas une difficulté pour lui. Il a tiré de sa poche un morceau de fer terminé par un crochet. Il a touché doucement la serrure et bientôt elle s'est ouverte avec un léger bruit.

Pierre Very: *Les Héritiers d'Avril*

1. Où se trouvait le village?
2. Quelle était la 'profession' de l'homme barbu?
3. Pourquoi, à votre avis, portait-il une valise?
4. Comment le voleur a-t-il grimpé jusqu'au deuxième étage?
5. Qu'est-ce que le voleur cherchait dans le château?
6. A part le voleur, qui était dans le château?
7. Dans quelle partie du château était la fortune?
8. Comment le propriétaire du château est-il mort à votre avis?
9. Quel était le dernier obstacle pour le voleur?
10. Avec quoi a-t-il ouvert la serrure?

*La nouvelle Jackie Kennedy

On avait connu Jackie, première dame des États-Unis, puis c'était Jackie Onassis, femme du milliardaire grec. Aujourd'hui, c'est tout simplement Jackie, une femme qui travaille. Il y a trois mois, elle a commencé à travailler dans une grande maison d'édition de New York. Son salaire hebdomadaire est de 1.000F. En vérité, travailler n'est pas pour Jackie une totale nouveauté car en 1953 elle était journaliste-photographe au *Times Herald*, un journal de Washington où elle gagnait 200F par semaine. Même lorsqu'elle était locataire de la Maison Blanche elle a eu l'idée d'en réaliser un guide historique. On peut donc conclure que pour Jackie, travailler dans le journalisme n'a rien de nouveau.

Pourtant, la vraie question qui brûle aux lèvres des curieux reste celle-ci: pourquoi s'est-elle remise au travail? Ceux qui la connaissent bien affirment: évidemment ce n'est pas parcequ'elle est à court d'argent. Elle a repris du travail pour s'occuper, pour mettre un peu d'ordre dans sa vie jusque-là si confuse.

Son bureau, dont la fenêtre donne sur Madison Avenue, est très simple, fonctionnel; en effet, ce n'est pas un bureau pour faire semblant de travailler, car elle doit répondre à du courrier, lire des livres et faire des coups de téléphone. Son assistante Rebecca déclare à son sujet: 'Elle est drôle, spirituelle et très stimulante.'

Paris Match

1. Quels étaient les deux premiers rôles de Jackie?
2. Quel est son rôle aujourd'hui?
3. A présent, où travaille-t-elle?
4. Combien gagne-t-elle par mois?
5. Est-ce que ceci est son premier emploi?
6. Pour quel monument a-t-elle rédigé un guide?
7. Pourquoi, selon le texte, est-ce que Jackie a recommencé à travailler?

Compréhension: passages

8. Où se trouve son bureau?
9. Quelle sorte de travail y fait elle?
10. Comment s'appelle son aide?

*Mort d'un enfant

Les enfants ne jouent plus dans les allées du Clos Monier. D'ordinaire, le soir, quand le soleil se fait moins chaud, ils sortent par groupes et organisent des jeux. C'est une cité H.L.M. paisible et fleurie, près de Toulon. Rien à voir avec les cités-dortoirs de la région parisienne. Que pouvait-on craindre au Clos Monier? Il y a trois jours seulement, tout le monde aurait répondu; absolument rien.

A six ans, Vincent Gallardo est mort après avoir été kidnappé, un soir semblable aux autres, pendant qu'il s'amusait avec ses copains. Depuis, tous les parents de la cité retiennent leurs enfants à la maison par crainte d'un nouvel enlèvement et par respect pour la douleur de la famille Gallardo.

Dans les locaux de la police judiciaire de Toulon un homme a été interrogé sans relâche toute la journée. 1,70 m., 40 ans environ, cheveux poivre et sel, petite moustache: la description du criminel. Il possède en plus une Renault 17 bleue, la voiture présumée de l'assassin. On a cru tenir le criminel.

La scène qui a entraîné l'arrestation du suspect s'est déroulée dans un café du quartier une heure après la découverte du cadavre. 'A huit heures,' explique le patron, 'j'ai vu entrer un homme que je n'avais jamais vu auparavant. Il a commandé un café et a dit aussitôt: "Vous savez qu'on a retrouvé le petit?" J'ai demandé: "Vivant?" Il m'a répondu: "Non, mort." Puis il a fait un coup de téléphone et a dit à son interlocuteur qu'il avait fort bien dîné la veille au soir: du lapin et du saucisson. Et puis un autre client est arrivé avec un journal sous le bras. Il y avait un portrait-robot du criminel. Il a interpellé l'inconnu: "Tiens, il vous ressemble." L'homme s'est troublé. "C'est vrai," a-t-il répondu. "Heureusement que j'ai mes papiers sur moi. On pourrait m'arrêter." Alors l'homme est sorti. Il est monté dans sa voiture et après avoir démarré, il a brûlé un feu rouge et a disparu. Nous avons aussitôt alerté les gendarmes.'

Une heure après le client mystérieux était intercepté par un policier, en plein centre de Toulon. Au quartier général de la police judiciaire le suspect, lui, garde son sang-froid. Il est calme et distant. Il nie.

France Soir

1. Où se passent les événements de ce reportage?
2. Qu'est-ce qui est arrivé pour faire peur aux habitants de l'H.L.M.?
3. Quel âge avait le jeune garçon kidnappé?
4. Décrivez son assassin.
5. Qu'est-ce que ce dernier a commandé dans le café?
6. Qu'a-t-il fait après avoir pris sa consommation?
7. Quel repas a-t-il pris la veille?
8. Pourquoi l'inconnu s'est-il troublé?

9. Quel détail nous donne l'impression qu'il est très pressé pour quitter le café?
10. Où et par qui a-t-il été arrêté?

*Une banque pillée à Paris

Cent quatre-vingt onze coffres étaient fracturés et vidés de leur contenu (bijoux, argent, papiers, etc) dans une succursale de la Société Générale à Paris. La découverte a été faite hier matin à 8h.30, après le week-end. Les malfaiteurs ont pénétré dans la salle des coffres après avoir creusé une galerie.

La banque elle-même est coincée entre un restaurant et la boutique d'un fleuriste. Le cambriolage s'est passé pendant le long week-end du 15 août. Les banques étaient fermées lundi. Les voleurs ont utilisé les égouts, creusé un passage souterrain et percé un mur de béton armé. Ils ont pillé les coffres et ont abandonné plusieurs outils qu'ils avaient utilisés, notamment tout le système de ventilation qu'ils avaient installé.

Tout cela fait penser que la préparation du cambriolage a été minutieuse et a duré plusieurs jours.

Ce cambriolage arrive moins d'un mois après un exploit semblable à Nice. Pendant le week-end des 17 et 18 juillet des cambrioleurs très bien organisés avaient réussi à pénétrer dans la salle des coffres à la Société Générale. Ils ont volé plus de 50 millions de francs en argent, bijoux, etc. Là aussi ils ont utilisé les égouts et ont creusé un tunnel.

Dans les deux cas les coffres étaient pleins parce que beaucoup de clients des deux banques, partant en vacances, avaient laissé leur argent, leurs bijoux et leurs papiers importants dans ces coffres.

Le Figaro

1. Qu'est-ce qu'il y avait dans les coffres?
2. Comment les cambrioleurs sont-ils entrés dans la salle des coffres?
3. Pourquoi les cambrioleurs ont-ils choisi le week-end du 15 août?
4. Comment ont-ils réussi à respirer dans les égouts?
5. Combien de temps le cambriolage a-t-il pris?
6. Où s'est passé l'autre cambriolage?
7. De quelle façon les deux cambriolages sont-ils semblables?
8. Pourquoi les cambrioleurs ont-ils trouvé tant d'argent dans les coffres?

*Le Peintre

Salvador Dali qui a toujours été son meilleur agent de relations publiques a eu une idée de génie pour faire parler de lui: il se met à travailler gratuitement. Tous les mardis à 17h30 il donne des leçons de dessin à une cinquantaine d'élèves de tous âges et de tous milieux. Ses élèves sont non-payants et pendant qu'ils travaillent le 'divin' Dali passe entre eux corrigeant, d'un coup de crayon, leurs esquisses.

Comme salle de classe, Dali se sert d'une pièce dans le musée Dali à Figueras qui est d'ailleurs sa ville natale. Le musée est devenu sa résidence secondaire. Une demi-heure avant le début de son cours, le maître se repose et on peut le trouver allongé sur un grand lit doré Louis XV vêtu d'un pantalon noir de danseur de flamenco, d'une chemise en soie et de chaussures noires.

A 17h30 précises, l'exactitude étant la politesse des rois, Dali descend. Il a mis un veston bleu et, à son bras gauche, se trouve une femme longue et blonde, drapée comme dans un sari d'un drap blanc. C'est le modèle. Il les choisit lui-même et en change tous les mardis. Ce jour-là, c'était une jeune Californienne rencontrée par hasard dans une course de taureaux à Barcelone. Elle s'appelle Sommers. Mardi prochain, ce sera le tour d'une autre. Ivres de respect, les élèves bondissent dès l'apparition du Maître et applaudissent à tout rompre.

Dali et son modèle s'avancent vers le centre de la salle où se trouve une estrade recouverte de satin rouge. Salvador explique à son modèle comment elle doit s'allonger. Il la dispose, couchée sur le côté droit, dos tourné au public, glisse un coussin vert sous son coude et s'en va parmi ses élèves. La leçon commence.

Paris Match

1. A quelle heure commence la leçon de dessin?
2. Combien y a-t-il d'élèves dans la classe de Dali?
3. Pourquoi, selon vous, est-ce que Dali s'appelle 'divin'?
4. Dans quel bâtiment a lieu son cours de dessin?
5. Que porte Dali lorsqu'il entre dans la salle de dessin?
6. De qui est-il accompagné?
7. Où Dali a-t-il rencontré son jeune modèle?
8. De quelle nationalité est Sommers, son modèle?
9. Comment savons-nous que cette personne n'est pas son modèle en permanence?
10. Quel détail témoigne du respect des élèves à l'égard de Dali?

*Le Cascadeur

Gil Delamare, mort il y a quelques années était le casse-cou numéro un du cinéma français, le spécialiste des cascades impossibles, des incroyables acrobaties en voiture, à moto, en avion: le trompe-la-mort qui sortait toujours en riant des plus épouvantables chocs. Le passage suivant est la mise en écrit des souvenirs qu'il avait enregistrés avant sa mort tragique.

Bon! Action! Puisqu'il faut commencer par le commencement, allons-y. Je m'appelle Gilbert Yves Delamare et je suis né en 1924 à Paris dans une famille classique française assez aisée sans être riche. Mon père, ancien officier, était dans le cinéma, mais pas du côté de la caméra: il a été vendeur de films, distributeur, secrétaire général des théâtres Gaumont en France. En effet, il a fondé plusieurs salles, surtout à l'étranger, en Pologne.

Nous étions trois enfants, j'ai un frère et une soeur, et, je ne sais pourquoi, il avait toujours été convenu que je serais officier et que je passerais par Saint-Cyr, l'école militaire française. Ma mère, elle me voyait plutôt en officier de marine: uniforme blanc et le reste. Tout cela ne me déplaisait pas tellement mais, peut-être parce que j'étais un peu amoureux de mon professeur (femme) de dessin, j'ai échoué aux examens d'entrée à Saint-Cyr.

J'ai continué mes études jusqu'à 18 ans, en 1942, et j'étais bien noté, il faut que je l'avoue, surtout en sports. Je faisais beaucoup de cheval, je montais déjà à 11 ans, de l'escrime, de l'athlétisme, du rugby, de la natation et du plongeon. Mais, à vrai dire, j'étais assez mauvais enfant et si je me battais beaucoup c'était surtout pour défendre mon frère qui était plutôt fragile. Malgré ma mauvaise réputation, je n'étais pas un sauvage tout court car j'écrivais de la poésie de temps en temps.

Puis ce fut la guerre et en 1942 je me suis engagé dans l'armée et à partir de cette date j'ai fait beaucoup de sport de combat: j'étais très attiré par le combat corps-à-corps et le judo. On m'a envoyé en Afrique du Nord, à Casablanca où j'ai attrapé une bonne dysenterie. Puisque j'étais trop faible pour le travail normal de soldat, je suis devenu camionneur faisant la liaison Casablanca-Alger.

Gil Delamare: La risque est mon métier

1. Où l'auteur est-il né?
2. Avant de devenir vendeur de films, quelle a été la profession de son père?
3. De combien de personnes se composait la famille de Gil?
4. A l'école quels sports pratiquait-il?
5. Pour quelle raison s'y battait-il beaucoup?
6. Qu'est-ce qui indique que Gil était un garçon plutôt sensible?
7. En quelle année s'est-il engagé dans l'armée?
8. Où a-t-il été envoyé?
9. De quelle maladie y a-t-il été atteint?
10. Guéri de sa maladie, quel travail faisait Gil?

*Jihane Sadate — La Femme du Président Egyptien

'Je suis née au Caire, mon père était employé de banque, originaire d'un petit village de haute Égypte. Il avait épousé ma mère, une Anglaise dont la famille venait de Sheffield. J'étais la troisième de cinq enfants — deux garçons, trois filles. Pendant toute mon enfance, je suis allée en classe au Caire. Comme toutes les filles d'Egypte, j'étais déjà, à l'âge de quinze ans, une femme, alors qu'en Europe, à cet âge-là, les filles sont encore considérées comme des enfants. Moi j'avais une passion que personne ne pouvait expliquer dans la famille — ni mes parents ni mes frères et soeurs: la politique. A la maison, personne n'aimait cela, sauf moi. Je passais mon temps à lire les journaux, à écouter la radio, à poser des questions sur ce qui se passait en Egypte et dans le monde. C'est à ce moment-là que j'ai entendu parler d'Anouar pour la première fois. C'était pendant les vacances. J'étais à Suez, chez une de mes tantes. Ma cousine était mariée et son mari qui était pilote ne cessait de parler de son meilleur ami qui s'appelait Anouar el Sadate. Ils avaient été ensemble en prison et mon cousin me racontait comment ils s'étaient échappés tous les deux. A cette époque, Anouar était encore en prison. Il avait été pris car le Premier ministre égyptien avait été assassiné. Il n'était pas dans le complot, mais comme il était activiste on le mit en prison. Donc, son nom m'était devenu familier. Je savais qu'il était d'une famille très pauvre de basse Egypte. Il avait fait toutes sortes de métiers: entre autres, conducteur de camion et ouvrier avant d'entrer dans l'armée.

Le jour de mes quinze ans il est enfin venu chez nous avec mon cousin. Nous étions en train de préparer le repas de fête pour mon anniversaire. Je lui ai serré la main et j'ai pleuré de joie. J'avais l'impression de le connaître depuis longtemps. Comment était-il? Comme aujourd'hui. Il était très gentil, très doux, et il ne parlait pas trop. Il n'était pas comme les autres hommes qui parlent souvent trop. Dans la voiture qui nous emmenait pour fêter mes quinze ans il me chantait des chansons — à moi qui n'avais que quinze ans. Déjà, il était patient. J'ai attendu d'avoir seize ans, l'âge légal, pour l'épouser. Nous nous sommes mariés au Caire d'une façon très traditionelle: sur notre passage, nos amis lançaient de petites pièces d'argent et du sel. Nous n'avions pas beaucoup d'argent. Il était alors journaliste, mais un mois après notre mariage il est rentré dans l'armée. De mon côté, j'ai continué mes études et j'ai passé mon baccalauréat.'

Arriva la période de la Révolution en Egypte et aussi celle des enfants. 'J'ai abandonné mes études pour me consacrer entièrement à mon mari et à l'éducation de mes deux premiers enfants. Chaque jour, chaque nuit je pleurais. J'avais peur pour lui et pour les enfants. Nous habitions sur le Nil et j'entendais les fusillades. Je savais qu'il était dans des actions dangereuses. Un soir, je me souviens qu'il était trois heures du matin, Anouar n'était pas encore rentré. J'ai entendu près de la maison le bruit des balles. J'ai cru qu'on l'avait tué. Je pleurais intensément. Soudain, Anouar est entré. Il ne comprenait pas: "Pourquoi pleures-tu?" Je lui ai dit ma crainte. Alors, il m'a répondu, sûr de lui: "Jihane, tu dois croire à la chance. Personne ne peut prendre une seule minute de ma vie." Il m'avait redonné courage. A partir de ce jour-là je n'ai plus jamais eu peur.'

Paris Match

1. De quelle nationalité est Jihane Sadate?
2. Quelle est la différence principale entre les filles égyptiennes et les filles européennes, selon Jihane?
3. Comment différait-elle de sa famille?
4. Comment a-t-elle entendu le nom d'Anouar Sadate pour la première fois?
5. Quelle expérience est-ce que le pilote et Sadate ont partagée?
6. Est-ce qu'ils sont restés en prison?
7. Pourquoi Sadate fut-il mis en prison après l'assassinat du Premier ministre?
8. De quelle classe sociale était-il?
9. Quand est-ce que Jihane l'a rencontré pour la première fois?
10. Quelle fut la réaction de Jihane en le rencontrant?
11. Pourquoi a-t-elle attendu jusqu'à l'âge de 16 ans pour l'épouser?
12. Est-ce qu'ils étaient riches?
13. Pourquoi est-ce que Jihane pleurait chaque nuit pendant la révolution?
14. Qu'est-ce qu'elle a cru quand Sadate n'était pas rentré cette nuit-là?
15. Pourquoi est-ce qu'elle n'a plus eu peur depuis cette nuit-là?

*Faits-Divers

Vingt minutes pendu à un poteau de signalisation routière sur une autoroute qui contoure Chartres sans qu'aucun des automobilistes qui passaient ne s'arrête pour le délivrer. C'est l'aventure arrivée à M. Jean La Pointe, 40 ans. M. La Pointe, qui avait pris à bord de sa voiture deux autostoppeurs, s'apprêtait à les déposer à un carrefour lorsque ceux-ci lui ont demandé de leur payer un verre. Comme il a répondu qu'il n'avait pas d'argent, ils se sont mis en colère. L'un d'eux a sorti un couteau et en a menacé l'automobiliste. Puis les malfaiteurs ont commencé à le frapper. M. La Pointe est tombé par terre et les autostoppeurs se sont précipités sur lui et lui ont attaché les mains et les pieds avec un morceau de corde avant de le pendre au poteau.

La nuit tombait, de nombreuses voitures passaient sur l'autoroute; leurs phares éclairaient le corps de l'homme pendu mais pas une voiture ne s'est arrêtée. Il a fallu qu'un prêtre passe pour que la police soit alertée. Monsieur La Pointe a été délivré et hospitalisé.

1. Près de quelle ville M. La Pointe a-t-il été trouvé?
2. Où allait-il déposer les autostoppeurs?
3. Combien étaient ceux-ci?
4. Avec quelle arme ont-ils menacé M. La Pointe?
5. Quel détail nous montre l'indifférence des automobilistes?
6. Finalement, qui a alerté la police?

Ce qui devait arriver est arrivé. Pour les locataires du 22, rue Rambuteau, 3e arrondissement, l'incendie d'un appartement du premier étage où deux enfants de 2 et 4 ans ont trouvé la mort, dimanche, n'est pas dû tout à fait à la fatalité.

En effet, les parents des enfants les laissaient très souvent seuls dans l'appartement fermé à clé. Lui travaillait dans le Métro et elle dans un magasin de fruits et légumes voisin. Leur fille et son petit frère restaient donc seuls. Les autres locataires avaient protesté mais en vain. Le sinistre a eu lieu à 10h15 quand, pour une raison inconnue, sans doute l'imprudence des enfants, le feu a pris dans la chambre à coucher. Les gosses, ne pouvant pas fuir à cause de la porte fermée, ont été blûlés vifs.

France Soir

1. Comment savons-nous que cet événement a eu lieu à Paris?
2. Comment sont morts les enfants?
3. Où travaillaient les parents?
4. A quelle heure est-ce que l'appartement a pris feu?
5. Qu'est-ce qui empêchait les enfants de fuir?

**Les Filles Veulent être enfants de Choeur

'Monsieur le Curé, je veux être enfant de choeur!' M. le Curé de l'île de Sein, en Bretagne, a été tout a fait stupéfait de voir une petite fille brune lui adresser cette demande avec beaucoup de conviction pendant le cours de catéchisme. 'Mais, pourquoi?' a-t-il demandé. La réponse est venue sans hésitation: 'Mais, c'est l'année de la femme. Alors pourquoi n'aurions-nous pas le droit, nous aussi, d'être enfants de choeur?'

M. le Curé a décidé, donc, de consulter les habitants de l'île sur cette question. Ils étaient d'accord, tout à fait d'accord!

C'était gagné! On a choisi trois des filles qui s'étaient proposées — Elisabeth, Anne-Marie et Jannick — pour se joindre aux trois garçons — Eric, Guen et Florent.

Mais qu'ont dit ces garçons? 'C'est toujours les garçons qui sont enfants de choeur, et c'est bien comme ça. Nous n'aimons pas le changement!' Les garçons protestent — si les filles ne partent pas, eux, les garçons ils partiront. Mais les filles ont persisté et les garçons ont été obligés de partir. Et la messe à été servie pendant quinze jours par trois petites filles en aube blanche. Quinze jours seulement, parce que d'autres garcons ont été choisis. Eric, seul, est revenu. Lui, il n'est pas contre les filles. Et, un dimanche de décembre, la messe de onze heures a été servie par trois petits garçons et trois petites filles.

Les petites filles de l'île de Sein sont-elles le signe d'une 'promotion' de la femme dans l'église? Qui sait? En tout cas, le fait qu'il y a des filles enfants de choeur ne veut pas dire qu'il y aura un jour des femmes prêtres.

Paris Match

1. Qu'est-ce que la petite fille a demandé au Curé?
2. Quelle était la réaction du Curé à cette demande?
3. Quelle raison a-t-elle donnée de sa demande?
4. Qu'est-ce que les habitants de l'île ont dit?
5. Combien d'enfants de choeur y avait-il dans l'église?
6. Et les garçons, qu'est-ce qu'ils ont pensé?
7. Pourquoi les garçons étaient-ils obligés de partir?
8. Pourquoi la messe était-elle servie par les trois filles pendant quinze jours seulement?
9. Pourquoi est-ce qu'Eric est rentré?
10. Est-ce qu'il y a des femme prêtres dans l'église d'aujourd'hui?

**La Folle

A Cormeil j'avais pour voisine une espèce de folle. Jadis, à l'âge de vingt-cinq ans, elle avait perdu, en un seul mois, son père, son mari et son enfant nouveau-né.

La pauvre jeune femme, foudroyée par le chagrin, prit le lit, délira pendant six semaines. Puis une sorte de lassitude calme succéda à cette crise violente et elle resta sans mouvement, mangeant à peine, remuant seulement les yeux.

Une vieille bonne restait près d'elle, la faisant boire de temps en temps ou mâcher un peu de viande froide. Elle ne parla plus. Pendant quinze années, elle demeura ainsi fermée et inerte.

La guerre vint; et dans les premiers jours de décembre, les Prussiens pénétrèrent à Cormeil. Les chefs distribuèrent leurs hommes aux habitants. J'en eus dix-sept. La voisine, la folle, en avait douze parmi lesquels il y avait un officier.

Avancez en Français

Pendant les premiers jours, tout se passa normalement. On avait dit à l'officier que la dame était malade; et il ne s'inquiéta guère. Mais bientôt cette femme qu'on ne voyait jamais l'irrita. Il s'imagine que la pauvre dame ne quittait pas son lit par fierté, pour ne pas voir les Prussiens, et ne leur point parler.

Il entra dans sa chambre et dit, 'Je vous prierai, madame, de vous lever et de descendre pour qu'on vous voie.' Elle tourna vers lui ses yeux vagues, ses yeux vides, et ne répondit pas. L'officier reprit: 'Je ne tolérerai pas d'insolence. Si vous n'êtes pas descendue demain. . .' Puis, il sortit.

Le lendemain, la vieille bonne voulut l'habiller; mais la folle se mit à hurler. L'officier monta vite et la servante cria, 'Elle ne veut pas. Monsieur, elle ne veut pas. Pardonnez-lui; elle est si malheureuse.' Le soldat se mit à rire et donna des ordres en allemand.

Et bientôt on vit sortir un détachement qui portait un matelas. Dans ce lit la folle, toujours silencieuse, restait tranquille. Le cortège s'éloigna dans la direction de la forêt d'Imanville. Deux heures plus tard les soldats revinrent tout seuls. On ne revit plus la folle. Qu'en avaient-ils fait? Où l'avaient-ils portée? On ne le sut jamais.

La pensée de cette femme perdue me hantait. Le printemps revint, l'armée d'occupation s'éloigna. Un jour j'allai à la forêt pour chasser. Soudain, dans un fossé, je trouvai une tête de mort. J'étais sûr, sûr, vous dis-je, que je rencontrais la tête de cette misérable folle.

Et soudain je compris, je devinai tout. Ils l'avaient abandonnée sur ce matelas, dans la forêt froide et déserte. Et elle s'était laissée mourir sous l'épais et léger duvet des neiges.

Puis les loups l'avaient dévorée. Et les oiseaux avaient fait leur nid avec la laine de son lit déchiré.

Guy de Maupassant: *Les Contes de la Bécasse*

1. Quelles étaient les causes du chagrin de la folle?
2. Qui la soignait?
3. Pourquoi les Prussiens étaient-ils dans le pays?
4. Pourquoi la folle irrita-t-elle l'officier?
5. Qu'est-ce qu'il lui demanda?
6. Qu'est-ce que la bonne essaya de faire?
7. Qu'est-ce que l'officier ordonna?
8. Est-ce que la folle revint avec les soldats?
9. Pourquoi le narrateur était-il dans la forêt?
10. Selon lui, comment la folle était-elle morte?

**Le Lac du Bienne

De toutes les habitations où j'ai *demeuré*, et j'en ai eu de charmantes, aucune ne m'a rendu si *véritablement* heureux et ne m'a laissé de si tendres regrets que l'île de Saint-Pierre au milieu du lac de Bienne. Cette petite île est très peu connue, même en Suisse. Aucun voyageur, que je sache, n'en *fait mention*. Cependant, elle est bien agréable et singulièrement située pour contribuer au bonheur de l'homme qui aime la solitude et la paix. Les rives du lac de Bienne sont plus sauvages et romantiques que celles du lac de Genève, parce que les

68

Compréhension: passages

rochers et les bois y bordent l'eau de plus près; mais elles n'en sont pas moins riantes.

S'il y a moins de culture des champs et des vignes, moins de villes et de maisons, il y a aussi plus de verdure naturelle, plus de prairies et de bois. Comme les grandes routes, commodes pour les voyageurs, sont rares sur l'île, le pays est peu *fréquenté* par les étrangers.

Il n'y a dans l'île qu'une seule maison mais grande, agréable et commode et c'est là qu'habite le maire avec sa famille et ses *domestiques*. C'est dans cette maison que les habitants des rives voisines se rassemblent et viennent danser le dimanche durant les vendanges.

J. J. Rousseau: Les Rêveries du Promeneur solitaire

1. Comment s'appelle l'île dont parle Rousseau?
2. Où se trouve-t-elle?
3. Est-elle grande?
4. Quelle sorte d'homme y serait heureux?
5. Comment savons-nous que l'île est plutôt inculte?
6. Pourquoi est-ce que l'île est très peu fréquentée par des voyageurs?
7. Décrivez la maison qui s'y trouve.
8. Qui y habite?
9. Pour quelle raison les voisins viennent-ils à cette maison pendant les vendanges?
10. Exprimez autrement les mots mis en italique.

**L'Allemand

Pendant la deuxième guerre mondiale les Allemands occupaient la France. Un soir un officier allemand vint loger chez nous. Ce fut ma nièce qui alla ouvrir quand on frappa. Elle venait de me servir mon café, comme chaque soir (le café me fait dormir). J'étais assis au fond de la pièce, relativement dans l'ombre. La porte donne sur le jardin. Nous entendîmes marcher, le bruit des talons sur le trottoir. Ma nièce me regarda et posa sa tasse. Je gardai la mienne dans mes mains.

Il faisait nuit, pas très froid: ce novembre-là ne fut pas très froid. Je vis l'immense silhouette, la casquette plate, l'imperméable jeté sur les épaules comme une cape.

Ma nièce avait ouvert la porte et restait silencieuse. Elle avait rabattu la porte sur le mur, elle se tenait elle-même contre le mur, sans rien regarder. Moi je buvais mon café.

L'officier allemand à la porte dit: 'S'il vous plaît.' Sa tête fit un petit salut. Puis il entra. La cape glissa sur son avant-bras, il salua militairement. Il se tourna vers ma nièce, sourit discrètement en inclinant très légèrement le buste. Puis il me fit face. Il dit: 'Je me nomme Werner von Ebrennac.' J'eus le temps de penser, très vite: 'Le nom n'est pas allemand.' Il ajouta: 'Je suis désolé.'

Le dernier mot tomba dans le silence. Ma nièce avait fermé la porte et restait adossée au mur, regardant droit devant elle. Je ne m'étais pas levé. Je déposai lentement ma tasse vide sur l'harmonium et croisai mes mains et attendis.

L'officier reprit: 'Cela était naturellement nécessaire. Je ferai tout pour votre tranquillité.' Il était debout au milieu de la pièce. Il était immense et très mince. Le visage était beau. Viril et marqué de deux grandes dépressions le long des joues. On ne voyait pas les yeux, que cachait l'ombre. Les cheveux étaient blonds et souples, jetés en arrière, brillant sous la lumière.

Le silence se prolongeait. Il devenait de plus en plus épais, comme le brouillard du matin. Épais et immobile. L'immobilité de ma nièce, la mienne aussi sans doute, alourdissaient ce silence. L'officier lui-même, restait immobile. Il détourna enfin les yeux et regarda le feu dans la cheminée et dit: 'J'éprouve une grande estime pour les personnes qui aiment leur patrie,' et il leva brusquement la tête. 'Je pourrais maintenant monter à ma chambre, dit-il. Mais je ne connais pas le chemin.' Ma nièce ouvrit la porte qui donne sur le petit escalier et commença de gravir les marches sans regarder l'officier, comme si elle était seule. L'officier la suivit. Je vis alors qu'il avait une jambe raide.

Je les entendis traverser l'antichambre, les pas de l'Allemand résonnèrent dans le couloir, alternativement forts et faibles, une porte s'ouvrit, puis se referma. Ma nièce revint. Elle reprit sa tasse et continua de boire son café. J'allumai une pipe. Nous restâmes silencieux quelques minutes. Je dis: 'Dieu merci, il a l'air convenable.'

Vercors: *Le Silence de la Mer*

1. Pourquoi le narrateur buvait-il du café le soir?
2. Pourquoi l'officier allemand vint-il chez le narrateur?
3. Pourquoi la nièce posa-t-elle sa tasse?
4. La nièce ne parla pas à l'officier et elle ne le regarda pas. Pourquoi pas à votre avis?
5. Que pensa le narrateur, en entendant le nom de l'officier?
6. Pourquoi l'officier dit-il 'Je suis désolé'?
7. Pourquoi ne pouvait-on pas voir ses yeux?
8. Pourquoi la nièce monta-t-elle l'escalier?
9. Pourquoi les pas de l'Allemand étaient-ils inégaux?
10. Un ennemi est logé chez le narrateur, mais quand même il dit 'Dieu merci'. Pourquoi le dit-il?

**La matinée de Maigret

Il était midi et quart quand Maigret passa par le portail flanqué de deux agents en uniforme qui se tenaient tout contre le mur afin de jouir d'un peu d'ombre. Il les salua de la main.

Dans le couloir là-haut, ensuite dans l'escalier poussiéreux, il s'était arrêté deux ou trois fois pour rallumer sa pipe avec l'espoir de voir un de ses collègues. Il était rare que l'escalier soit désert à cette heure mais cette *année* le bâtiment avait déjà son atmosphère de vacances. Certains agents, pour éviter la foule de juillet et d'août, étaient partis dès le *début* de juin; d'autres se préparaient, à présent, pour leurs vacances annuelles.

Ce matin-là, *brusquement*, après un printemps indifférent, plutôt froid, la chaleur était venue et Maigret avait travaillé fenêtres

ouvertes, en manches de chemise. A l'heure du déjeuner, *l'envie* lui
était venue soudain d'aller à la Brasserie Dauphine et, *en dépit des*
conseils de son ami Pardon, le médecin de la rue Picpus, chez qui il
avait dîné avec Mme. Maigret la semaine précédente, de s'offrir
l'apéritif.

L'odeur du bistrot de la place Dauphine le frappa fort, même du
dehors. Il avait espéré en vain rencontrer quelqu'un qui l'aurait
entraîné et il se sentait mauvaise conscience *en gravissant* les trois
marches de la brasserie devant laquelle stationnait *une auto* rouge,
longue et basse, qu'il avait regardée curieusement.

Georges Simenon: *La Colère de Maigret*

1. Quel signe Maigret a-t-il fait aux agents?
2. Pourquoi s'est-il arrêté deux ou trois fois?
3. Normalement qui aurait-il vu à l'intérieur du bâtiment?
4. Pourquoi n'y avait-il pas de monde?
5. Quels détails nous donnent l'impression qu'il faisait très chaud
   dans le bureau de Maigret?
6. Où voulait-il aller pour déjeuner?
7. Quel métier exerce son ami Pardon?
8. Où se trouve le bistro dans lequel Maigret est entré?
9. Qu'est-ce qui se trouvait devant le bistrot?
10. Exprimez autrement les mots mis en italique.

**La Dernière Classe

Ce matin-là, j'étais très en retard pour aller à l'école, et j'avais
grand-peur d'être grondé, d'autant que M. Hamel nous avait dit qu'il
nous interrogerait sur les participes, et je n'en savais pas le premier
mot. Un moment l'idée me vint de manquer la classe et de prendre ma
course à travers champs.

Le temps était si chaud, si clair!

On entendait les merles siffler à la lisière du bois, et dans le pré
Rippert, derrière la scierie, les Prussiens qui faisaient l'exercice. Tout
cela me tentait bien plus que la règle des participes; mais j'eus la force
de résister, et je courus bien vite vers l'école.

En passant devant la mairie, je vis qu'il y avait du monde arrêté près
du petit grillage aux affiches. Depuis deux ans, c'est de là que nous
sont venues toutes les mauvaises nouvelles, les batailles perdues, les
réquisitions, les ordres de la commandature; et je pensai sans
m'arrêter:

'Qu'est-ce qu'il y a encore?'

Alors, je courus à l'école et j'entrai tout essoufflé dans la petite cour
de M. Hamel. D'ordinaire, au commencement de la classe, il se faisait
un grand tapage qu'on entendait jusque dans la rue, les pupitres
ouverts, fermés, les leçons qu'on répétait très haut tous ensemble en se
bouchant les oreilles pour mieux apprendre, et la grosse règle du
maître qui tapait sur les tables:

'Un peu de silence!'

Je comptais sur tout ce bruit pour gagner mon banc sans être vu;
mais, justement, ce jour-là, tout était tranquille, comme un matin de

dimanche. Par la fenêtre ouverte, je voyais mes camarades déjà rangés à leurs places, et M. Hamel, qui passait et repassait avec la terrible règle en fer sous le bras. Il fallut ouvrir la porte et entrer au milieu de ce grand calme. Vous pensez si j'étais rouge et si j'avais peur!

Eh bien! non. M. Hamel me regarda sans colère et me dit très doucement:

'Va vite à ta place, mon petit Franz; nous allions commencer sans toi.'

J'enjambai le banc et je m'assis tout de suite à mon pupitre. Alors seulement, je remarquai que notre maître avait sa belle redingote verte, qu'il ne mettait que les jours d'inspection ou de distribution de prix. Du reste, toute la classe avait quelque chose d'extraordinaire et de solennel. Mais ce qui me surprit le plus, ce fut de voir au fond de la salle, sur les bancs qui restaient vides d'habitude, des gens du village assis et silencieux comme nous, le vieux Hauser, l'ancien maire, l'ancien facteur, et puis d'autres personnes encore. Tout ce monde-là paraissait triste; et Hauser avait apporté un vieil abécédaire mangé aux bords qu'il tenait grand ouvert sur ses genoux, avec ses grosses lunettes posées en travers des pages.

Pendant que je m'étonnais de tout cela, M. Hamel était monté dans sa chaire et de la même voix douce et grave dont il m'avait reçu, il nous dit:

'Mes enfants, c'est la dernière fois que je vous fais la classe. L'ordre est venu de Berlin de ne plus enseigner que l'allemand dans les écoles de l'Alsace et de la Lorraine. . . Le nouveau maître arrive demain. Aujourd'hui c'est votre dernière leçon de français. Je vous prie d'être bien attentifs.'

Ces quelques paroles me bouleversèrent. Ah! Les misérables, voilà ce qu'ils avaient affiché à la mairie.

Ma dernière leçon de français!

Alphonse Daudet: *Contes du Lundi*

1. Pourquoi Franz ne voulait-il pas aller à l'école ce matin-là?
2. Quels détails nous donnent l'impression qu'il y avait une guerre à ce moment-là?
3. Qu'est-ce qu'il y avait de différent dans le comportement des élèves ce matin-là?
4. Qu'est-ce qui a surpris Franz dans l'attitude du professeur?
5. Est-ce que le maître était habillé comme d'habitude?
6. A part les élèves, qui était dans la salle?
7. Pourquoi était-ce la dernière classe de français?
8. Pourquoi Franz ne savait-il pas tout cela avant son arrivée à l'école?

**Comment cesser de fumer

Êtes-vous de ces innombrables fumeurs qui, tout en sachant parfaitement les risques qu'ils encourent, préfèrent se cacher la tête dans le sable, plutôt que de renoncer à la cigarette parce qu'ils *déclarent:* 'La vie sans tabac ne vaut pas la peine d'être vécue.'

Si la réponse est 'oui,' lisez *attentivement* la proposition que vous fait le Centre de Propagande Anti-Tabac, votre vie en dépend, peut-être.

Compréhension: passages

Cette organisation vous propose d'essayer *gratuitement* et sans aucun engagement de votre part une de ses dragées anti-tabac. La nécessité du tabac disparaît progressivement comme elle est venue.

N'ayez aucune crainte, cette dragée composée exclusivement d'extraits de plantes est parfaitement inoffensive et à l'aide de cette dragée des milliers de Français ont renoncé au tabac. Quelques unes de ces personnes se sont donné la peine de nous écrire pour *manifester* leur enthousiasme; voici deux lettres, vous jugerez vous-même leur véracité.

La première lettre vient du docteur Lenoir:

'Fumant depuis vingt-quatre ans et étant arrivé à trente-huit cigarettes par jour, j'ai pris votre dragée qui *coupe* l'envie de fumer. Il y a actuellement un an et demi que je ne fume plus. Ce résultat a été obtenu en cinq jours, sans effort. Je vous en remercie mille fois.'

La deuxième lettre est d'un dominicain, le Père Jean Pohier:

'Je suis prêtre, professeur en théologie, âgé de 48 ans. Depuis plusieurs années, je fumais chaque jour 40 Gauloises sans filtre. J'ai essayé d'autres traitements mais après quelques jours je me suis remis à fumer. Le jour même où j'ai reçu votre produit, j'ai entrepris le traitement. Dès le premier jour, j'ai fumé seulement trois cigarettes par jour, puis deux, puis une, puis zéro au bout de huit jours de traitement. L'important est que je n'étais ni anxieux ni irritable et je n'ai pas éprouvé le besoin de manger davantage. Depuis que j'ai cessé de fumer je ne suis pas du tout *gêné* si des gens fument autour de moi. Vraiment votre produit m'a rendu un service considérable.'

On voit bien que ce n'est pas impossible de renoncer au tabac si on se sert des comprimés préparés par le Centre Anti-Tabac.

Ici-Paris

1. A qui ce texte est-il adressé?
2. Que disent les fumeurs pour défendre le tabac?
3. Comment s'appelle l'organisation qui lutte contre le tabac?
4. Combien faut-il payer pour avoir une dragée?
5. Combien de personnes ont déjà utilisé ce traitement?
6. Quand il a commencé le traitement, combien de cigarettes par jour fumait le docteur Lenoir?
7. Et le prêtre?
8. Le traitement de ce dernier, combien de jours a-t-il duré?
9. Quel est le secret pour renoncer au tabac?
10. Exprimez autrement les mots mis en italique.

**Une Bonne Vie

Pendant huit mois Gilbert Humbert volait des marchandises aux Nouvelles Galeries, un grand supermarché, à Metz. Maintenant il lui faut penser à rembourser le supermarché — un remboursement qui s'élève à plusieurs dizaines de milliers de francs.

Gilbert Humbert, quarante-sept ans, a vidé les rayons d'alimentation et d'habillement dans le supermarché, de tout ce qui pouvait être utile à sa famille. Il voulait améliorer les conditions de vie. Tout ce qui a été volé était uniquement pour sa famille. Il ne voulait pas revendre ce qu'il avait volé. Avec les économies que la famille a faites sur

73

l'alimentation et les vêtements, les Humbert ont acheté deux chaînes Hi-Fi et un poste de télévision couleur!

En voyant ce qu'il y avait dans les poubelles des Humbert, les voisins ont eu leurs soupçons. On a vu des bouteilles de champagne (vides) plus des litres d'apéritifs et des bouteilles de liqueur.

Une lettre anonyme arriva quelques jours plus tard à la police et la famille tomba dans un piège. Trois ou quatre membres de la famille, père, fils, et filles arrivaient en voiture dans la rue Poncelet, qui se trouve derrière les Nouvelles Galeries. Ils pénétraient dans le magasin et on choisissait ce qui plaisait, sans regarder le prix! Le 'libre-service' idéal. Puis ils partaient en voiture.

A l'appartement de Gilbert Humbert, les policiers ont trouvé vingt-cinq jupes, vingt chemises, des costumes et des dizaines de cravates. Aussi ont-ils trouvé un stock de conserves, lingérie féminine, bijoux, chaussures.

Au début, raconte Gilbert Humbert, il a volé des provisions une fois par mois. De la viande ou des conserves et des liqueurs principalement. Bientôt il l'a fait tous les quinze jours, et puisque personne ne l'avait attrapé il a fini par voler deux fois par semaine.

France Soir

1. Pourquoi Humbert doit-il payer de l'argent au supermarché?
2. Pourquoi a-t-il volé?
3. Comment a-t-il pu acheter les chaînes Hi-Fi et la télé?
4. Pourquoi les voisins commençaient-ils à avoir des soupçons?
5. Comment la police a-t-elle réussi à attraper Humbert?
6. Décrivez la méthode de voler des Humbert.
7. Pourquoi n'ont-ils pas regardé les prix dans le magasin?
8. Où ont-ils caché les fruits de leur travail?
9. Pourquoi ont-ils augmenté le nombre de leurs visites au super-marché?
10. Qu'est-ce que vous pensez d'une famille qui vole de cette manière?

**Antigone

Antigone entr'ouvre la porte et rentre de l'extérieur sur la pointe de ses pieds nus, ses souliers à la main. Elle reste un instant immobile à écouter. La nourrice surgit.

La Nourrice: D'où viens-tu?

Antigone: De me promener, nourrice. C'était si beau. Tout était gris. Maintenant, tu ne peux pas savoir, tout est déjà rose, jaune, vert. C'est devenu une carte-postale. Il faut te lever plus tôt, nourrice, si tu veux voir un monde sans couleurs.

La Nourrice: Je me suis levée quand il faisait encore noir, je suis allée à ta chambre pour voir si tu y étais, mais tu n'étais plus dans ton lit.

Antigone: Le jardin dormait encore. Je l'ai surpris, nourrice. Moi, je l'ai vu sans qu'il s'en doute. C'est beau un jardin qui ne pense pas encore aux hommes.

Compréhension: passages

La Nourrice: Tu es sortie; j'ai été à la porte qui donne sur le jardin. Tu l'avais laissée ouverte.

Antigone: Dans les champs c'était tout mouillé et cela attendait. Tout attendait. Je faisais un bruit énorme toute seule sur la route et j'étais gênée parce que je savais bien que ce n'était pas moi mais le soleil matinal qu'on attendait. Alors, j'ai enlevé mes sandales et je me suis glissée dans la campagne sans qu'elle s'en aperçoive. . .

La Nourrice: Il va falloir te laver les pieds avant de te remettre au lit.

Antigone: Je ne me recoucherai pas ce matin.

La Nourrice: A quatre heures! Il n'est pas encore quatre heures et tu ne veux pas te recoucher. Quelle folie de jeune fille!

Antigone: Tu crois que si on se levait comme ça tous les matins, ce serait tous les matins aussi beau qu'aujourd'hui?

La Nourrice: La nuit! C'était la nuit! Et tu veux me faire croire que tu as été te promener, menteuse! D'où viens-tu? Tu avais un rendez-vous, pas vrai? Tu as un amoureux?

Antigone (*après un court silence*): Oui, nourrice, j'ai un amoureux.

Jean Anouilh: Antigone

1. Comment s'appellent les deux personnages dans le passage?
2. Où Antigone a-t-elle été?
3. De quelle couleur est la campagne tôt le matin?
4. Et après le lever du soleil?
5. Pourquoi la nourrice est-elle entrée dans la chambre d'Antigone?
6. Comment a-t-elle su que la jeune fille est sortie dans le jardin?
7. Quand elle était en pleine campagne, Antigone a paru un peu déçue. Pourquoi?
8. Quel détail nous montre que la nourrice est très attachée au concret?
9. Pour quelle raison la nourrice croit-elle qu'Antigone est folle?
10. Quelle est la véritable raison pour la sortie nocturne d'Antigone?

**La Métro-Police

Un gardarme qui vérifie les papiers d'un voyageur dans le métro est l'un des six cents policiers affectés à l'opération Métro-Police: gardiens de la paix, C.R.S. et gendarmes, assistés de quelques agents de la R.A.T.P. Les usagers tranquilles du métro trouvent, à la vue des uniformes, leur *sérénité* quelque peu *ébranlée*. Les patrouilles, une douzaine d'hommes et leur chef, tournent sans *arrêt* dans un nouveau secteur chaque jour; comme ça elles sont certaines de surprendre quelques *malfaiteurs* qui ne peuvent pas prévoir là où vont fondre ces représentants de la loi. Ceux-ci mènent la vie dure aux 'tireurs', mineurs en fuite, vagabonds et étrangers en situation irrégulière. Selon un commissaire, pour ne pas se faire prendre, ces gens sont prêts à toutes les folies. Il en a vu qui traversaient les *voies* afin d'échapper ou qui, n'ayant pu sauter dans un wagon avant la fermeture des portes, ont réussi à s'enfuir en s'agrippant aux barres extérieures de la dernière voiture. Bilan de la première journée de l'opération: soixante-quatre personnes mises à la disposition de la police judiciaire pour des infractions diverses.

France Soir

1. La Métro-Police se compose de combien d'agents?
2. Pourquoi ceux qui voyagent dans le métro sont-ils un peu surpris?
3. Quelle est la composition d'une patrouille typique?
4. Pour quelle raison est-ce que les patrouilles changent d'itinéraire au jour le jour?
5. Selon vous, quel groupe de malfaiteurs est le plus grand? Justifiez votre réponse.
6. Les personnes en fuite ne sont pas toujours prudentes. Comment le savons-nous?
7. Quels moyens emploient-elles pour échapper à la Police?
8. Combien de personnes ont été arrêtées le premier jour?
9. Quel a été leur sort?
10. Exprimez autrement les mots mis en italique.

**L'Enfance de Jean-Jacques Rousseau

Je suis né à Genève en 1712, d'Isaac Rousseau, citoyen, et de Suzanne Bernard, citoyenne. Mon père n'avait pour subsister que son métier d'horloger, dans lequel il était, à la vérité, fort habile. Ma mère, fille du ministre Bernard était plus riche; elle avait de la sagesse et de la beauté. Gabriel, frère de ma mère, devint amoureux d'une des soeurs de mon père; mais elle ne consentit à l'épouser qu'à condition que son frère à elle épouserait la soeur de Gabriel. Arrangement assez compliqué mais efficace, les deux mariages se firent le même jour.

Un an après, je naquis infirme et malade; je coûtai la vie à ma mère, et ma naissance fut le premier de mes malheurs. Je n'ai pas su comment mon père supporta cette perte, mais je sais qu'il ne s'en consola jamais. Il croyait la revoir en moi et quand il disait: 'Jean-Jacques, parlons de ta mère,' je lui disais: 'Eh bien, mon père, nous allons donc pleurer.' Quarante ans après l'avoir perdue, il est mort dans les bras de sa seconde femme, mais le nom de la première était sur ses lèvres et son image était au fond de son coeur.

Ma mère avait laissé des livres. Après souper, mon père et moi, nous nous mîmes à les lire et, souvent, nous passions des nuits entières à la lecture. Nous ne pouvions jamais quitter qu'à la fin du volume. Quelquefois mon père, entendant le matin les hirondelles, disait, tout honteux: 'Allons nous coucher, je suis plus enfant que toi.'

Jean-Jacques Rousseau: *Les Confessions*

1. Dans quelle ville Rousseau est-il né?
2. Quelle est la date de sa naissance?
3. Quel métier exerçait son père?
4. Décrivez la mère de Jean-Jacques.
5. Comment s'appelait son frère?
6. En quelle année est morte la mère de Rousseau?
7. Comment savons-nous qu'Isaac était très triste après la mort de sa femme?

Compréhension: passages

8. A quelle heure est-ce que Jean-Jacques et son père commençaient leur lecture?
9. Comment savons-nous qu'ils aimaient lire?
10. Quel détail leur indiquait l'arrivée du jour?

**Fait Divers

Cette jeune femme au chapeau vert c'est Romy Schneider qui tourne, par 38 degrés à l'ombre, le dernier film de Pierre Granier-Deferre: 'Une femme à sa fenêtre,' d'après le roman de Drieu La Rochelle. Romy y joue le rôle d'une épouse de diplomate, belle et riche, amoureuse déçue, jusqu'au jour où le hasard la mettra en présence de l'homme pour qui elle sacrifiera tout. Un beau sujet d'un grand écrivain. Maquillée et prête dès 8h. chaque matin, sachant par coeur son texte, elle fait l'admiration de ses compagnons par sa vivacité et sa fraîcheur. C'est peut-être après une année d'absence, tout simplement sa façon de dire sa joie de retrouver le cinéma.

1. Quel métier exerce Mlle Schneider?
2. Qui a écrit le roman sur lequel est basé le film dont Romy est la vedette?
3. Quel rôle y joue-t-elle?
4. A quelle heure est-ce qu'on commence à tourner le film chaque matin?
5. Quelle a été la durée de son absence du cinéma?

Au Palm Beach de Cannes une très brillante réception a marqué l'ouverture de l'exposition organisée par le grand joaillier américain Harry Winston, qui présente là ses plus belles pièces. L'exposition se poursuivra en août à l'Hôtel de Paris à Monte-Carlo. Harry est actuellement le plus grand expert de pierres précieuses du monde. Il emploie cinq mille personnes et possède ses propres mines de diamant. La dimension de ses entreprises le rend capable de satisfaire immédiatement toutes les exigences.

Jours de France

1. Où a eu lieu l'exposition de Harry Winston?
2. De quelle nationalité est-il?
3. Au mois d'août, où va continuer cette exposition?
4. Combien de personnes sont employées dans l'organisation Winston?
5. Nommez une pierre précieuse.

**Les souliers volés à la bibliothèque

Un jour, j'ai décidé d'aller à la bibliothèque pour lire quelques romans policiers. En me plongeant dans ma lecture, j'ai tout à coup senti une douleur aux pieds. Sur le court trajet de l'école à la bibliothèque, mes souliers neufs m'avaient échauffé les pieds parce qu'ils étaient trop grands. C'est mon malheur: je prends toujours des souliers trop grands et des chapeaux trop petits. Je les ai quittés sous la table, un pied aidant l'autre, et je suis resté en chaussettes, ce que personne ne pouvait voir. C'est ainsi que j'ai passé l'après-midi à lire trois romans policiers.

Le titre montrait le caractère dramatique de ces livres: 'La nuit qui hurle. . .' 'Du sang sur la rampe. . .' Les cheveux se dressaient sur ma tête. J'essayais d'être un bon lecteur, de croire à l'histoire, mais en même temps de garder assez de sang-froid pour en deviner la solution.

Comme la salle commençait, le soir, à se vider, je suis arrivé à quelques conclusions:

Premièrement: Ces trois livres ne m'avaient rien appris sur l'art du détective, sinon qu'il demande une très grande quantité de tabac, les policiers ayant les moyens de transformer ce tabac en fumée.

Deuxièmement: Les auteurs de romans policiers sont des tricheurs car ils introduisent toujours un renseignement supplémentaire au dernier moment. Le lecteur qui ne le connaît pas, fait un faux calcul. Si j'en lis un jour un autre, je le commencerai par la fin.

Au moment de sortir, j'ai cherché mes souliers sous la table, et je n'ai rencontré que le vide là où ils devaient être.

J'ai allongé les jambes et j'ai cherché tout autour: rien. . .

Je me suis penché et j'ai regardé attentivement sous la table; mes souliers n'y étaient pas; ils avaient disparu.

La salle était maintenant tout à fait déserte. J'ai appelé un employé:

—Je ne trouve plus mes souliers!

— Vous les portiez à la main?

— Je les porte aux pieds, comme tout le monde!

— Vous auriez pu les avoir neufs, dans une boîte!

Il a regardé sous la table et il n'a rien vu non plus. Donc, c'était un vol.

— Vous n'avez pas senti qu'on vous les tirait des pieds?

— Ils me faisaient mal et c'est moi qui les ai tirés!

— C'est interdit par le règlement. Tant pis pour vous!

Je me suis alors mis à crier car j'étais assez en colère! c'est très ennuyeux de perdre des souliers neufs! . . .

— Vous dites que c'est dans le règlement? Vous en êtes sûr? Montrez-le-moi, votre règlement!

— Si ça n'y est pas, ça devrait y être. Ôter ses chaussures dans une bibliothèque! . . . C'est défendu.

—On ôte son chapeau. Vous devriez regarder la tête de vos clients, mon ami!

— Mon travail, monsieur, est de surveiller leurs mains autour des livres et pas leur tête ou leurs pieds!

J'étais maintenant très en colère. Si cela continuait de cette façon, nous allions nous battre. . . Le pauvre employé m'a dit alors:

— Il va être sept heures. Si vous restez encore ici vous trouverez le magasin de chaussures fermé!

Il n'y avait pas d'autre solution que d'aller en chaussettes, au bout de la rue où il y avait heureusement des marchands de chaussures. Les passants ont dû me prendre pour un vieux fou à me voir boiter sur mes chaussettes de nylon. . .

L. Bourliaguet: *La dette d'Henri*

Compréhension: passages

1. Qu'est-ce qui a causé la douleur aux pieds du narrateur?
2. Qu'a-t-il fait de ses souliers?
3. Pourquoi est-ce que personne ne pouvait voir ses pieds?
4. A-t-il réussi à deviner la solution des mystères dans les trois romans?
5. Pourquoi, s'il lit un autre roman policier, commencera-t-il par la fin du roman?
6. Qu'a-t-il découvert au moment de quitter la bibliothèque?
7. Pourquoi l'employé n'était-il pas très sympathique envers le narrateur?
8. Pourquoi le narrateur s'est-il fâché?
9. Qu'est-ce que l'employé a suggéré au narrateur?
10. Pourquoi le narrateur avait-il l'air d'un fou en marchant dans la rue?

**Libre!

Si j'ai voulu entrer dans les prisons, c'est que j'aime savoir qui je vais recevoir dans mon centre de réinsertion sociale. Un dossier, pour moi, c'est du papier, pas plus que ça. Avant de prendre un gars à l'Escale, c'est ainsi qu'on appelle le centre, je vais d'abord le voir en prison. Je discute avec lui. Une visite assez embarrassée.

Quand j'étais en prison, condamné à deux ans pour vol, ceux qui venaient me voir m'offraient tous une cigarette. C'était le geste classique. Avec Simon, j'avais posé le paquet sur la table. Il m'a dit: 'Tiens, je te prends quatre cigarettes.' Il m'a tutoyé et ce geste m'a paru libre, sympathique et naturel.

J'avais lu son dossier: 'Meurtre, longue peine.' Mais je trouve un type décontracté, la soixantaine, depuis quinze ans en prison. Malgré cela, il était vert et dru comme un beau chêne. On avait l'impression que c'était un mec venu avec moi pour faire visite aux autres détenus et qu'on s'asseyait pour boire un coup ensemble.

Évidemment, on ne peut pas faire grand'chose pour un homme de soixante ans, mais si je ne le prends pas, qui le prendra? Et de quel droit vais-je le refuser parce qu'il a cet âge? Si je lui disais: 'Tiens je te porte la clef de la liberté, mais il faut que tu aies trente ans!' Ce serait du racisme anti-vieux. Affreux.

Ce qui faisait le plus mal à Simon, c'est que sa femme et ses enfants l'avaient rejeté, lui qui avait travaillé toute sa vie pour leur acheter un bout de terre et une maison. Un propriétaire voisin voulait prendre ses quelques hectares. Simon l'a tué. Une sombre histoire paysanne où Simon était finalement dans son bon droit et où la justice officielle avait donné raison à l'autre. Aujourd'hui, Simon croit toujours qu'il avait bien fait. Il est content. Quinze ans derrière des murs n'y ont rien changé. Sur son lit de mort, le vieux Simon dira qu'il avait raison.

Pour sa femme et pour ses enfants, Simon est celui qui est allé en prison et est devenu un objet de honte. Sa femme l'a divorcé il y a longtemps. Aujourd'hui, à sa sortie de prison, personne, sauf moi, ne veut plus de lui. Pour moi, aider les personnes telles que Simon, c'est un devoir, une mission.

France Soir

1. Comment s'appelle le centre dont on parle dans le passage?
2. Que fait l'auteur avant de prendre un prisonnier à son centre?
3. Pour quelle raison l'auteur avait-il été condamné à deux ans de prison?
4. Que fait-on toujours quand on rend visite à un homme en prison?
5. Quel âge a Simon?
6. Quel détail nous montre qu'il a l'air assez jeune?
7. A qui Simon en veut-il surtout? Pourquoi à votre avis?
8. Quel crime avait commis Simon?
9. Quelle est la réaction des enfants de Simon à son égard?
10. Qu'est-ce que l'auteur pense du travail qu'il fait?

**Les piqûres d'insecte

Comme beaucoup de citoyens qui ne vont pas toutes les semaines dans leur maison de campagne, ce jeune ménage eut quelques petites surprises quand il y retourna après un mois pour les grandes vacances: ici, une gouttière qui a cedé, là, les buissons qui ont beaucoup souffert de la chaleur et puis, il y a *pas mal de* guêpes, ce qui est nouveau. Il doit même y avoir un nid quelque part. Ce nid, décide le père de famille, avec beaucoup de sagesse, il faut le détruire tout de suite. Car une piqûre de guêpe, déjà pénible pour un adulte, est peut-être dangereuse pour des enfants. Et, justement, il a trois enfants.

L'opération, menée avec le concours d'un voisin obligeant et expérimenté, a pris, au grand amusement des enfants, l'allure d'une 'chasse au fauve': *casque* muni d'un tulle serré autour du cou, gants, chemise à longues manches et une grosse bombe à insecticide car le nid était élevé et ne pouvait être noyé sous l'eau bouillante. L'expédition a eu lieu le soir, lorsque les guêpes étaient toutes rentrées.

Pourquoi tant d'alarmes? Dans une très récente étude, on lit que les piqûres d'insectes font chaque année, et surtout l'été, plus de victimes que les morsures de serpents. Et, par victimes, l'on entend, hélas, des cas très graves. Certes, toutes les piqûres de guêpes ne tuent pas, mais il y en a qui peuvent être mortelles. Le *médecin* qui a rédigé l'étude rapporte qu'une piqûre d'insecte telle qu'une guêpe, une abeille, un bourdon, voire une fourmi, peut provoquer des réactions de deux degrés d'intensité: une réaction modérée ou une réaction sévère.

Car le venin des abeilles etc. est puissant et, pour remédier à un état de choc il faut absolument des soins médicaux. Si jamais apparaissait un malaise, il est vivement recommandé d'emmener la personne piquée vers le centre de soins le plus proche. Tout cela peut *paraître* bien dramatique. Mais dans bien des cas il y a des suites graves dues au fait que quelqu'un aura dit: 'Ce n'est qu'une piqûre de guêpe.' Donc, prenez garde: défendez-vous contre les insectes.

Jours de France

1. Quelle mauvaise surprise attendait le jeune couple dans leur maison de campagne?
2. Quelle a été la réaction du père?
3. Comment expliquez-vous son inquiétude?
4. Est-ce qu'il a effectué l'opération de destruction tout seul?

Compréhension: passages

5. Quels vêtements portait le père?
6. Quelle était son arme principale contre les guêpes?
7. A quelle heure, approximativement, a-t-il lancé son attaque contre le nid?
8. Quelles sont les deux sortes de réaction contre une piqûre de guêpe?
9. Où faut-il emmener une personne piquée par une guêpe?
10. Exprimez autrement les mots mis en italique.

**Les fantômes hantent les immeubles

M. Jankowiak, chauffeur routier, habite un appartement avec sa femme et ses trois enfants. Il doit se lever de bonne heure demain matin pour un voyage d'une semaine. Il est neuf heures du soir. Tout est en ordre dans la maison. Il y a déjà un bon moment que les trois enfants du ménage sont allés dormir: Danièle, dix ans, une fillette au visage fin, aux cheveux blonds, qui joue à la poupée et lit Popeye et Cendrillon, ses deux héros favoris, et ses deux petites soeurs de cinq et trois ans.

Soudain, M. et Mme Jankowiak entendent un bruit, comme si quelqu'un plantait des clous dans un mur. 'Tu pourrais peut-être demander aux voisins de faire moins de bruit,' dit M. Jankowiak à sa femme. Sur le palier Mme Jankowiak se trouve nez à nez avec les voisins: ils allaient faire la même chose qu'elle. C'est peut-être au-dessus que l'on frappe? Ou au-dessous? Mais bientôt tous les locataires de l'immeuble sont sur le palier. Muets, ils écoutent la danse de la main invisible — tantôt on dirait qu'un doigt tapait contre une porte, tantôt c'était comme un coup de poing. Personne n'ose s'avouer qu'il a peur. 'Mais on n'est pas dans une maison solitaire perdue dans la nuit. Aucune place pour les fantômes dans cet univers de béton,' se dit-on. Enfin ils cherchent dans les caves; les garages. On grimpe même sur le toit pour voir si ce n'est pas un cambrioleur ou un farceur. Rien. Et les bruits continuent. A minuit et demi; silence. Chacun rentre chez soi. Les nuits suivantes, les bruits recommencent.

Ces incidents singuliers — bruits inexplicables et projection d'objects appelée 'Poltergeist' — se sont passés depuis des générations dans le voisinage de fillettes à l'âge de la puberté. Malheureusement, la chasse aux sorcières n'est jamais loin. On dit que c'est à cause de Danièle Jankowiak que tout cela s'est passé. Elle est battue par ses camarades. Sa mère est insultée. L'enfant ne peut plus aller à l'école. Quand M. Jankowiak rentre chez lui au bout d'une semaine, il voit une foule de deux cents personnes. Il y a des cris de moquerie et de haine. On lance des pierres. La police est obligée d'intervenir. L'exorciste de Metz, un prêtre, est venu — davantage pour calmer les gens que pour soigner Danièle.

Quelques jours après l'enfant a été hospitalisée pour un rhume. Après son départ, les bruits ont cessé dans l'immeuble.

Paris Match

1. Combien de personnes y a-t-il dans la famille Jankowiak?
2. Qu'est-ce qu'ils ont pensé en entendant les bruits pour la première fois?

3. Pourquoi Mme Jankowiak est-elle sortie de l'appartement?
4. Qu'est-ce qu'on a fait pour chercher l'origine des bruits?
5. Pourquoi a-t-on dit que c'est Danièle qui a 'causé' les bruits?
6. Quels ont été les résultats de cette accusation?
7. Pourquoi l'exorciste est-il venu?
8. Pourquoi Danièle est-elle allée à l'hôpital?
9. Qu'est-ce qui est arrivé dans l'immeuble après son départ?
10. Croyez-vous que les fantômes existent? Donnez des raisons.

**Un avion s'écrase sur l'autoroute

Hambourg, mardi

'J'ai vu brusquement une grande ombre au-dessus de ma voiture. A plusieurs centaines de mètres devant moi, un avion s'est posé sur la chaussée dans un crissement de pneus et a glissé sous un pont. Un gros morceau d'une aile a été arraché et les débris se sont éparpillés sur l'autoroute. J'ai freiné et me suis arrêté sur le bas-côté.'

Il était 17h 20 hier, sur l'autoroute Hambourg-Kiel, à quelques kilomètres du grand port ouest-allemand, quand l'accident décrit par un automobiliste M. Peter Karsten encore sous le coup de l'émotion, s'est produit. Un avion charter d'une compagnie allemande, la Pan International, établie à Munich, venait de décoller de l'aéroport Fuhlsbuttel de Hambourg. A bord de l'appareil se trouvaient cent quinze touristes, qui allaient passer des vacances à Malaga, et six membres d'équipage.

Soudain, une minute après le décollage, l'un des réacteurs, pour une raison inconnue, s'arrête. Le pilote, Reinhold Huels, 32 ans, un aviateur expérimenté — 4.000 heures de vol — lance un signal de détresse et fait demi-tour.

Mais les liaisons radio avec l'aéroport d'Hambourg sont coupées. Il tente alors un atterrissage de fortune sur l'autoroute Hambourg-Kiel.

Après avoir évité plusieurs ponts, il trouve enfin une portion plus dégagée et sans grande circulation. Il ne peut cependant freiner à temps avant un dernier pont. Les ailes du BAC-III sont arrachées. Le fuselage continue sa course, s'arrête enfin et explose.

Les passagers ont brisé les vitres pour s'échapper de l'avion en feu tandis que d'autres sautaient par les issues de secours avec l'équipage.

Peu après policiers, pompiers, ambulances, sont sur les lieux. Les débris de l'avion, éparpillés sur un rayon de 3 kilomètres, la profonde tranchée qui laboure l'autoroute, font croire qu'il y a peu de survivants. Pendant plusieurs heures la plus grande confusion règne.

Dans la nuit, on apprenait que 61 passagers, miraculeusement sauvés, s'étaient fait connaître aux agents de la compagnie, tandis que 45 étaient transportés à l'hôpital où 3 d'entre eux sont morts. Le bilan actuel s'élève à 25 morts.

France Soir

1. Où se trouvait M. Karsten pendant l'accident?
2. Où s'est passé l'accident?
3. Où allait l'avion?
4. Combien de gens y avait-il à bord de l'avion?
5. Est-ce que le pilote était un débutant?

Compréhension: passages

6. 'Les ailes du BAC-III sont arrachées.' Pourquoi?
7. Comment les passagers ont-ils essayé de s'échapper?
8. On croyait d'abord qu'il n'y avait pas beaucoup de survivants. Pourquoi?

**La Cathédrale de Chartres

Comme beaucoup de cathédrales gothiques, Chartres est dédiée à la Vierge. On y invoque Marie comme la Mère du peuple, la Mère de la nation. Mais cet édifice est bien plus qu'une simple église. Avant tout, c'est un centre de pèlerinage où chaque année des milliers de pèlerins se réunissent pour célébrer les quatre fêtes de Notre Dame. Alors les commerçants tiennent boutique tout autour de la cathédrale où ils échangent des vivres, que les croyants, venus souvent de très loin, n'ont pas pu porter avec eux, contre des pièces d'or. La nuit, les étrangers dorment sous les portails ou dans une partie de la crypte. Pendant la journée, on voit errer des chômeurs en quête d'un travail quelconque. C'est en vain que l'évêque a défendu la vente du vin à l'intérieur de l'église car elle se poursuit malgré lui.

Mais à quoi bon noter tous ces détails sordides lorsqu'il s'agit de Chartres, ce chef d'oeuvre d'architecture médiévale? En réalité ce qui importe, c'est la valeur de cette cathédrale en tant qu'expression d'une spiritualité qui reconnaît dans les belles tours, s'étendant vers l'infini, les attributs de l'Être Divin.

d'après Friedrich Heer: *L'Univers du Moyen-Age*

1. D'après quel style a-t-on construit la cathédrale?
2. Elle a été bâtie pour célébrer un personnage saint. Lequel?
3. Quelle était l'autre fonction de la cathédrale?
4. Pourquoi fallait-il y avoir des vendeurs de nourriture?
5. Qu'est-ce qu'on aurait pu y voir pendant la nuit?
6. Quel sacrilège grave commettait-on dans la cathédrale elle-même?
7. Qui a fait des efforts pour mettre fin à cette abomination?
8. A-t-il réussi?
9. Qu'est-ce qui nous donne l'impression que Chartres est important du point de vue architectural?
10. Selon vous, pourquoi les tours font-elles penser à Dieu?

**Le septième âne

Près d'un petit village du Midi demeurait un paysan qui s'appelait Jean Dubois. Il n'était pas très rusé, pourtant il faisait de bonnes affaires et il vivait content et heureux au milieu de ses champs avec sa femme Gabrielle. Un jour il se rendit à la ville voisine, car il voulait y acheter quelques ânes. Arrivé au marché, il n'hésita pas longtemps à faire son choix, et il en acheta six. Ensuite, très content de l'achat profitable, il se mit en route pour aller retrouver sa ferme. En route il pensait: 'Comme Gabrielle sera contente quand elle apprendra que j'ai réussi à acheter les bêtes si bon marché.' Mais tout à coup il sentit qu'il était fatigué. C'était probablement à cause de la chaleur, car sa montre marquait une heure précise et le soleil était haut au ciel. 'Voyons,' se dit Jean, 'que je suis stupide de marcher; montons sur un des ânes,' et il monta sur la plus grande bête. 'Vraiment, j'ai eu de la chance aujourd'hui,' pensa-t-il en souriant. Mais tout à coup il pâlit, car il vient de compter ses bêtes et il n'en voit plus que cinq. Il les compte de nouveau. Cinq! Pauvre Dubois, il oublie l'âne sur lequel il est monté. D'un air triste notre homme continue son chemin. Toute sa joie a disparu. Quand il voit sa femme qui l'attend il lui crie à haute voix: 'Gabrielle, j'avais acheté six ânes, mais je n'y comprends rien, je n'en vois plus que cinq.' Sa femme se met à rire et répond tout de suite: 'Tu n'en vois que cinq? Mon pauvre homme, j'en vois sept.'

Leaving Certificate 1973

1. Où était situé le petit village?
2. Comment Jean Dubois gagnait-il sa vie?
3. Qu'est-ce qu'il a fait avant de quitter le marché?
4. Pourquoi Jean Dubois était-il content?
5. Pourquoi Gabrielle sera-t-elle contente?
6. Quel temps faisait-il à une heure?
7. Pourquoi Jean se dit-il qu'il était stupide de marcher?
8. Que faisait l'âne que Jean n'a pas vu?
9. Pourquoi est-ce que sa joie a disparu?
10. Qui est le septième âne?

**L'Amour Maternel

Mon petit frère Robert a six ans. Ce matin maman lui a dit de ne pas toucher à un bouquet disposé sur la cheminée. Mais Robert a voulu prendre dans ses mains les belles fleurs. Il a brisé le vase qui les contenait. 'Tu seras privé de dessert à midi, mauvais enfant,' a déclaré maman.

C'est dimanche, et il y a comme dessert une tarte. Robert l'a déjà regardée et l'eau lui en est venue à la bouche bien des fois depuis son réveil. 'Pas de tarte, est-ce possible!' se dit Robert. Le reste de la matinée, il est calme, pas un reproche à lui adresser; il espère en l'amour maternel. Je ne partage pas sa confiance, je connais maman, elle sait tenir ses promesses! L'heure du repas arrive; papa, maman et moi, nous nous installons joyeusement. Robert n'a pas le sourire aux lèvres; il mange très convenablement, ne me donne pas comme les autres jours de coups de pied sous la table, n'interrompt pas les conversations; il veut mériter le pardon. La peur d'être privé de dessert le pousse à agir ainsi! 'Maman ne sera pas aussi méchante que cela;' pense-t-il. Papa découpe la tarte. Robert suit le couteau des yeux. Trois parts seulement! La figure de mon frère devient triste. Papa présente l'assiette à maman qui choisit. Il me donne un morceau du gâteau et prend le dernier. Cette fois Robert se met à pleurer.

'Je ne désobéirai plus, maman, je t'écouterai toujours.'

'Je l'espère,' dit maman, 'mais ce matin tu ne l'as pas fait et tu mérites d'être puni.'

'Veux-tu que je lui donne un petit morceau de ma part?' ai-je demandé à maman.

'Un petit bout seulement,' a répondu maman.

Leaving Certificate 1974

Compréhension: passages

1. Comment Robert a-t-il désobéi à sa mère?
2. Comment est-ce que Robert a brisé le vase?
3. De quel vase s'agit-il?
4. Quelle sera sa punition?
5. Pourquoi le narrateur ne partage-t-il pas la confiance de Robert?
6. Que fait Robert à table les autres jours?
7. Avec quoi est-ce que Papa découpe la tarte?
8. Pourquoi la figure du frère devient-elle triste?
9. Pourquoi Robert pleure-t-il?
10. Qu'est-ce le narrateur a demandé à sa mère?

***Le fisc accusé par la femme du boulanger

Il n'y a plus de pain à Itterswiller, un charmant petit village alsacien sur la route du vin, entre Barr et Selestat. Le boulanger est mort jeudi matin en rentrant d'une tournée.

Il est mort, dit-on ici, victime des contrôleurs du fisc. L'accusation est grave, mais c'est sa femme elle-même qui la porte: 'Mardi, j'ai reçu un coup de téléphone des services fiscaux de Sélestat pour m'aviser qu'un contrôleur viendrait, jeudi après-midi, voir mon mari.' M. Gérard Sigrist en l'apprenant, a très mal réagi.

'Tout est en règle dans ma comptabilité, mais tu vas voir qu'ils vont trouver quelque chose. . . Tu verras qu'ils réussiront à me donner une amende. On peut travailler pendant toute la vie, ils viennent et ils prennent jusqu'à ton dernier centime!'

Mercredi, M. Sigrist n'avait pas réussi à fermer l'oeil et puis, le jeudi matin, il se plaignait de douleurs dans la poitrine. Un peu avant midi, il est mort. Crise cardiaque, a diagnostiqué le médecin.

A Itterswiller, M. Sigrist était estimé de tous. Il avait repris la boulangerie de son père, qui lui-même la tenait de son propre père. Et puis, c'était le seul boulanger à une bonne dizaine de kilomètres à la ronde. Le seul aussi qui continuait à fabriquer son pain selon la tradition alsacienne. Des Strasbourgeois même n'hésitaient pas à parcourir les quelques 100 kilomètres aller-retour pour de temps en temps venir acheter du pain chez lui.

Pour les gens du village pas de doute possible. Les contrôleurs du fisc sont bien responsables de la mort du boulanger. Comme de celle, dit-on, d'un viticulteur d'une localité proche, décédé, lui aussi, à la suite d'un contrôle fiscal.

Il va sans dire qu'à la direction des impôts, à Strasbourg, on n'est pas d'accord avec ces idées. Selon M. Roux le directeur, la mort de M. Sigrist n'a rien à voir avec ses services. D'abord, parce que le boulanger n'était plus en bonne santé et puis parce qu'on ne peut établir une relation raisonnable entre ce décès et une demande de renseignements de la part de l'administration fiscale.

De toute manière, précise M. Roux, un contrôleur avait contacté, par téléphone, M. Sigrist, mais pour lui demander des renseignements supplémentaires sur sa dernière déclaration annuelle. Il ne s'agissait nullement d'effectuer un contrôle fiscal.

France Soir

1. Pourquoi n'y a-t-il plus de pain à Itterswiller?
2. Selon la femme du boulanger, pourquoi son mari est-il mort?
3. Quelle plainte le boulanger porte-t-il contre le fisc?
4. Pourquoi M. Sigrist ne pouvait-il pas dormir mercredi?
5. Quelle était la raison médicale de sa mort?
6. Pourquoi le pain de M. Sigrist était-il renommé dans le pays?
7. Que dit le directeur des impôts de ces accusations?
8. Son argument vous semble-t-il raisonnable? Donnez des raisons.
9. Selon le directeur, est-ce qu'un contrôleur allait visiter M. Sigrist?
10. Est-ce que vous croyez que la mort de M. Sigrist était causée par les contrôleurs du fisc? Donnez des raisons.

***Milton

Il avait les cheveux châtains, le teint très clair, si clair qu'on l'appelait 'la demoiselle', la figure ovale, les yeux gris-foncé. Il avait une voix douce et mélodieuse, et un certain talent pour la musique. Son père fut son professeur. Il possédait chez lui un piano dont il jouait quelquefois.

Sa mémoire était excellente; mais la façon méthodique avec laquelle il classait ses pensées aidait beaucoup cette mémoire.

Son principal exercice était la marche. Il se levait de très bonne heure, à quatre heures du matin, pour se promener pendant deux heures avant de prendre son petit déjeuner.

Après que Milton eut perdu la vue, un homme venait lui faire la lecture de la Bible en hébreu. Puis il méditait. Le soir, il écrivait; c'est à dire qu'il dictait à sa fille Deborah qui tenait note de ce que disait son père. Cette fille pouvait aussi lui faire la lecture en italien et en français. Peu avant la mort de son père, elle épousa, à Dublin, un certain Monsieur Clarke, marchand de soierie. Au physique, elle ressemble beaucoup à son père. L'autre soeur, Marie, l'aînée, rappelle leur mère.

Somme toute, c'était un homme sobre aux habitudes fixes. Il buvait rarement entre les repas et au dîner il était bien agréable avec son côté humoristique.

R. Ritchie: *John Milton*

1. Pourquoi appelait-on Milton 'la demoiselle'?
2. De quelle couleur étaient ses yeux?
3. Qui lui avait appris à apprécier la musique?
4. De quel instrument jouait Milton?
5. Que faisait-il comme exercice?
6. A quelle heure se levait-il?
7. Combien d'heures durait sa promenade matinale?
8. Quelles langues parlait sa fille Deborah?
9. Comment s'appelait son autre fille?
10. Comment savons-nous que Milton avait un caractère peu variable?

***La nouvelle 'Bouffe'

Le souci numéro 1 des fêtes: bien manger. Cependant, bien manger ce n'est plus comme avant. Finie la grande bouffe! Vive la nouvelle cuisine française, la nouvelle bouffe! Certes, pendant les fêtes, les Français vont consommer des tonnes d'huîtres, de volailles et de foie gras. Mais on ne verra plus jamais de menu comme celui qu'a proposé Carême au 19e siècle: six potages, quatre poissons, trois viandes rôties et seize desserts; ça fait vingt-neuf plats. Est-ce donc la fin de la grande cuisine française? Sûrement pas. Une nouvelle école est née, baptisée la 'nouvelle cuisine française'.

Cette révolution est due au génie d'un homme: Fernand Point, lui-même propriétaire de restaurant à Saumur, Val de Loire. Il est le maître de la nouvelle génération dont la maxime est 'faire simple'. Selon lui, la grande cuisine est morte, asphyxiée par son prestige, étouffée dans ses propres sauces. Point déclare: 'Il y a cinq mille recettes dans la cuisine française. Il faut les savoir toutes pour être un grand chef. C'est une situation tout à fait ridicule.'

A présent, c'est une nouvelle bande de chefs exceptionnels qui mène les gastronomes du monde entier. C'est la nourriture toute-nue qui retrouve sa véritable place: la première. Le produit ne sera plus couvert, déguisé, caché par des sauces et des vins. Mais cette simplicité ne veut pas dire facilité. Elle exige au contraire la perfection.

L'Express

1. Avant tout, qu'est-ce qu'il faut faire aux fêtes?
2. Donnez un autre terme pour 'la nouvelle Cuisine Française'.
3. Qui a initié la révolution culinaire?
4. Que fait-il dans la vie?
5. Où habite-t-il?
6. Pourquoi est-il difficile de devenir chef de l'ancienne école?
7. Expliquez la maxime 'faire simple'.
8. Qu'est-ce qu'un gastronome?
9. Auparavant, qu'est-ce qui cachait la saveur d'un plat?
10. Pourquoi la nouvelle cuisine exige-t-elle la perfection?

***Le Premier Rat

Le matin du 16 avril, le docteur Bernard Rieux sortit de son cabinet et buta sur un rat mort, au milieu du palier. Immédiatement, et sans lui prêter beaucoup d'attention, il écarta la bête inanimée et descendit l'escalier. Mais, arrivé dans la rue, la pensée lui vint que ce rat n'était pas à sa place et il retourna sur ses pas pour avertir le concierge. Selon le vieux Michel, depuis vingt ans concierge de cet immeuble, il n'y avait point de rats, vivants ou morts, dans son bâtiment. Le docteur eut beau l'assurer qu'il y en avait un sur le palier du premier étage; mais la conviction de Michel restait entière: il n'y avait pas de rats dans la maison. Un inconnu avait dû apporter celui-ci du dehors. Bref, il s'agissait d'une farce.

Le soir même, Bernard Rieux, debout dans le couloir de l'immeuble, cherchait ses clefs avant de monter chez lui, lorsqu'il vit surgir, du fond obscur du corridor, un gros rat brun à la démarche incertaine et dont la peau était mouillée. La bête s'arrêta, sembla chercher un équilibre, prit sa course vers le docteur, s'arrêta encore une fois, tourna sur elle-même avec un petit cri et tomba enfin en rejetant du sang par sa bouche ouverte. Le docteur la contempla un moment et remonta, lentement, chez lui. A l'insu du docteur, la peste venait de se montrer.

Albert Camus: La Peste

1. Quand le docteur vit-il le premier rat? Où le vit-il?
2. Quelle fut sa réaction?
3. Pourquoi rentra-t-il presque immédiatement dans l'immeuble?
4. De quoi le concierge était-il persuadé?
5. Comment ce dernier expliqua-t-il la présence du rat?
6. Pour quelle raison le docteur cherchait-il ses clefs?
7. Où vit-il le deuxième rat?
8. Pourquoi, à votre avis, éprouva-t-il une difficulté à le voir?
9. Qu'est-ce qui nous donne l'impression que cette bête était malade?
10. Quel fut le seul bruit fait par le rat?

***Le Dernier Livre

'Il est mort!' me dit quelqu'un dans l'escalier. Depuis plusieurs jours déjà, je sentais venir la lugubre nouvelle. Je savais que d'un moment à l'autre j'allais la trouver à cette porte; et pourtant elle me frappa comme quelque chose d'inattendu. Le coeur gros, les lèvres tremblantes, j'entrai dans cet humble logis d'homme de lettres où le cabinet de travail tenait la plus grande place.

Il était là couché sur un petit lit de fer très bas, et sa table chargée de papiers, sa grande écriture interrompue au milieu des pages; sa plume encore debout dans l'encrier disaient combien la mort l'avait frappé subitement. Derrière le lit, une haute armoire de chêne, débordant de manuscrits, s'entrouvrait presque sur sa tête. Tout autour, des livres rien que des livres, rien que des livres: partout, sur des rayons, sur des chaises, sur le bureau, empilés par terre dans des coins, jusque sur le pied du lit. Quand il écrivait là, assis à sa table, cet encombrement, sans poussière, pouvait plaire aux yeux: on y sentait la vie, l'entrain du travail. Mais dans cette chambre de mort, c'était lugubre. Tous ces pauvres livres, qui croulaient par piles, avaient l'air prêts à partir, à se perdre dans cette grande bibliothèque du hasard.

Je venais de l'embrasser dans son lit, et j'étais debout à le regarder, tout saisi par le contact de ce front froid et lourd comme une pierre. Soudain la porte s'ouvrit. Un commis de librairie, chargé, essoufflé, entra joyeusement et poussa sur la table un paquet de livres, frais sortis de la presse.

'Envoi de Bachelin,' cria-t-il.

Puis voyant le lit, il recula, ôta sa casquette et se retira discrètement.

Il y avait quelque chose d'effroyablement ironique dans cet envoi du libraire Bachelin, retardé d'un mois, attendu par le malade avec tant d'impatience et reçu par le mort. . . Pauvre ami! C'était son dernier livre, celui sur lequel il comptait le plus. Avec quel soin soucieux ses mains, déjà tremblantes de fièvre, avaient corrigé les épreuves! quelle hâte il avait de tenir le premier exemplaire! Et voilà qu'il arrivait, mais trop tard, trop tard.

Alphonse Daudet: Contes du Lundi

Compréhension: passages

1. Quelle était la profession du mort?
2. Comment savons-nous qu'il est mort subitement?
3. Pourquoi l'armoire était-elle entrouverte?
4. Est-ce que les livres étaient bien rangés dans la pièce?
5. D'où venait le commis?
6. Pourquoi a-t-il ôté sa casquette?
7. Qu'est-ce qu'il y avait dans le paquet?
8. Est-ce que le livre a paru à la date prévue par le libraire?

***Promenade à Paris

Qu'il fasse beau temps, qu'il fasse mauvais temps, c'est mon *habitude* d'aller sur les cinq heures du soir *me promener* au Palais-Royal. C'est moi qu'on voit toujours seul, rêvant, assis sur un banc. Je cause avec moi-même de politique, d'amour, de goût ou de philosophie. J'abandonne mon esprit à tout son libertinage. Je le laisse maître de suivre la première idée sage ou folle qui se présente. Mes pensées sont tout à fait libres. S'il fait trop froid ou s'il pleut, je me réfugie dans un café tout près qui s'appelle le café de la Régence; là, je m'amuse à voir jouer aux échecs. Paris est *l'endroit* du monde et le café de la Régence est l'endroit de Paris où l'on joue le mieux à ce jeu d'adresse et vraiment on y voit les coups les plus surprenants mais aussi on peut entendre les plus mauvaises paroles; car si l'on peut être homme d'esprit et grand joueur d'échecs on peut être également grand joueur d'échecs et un *imbécile*. On peut bien affirmer que ce jeu réunit ceux qui ne sont pas du tout d'un naturel semblable et que c'est leur désir de jouer qui les oblige à se fréquenter. Quand je suis là, je regarde beaucoup, parle peu et écoute le moins possible car je suis un étudiant de la nature humaine, pas un joueur d'échecs.

Diderot: *Le Neveu de Rameau*

1. A quelle heure l'auteur va-t-il se promener?
2. Est-ce que sa promenade dépend du temps qu'il fait? Comment le savons-nous?
3. Qui l'accompagne lorsqu'il sort?
4. Quels sont les sujets sur lesquels il réfléchit?
5. Quelquefois il entre dans un café. Pourquoi?
6. Qu'est-ce qu'il y fait?
7. Pourquoi ce café est-il célèbre?
8. Quel détail nous donne l'impression que l'écrivain ne fait vraiment pas partie de la compagnie?
9. Que fait-il dans la vie?
10. Exprimez autrement les mots mis en italique.

***Le Mur

On nous poussa dans une grande salle blanche, et mes yeux se mirent à cligner parce que la lumière leur faisait mal. Ensuite, je vis une table et quatre types derrière la table, des civils, qui regardaient des papiers. On avait massé les autres prisonniers dans le fond et il nous fallut traverser toute la pièce pour les rejoindre. Il y en avait plusieurs que je connaissais et d'autres qui devaient être étrangers. Les deux qui étaient devant moi étaient blonds avec des crânes ronds; ils se ressemblaient, des Français, j'imagine. Le plus petit remontait tout le temps son pantalon: c'était nerveux.

Ça dura près de trois heures; j'étais abruti et j'avais la tête vide; mais la pièce était bien chauffée et je trouvais ça plutôt agréable: depuis vingt-quatre heures, nous n'avions pas cessé de grelotter. Les gardiens amenaient les prisonniers l'un après l'autre devant la table. Les quatre types leur demandaient alors leur nom et leur profession. La plupart du temps ils n'allaient pas plus loin — ou bien alors ils posaient une question par-ci, par-là: 'As-tu pris part au sabotage des munitions?' Ou bien: 'Où étais-tu le matin du 9 et que faisais-tu?' Ils n'écoutaient pas les réponses ou du moins ils n'en avaient pas l'air!: ils se taisaient un moment et regardaient droit devant eux puis ils se mettaient à écrire. Ils demandèrent à Tom si c'était vrai qu'il servait dans la Brigade internationale. Tom ne pouvait pas dire le contraire à cause des papiers qu'on avait trouvés dans sa veste. A Juan ils ne demandèrent rien, mais après qu'il eut dit son nom, ils écrivirent longtemps.

– C'est mon frère José qui est anarchiste, dit Juan. Vous savez bien qu'il n'est plus ici. Moi je ne suis d'aucun parti, je n'ai jamais fait de politique.

Ils ne répondirent pas. Juan dit encore:
– Je n'ai rien fait. Je ne veux pas payer pour les autres.

Ses lèvres tremblaient. Un gardien le fit taire et l'emmena. C'était mon tour:
– Vous vous appelez Pablo Ibbieta?
Je dis que oui.
Le type regarda ses papiers et me dit:
– Où est Ramon Gris?
– Je ne sais pas.
– Vous l'avez caché dans votre maison du 6 au 19.
– Non.

Ils écrivirent un moment et les gardiens me firent sortir. Dans le couloir Tom et Juan attendaient entre deux gardiens. Nous nous mîmes en marche. Tom demanda à un des gardiens:
– Et alors?
– Quoi? dit le gardien.
– C'est un interrogatoire ou un jugement?
– C'était le jugement, dit le gardien.
– Eh bien? Qu'est-ce qu'ils vont faire de nous?
Le gardien répondit sèchement:
– On vous communiquera la sentence dans vos cellules.

Jean-Paul Sartre: *Le Mur*

1. Où se trouve la grande salle blanche, à votre avis?
2. Pourquoi le plus petit des Français remontait-il tout le temps son pantalon?
3. Pourquoi le narrateur trouvait-il la salle plutôt agréable?
4. Comment les quatre interrogateurs savaient-ils que Tom servait dans la Brigade internationale?
5. Comment le narrateur s'appelle-t-il?

6. Qu'est-ce que l'interrogateur demanda au narrateur?
7. Qu'est-ce que Tom voulait savoir de ses gardiens?
8. Est-ce que les prisonniers savaient ce qui allait leur arriver?
9. A votre avis, dans quel pays et à quelle époque l'histoire a-t-elle lieu?

***Le cheval perdu

Les juges condamnèrent Zadig à payer quatre cents onces d'or pour avoir dit qu'il n'avait point vu ce qu'il avait vu. Il fallut d'abord payer cette amende; après quoi il fut permis à Zadig de plaider sa cause au conseil; il parla en ces termes:

'Je n'ai jamais vu le cheval sacré du roi des rois. Voici comment j'ai pu le décrire *parfaitement*. Me promenant un jour dans le bois où le noble cheval a été retrouvé, j'ai *aperçu* les marques des fers d'un cheval; elles étaient toutes à égales distances. Voilà, ai-je dit, un cheval qui a un galop parfait.

La poussière des arbres, dans *une route étroite* qui n'a que sept pieds de large, était un peu enlevée à droite et à gauche, à trois pieds et demi du milieu de la route. Ce cheval, ai-je dit, a une queue de trois pieds et demi qui, par ses mouvements de droite et de gauche, a balayé cette poussière.

J'ai vu sous les arbres dont les premières branches étaient à cinq pieds de la terre, des feuilles *nouvellement* tombées; j'ai su que ce cheval y avait touché, et qu'ainsi il avait cinq pieds de haut.

J'ai jugé, enfin, par les marques que ses fers avaient laissées sur les *cailloux*, que l'animal était ferré d'argent.

La raison, donc, pourquoi j'ai pu décrire l'animal est la suivante: j'ai fait des observations minutieuses sur lesquelles j'ai basé mes conclusions.'

Les juges furent obligés de rendre à Zadig ses quatre cents onces d'or; seulement ils en retinrent trois cent quatre-vingt-dix-huit onces pour les frais de justice!

Voltaire: *Zadig*

1. Quelle amende Zadig dut-il payer?
2. Pourquoi fut-il frappé de cette amende?
3. Quel était l'animal impliqué dans cette affaire?
4. Où un cheval porte-t-il ses fers?
5. Où était la route sur laquelle le cheval avait passé?
6. Comment savons-nous que le cheval avait touché les branches des arbres?
7. De quel métal étaient faits les fers du cheval?
8. Si Zadig n'a jamais vu le cheval, comment a-t-il pu le décrire?
9. Selon vous, qu'est-ce qu'il y a d'injuste dans la conduite des juges?
10. Exprimez autrement les mots mis en italique.

***La Mort d'Olivier

Voilà Roland, monté sur son beau cheval, qui pleure et Olivier devant lui qui est blessé à mort. Il a perdu une quantité de sang et il ne voit plus—il ne reconnaît même pas Roland, son plus cher ami. Quand celui-ci s'approche, Olivier, le croyant un ennemi, lève l'épée encore une fois et veut frapper. Cependant, il n'a plus de force. L'épée tombe de ses mains et roule par terre. Son ami se met à genoux à côté de lui, le prend dans ses bras et dit:

'Beau seigneur, mon frère, mon fidèle camarade, voulez-vous donc me tuer? Moi, je suis Roland qui vous aime bien. Les ennemis de la belle France ont été mis en déroute par notre armée. Pourtant mon bonheur n'est plus quand je vous vois si grièvement blessé.'

Olivier lui répond: 'Maintenant je vous entends, mais je ne vous vois plus. Croyez-moi ce n'est point vous mais un Sarrasin que j'ai voulu tuer. Pardonnez-moi une faute que je n'ai pas voulu commettre.'

Olivier sent la mort venir, il lève donc les mains vers le ciel et prie Dieu, pour lui-même, pour le roi Charlemagne, pour la France et surtout pour Roland. Après cette courte prière, son coeur s'arrête de battre. Il est mort. Roland pleure comme jamais homme n'a pleuré.

d'après Pierre de Beaumont: *La Chanson de Roland*

1. Comment s'appellent les deux amis?
2. De quelle nationalité sont-ils?
3. Selon vous, pourquoi est-ce qu'Olivier ne voit pas bien?
4. Pourquoi allait-il frapper Roland?
5. Les Français ont emporté une grande victoire, mais Roland n'est pas heureux. Pourquoi?
6. Qui sont les ennemis de la France dans ce passage?
7. Que fait Olivier quand il sent venir la mort?
8. Comment savons-nous qu'il aime Roland plus que tous les hommes?
9. Quel signe nous montre qu'Olivier est mort?
10. Que fait Roland quand son ami expire?

***Le Vieux Salamano

En montant, dans l'escalier noir, j'ai heurté le vieux Salamano, mon voisin de palier. Il était avec son chien. Il y a huit ans qu'on les voit ensemble. L'épagneul a une maladie de peau, qui lui fait perdre presque tous ses poils et qui le couvre de plaques et de croûtes brunes. A force de vivre avec lui, seuls tous les deux dans une petite chambre, le vieux Salamano a fini par lui ressembler. Il a des croûtes rougeâtres sur le visage et le poil jaune et rare. Le chien, lui, a pris de son patron une sorte d'allure voûtée, le museau en avant et le cou tendu. Ils ont l'air de la même race et pourtant ils se détestent. Deux fois par jour, à onze heures et à six heures, le vieux mène son chien promener. Depuis huit ans, ils n'ont pas changé leur itinéraire. On peut les voir le long de la rue de Lyon, le chien tirant l'homme jusqu'à ce que le vieux Salamano bute. Il bat son chien alors et il l'insulte. Le chien rampe de frayeur et se laisse traîner. A ce moment, c'est au vieux de le tirer. Quand le chien a oublié, il entraîne de nouveau son maître et il est de nouveau battu et insulté. Alors, ils restent tous les deux sur le trottoir et ils se regardent, le chien avec terreur, l'homme avec haine. C'est ainsi tous les jours. Il y a huit ans que cela dure. Le vieux n'avait pas été heureux avec sa femme, mais dans l'ensemble il s'était bien habitué à elle. Quand elle était morte, il s'était senti très seul. Alors, il avait demandé un chien à un camarade et il avait eu celui-là très jeune. Il avait fallu le nourrir au biberon. Mais comme un chien vit moins qu'un homme, ils avaient fini par être vieux ensemble.

Quand je l'ai rencontré dans l'escalier, Salamano était en train d'insulter son chien. Il lui disait: 'Salaud! Charogne!' et le chien gémissait. J'ai dit: 'Bonsoir,' mais le vieux insultait toujours. Alors je lui ai demandé ce que le chien lui avait fait. Il ne m'a pas répondu. Il disait seulement: 'Salaud! Charogne!' J'ai parlé plus fort. Alors sans se retourner, il m'a répondu avec une sorte de rage rentrée: 'Il est toujours là.' Puis il est parti en tirant la bête qui se laissait traîner sur ses quatre pattes, et gémissait.

Albert Camus: *L'Étranger*

1. Où le narrateur a-t-il rencontré son voisin?
2. Pourquoi Salamano ressemble-t-il à son chien, selon le narrateur?
3. En se promenant, est-ce qu'ils prennent des routes variées?
4. 'Quand le chien a oublié. . .' Qu'est-ce qu'il a oublié?
5. Pourquoi Salamano voulait-il avoir un chien?
6. Est-ce que Salamano a répondu à la salutation du narrateur dans l'escalier?
7. Comment le narrateur s'est-il fait entendre par le vieux?
8. Pourquoi, à votre avis, Salamano déteste-t-il son chien?

***Les Invités

Après un long voyage, Luc venait de regagner sa maison de campagne, non loin des rives de la Saône; il commençait d'écrire un roman: c'est son métier. Léonie sa femme, pour préserver la paix nécessaire à son travail, répondait au téléphone qu'il n'était pas encore revenu. Un soir on sonna à leur porte, elle attendait le facteur, elle ouvrit. Jean Marc, un écrivain qui avait vingt ans de moins que Luc, roulant vers le Midi en automobile, s'arrêtait au passage pour les saluer. Il était accompagné de sa jeune femme Lucie dont il leur avait souvent parlé mais qu'il n'avait jamais encore amenée chez eux. Léonie leur demanda de rester à dîner. Puis comme la conversation s'était prolongée et qu'il était tard, elle leur dit de passer la nuit chez eux. C'était le début de mai, il faisait chaud, les arbres étaient en fleurs sous les fenêtres; leur parfum et le chant des oiseaux réveillèrent tôt les jeunes gens. Avant leur départ, Luc les emmena pour une courte promenade dans les bois et les prés du voisinage, où il espérait cueillir des fleurs, la saison étant précoce.

Leaving Certificate 1975

1. Pourquoi Léonie répondait-elle au téléphone que son mari n'était pas là?
2. Quelle était la profession de Luc et de Jean Marc?
3. Qui était le plus âgé des deux?
4. A quelle saison l'histoire se passe-t-elle?

5. Pourquoi Lucie et Jean Marc ont-ils passé la nuit chez leurs amis?
6. Où se dirigeaient-ils?
7. Comment voyageaient-ils?
8. Pour quelle raison les jeunes gens se sont-ils réveillés tôt?
9. Combien d'entre eux sont-ils allés en promenade?
10. Quel était le but de la promenade?

***La Tournée en Ville

Tous les trois jours, vers dix heures du matin, Paul se rendait à la ville, presque toujours accompagné d'Isabelle. Comme il était seul à posséder une auto dans leur campagne, il faisait d'abord la tournée des voisins pour prendre commande de ce dont ils avaient besoin; outils, graines, plus rarement aliments. Ensuite il prenait la route et, s'il avait oublié un de ses voisins, celui-ci allait l'attendre parfois au carrefour dit des 'Trois Routes'. C'était souvent le père Royer, un vieillard aux énormes moustaches, qui habitait avec sa femme une ferme isolée, où il cultivait des pommes de terre et un peu de blé. Isabelle aimait aller au marché en ville. Un panier à la main, elle s'occupait des achats d'épicerie. Une fois qu'elle avait terminé elle allait retrouver Paul au comptoir du café où il bavardait avec les commerçants du quartier. Au café, Isabelle commandait une boisson fraîche et allait s'asseoir à la terrasse. Puis quand elle jugeait que tout le monde avait assez bu, elle se levait la première et en prétextant l'heure du déjeuner, elle donnait le signal du départ.

Leaving Certificate 1976

1. Où Paul et Isabelle habitaient-ils?
2. Combien de fois par semaine se rendaient-ils en ville?
3. Qu'allait faire Paul en ville?
4. Quel service Paul rendait-il à ses voisins?
5. Pourquoi les voisins ne pouvaient-ils pas eux-mêmes aller au marché?
6. Quel était le métier du père Royer?
7. De quoi Isabelle s'occupait-elle en ville?
8. Où Isabelle et Paul se donnaient-ils rendez vous?
9. Quels amis Paul retrouvait-il au café?
10. Quand Isabelle décidait-elle de rentrer?

***Le Combat dans le Train

A quarante minutes de Londres, après avoir traversé les champs verts du Kent, le train du matin de la Compagnie du chemin de fer du Sud-Est atteignit sa vitesse maximale de 40 milles à l'heure. On pouvait voir le mécanicien en uniforme rouge, debout à l'extérieur, sans cabine, tandis que, à ses pieds, le chauffeur jetait des pelletées de charbon dans la fournaise de la locomotive bleu vif. Derrière la locomotive et le tender venaient trois voitures jaunes de première classe, suivies de sept voitures vertes de seconde classe, et, tout au bout, un fourgon gris à bagages, sans fenêtres.

Alors que le train descendait vers la côte, la porte du fourgon s'ouvrit brusquement, laissant voir à l'intérieur un combat désespéré. Les forces étaient inégales: un jeune homme mince se battait contre un grand homme en uniforme bleu, gardien du chemin de fer. Bien que plus faible, le jeune homme ne se défendait pas mal. Mais le gardien, maintenant à genoux, bondit de façon telle que son adversaire fut précipité hors du train par la portière ouverte et atterrit sur le sol rebondissant comme une poupée de chiffons. Le train prenait de la vitesse, déchirant l'air de ses notes aiguës. Bientôt, il disparut et il ne resta plus que le bruit du moteur ainsi que la traînée flottante d'une fumée grise qui, lentement, retombait sur la voie et sur le corps immobile du jeune homme.

Au bout de deux minutes, le jeune homme remua. Il se souleva à grand-peine sur un coude et tenta de se mettre debout. Mais ses efforts furent vains; il retomba instantanément sur le sol, inanimé, et, après un dernier spasme convulsif, s'immobilisa complètement.

Une demi-heure plus tard, un élégant coupé noir aux roues cramoisies descendait la route boueuse qui courait parallèlement aux voies ferées. La voiture parvint à une colline, et le cocher arrêta le cheval. Un monsieur élégamment vêtu d'une redingote de velours vert-foncé et coiffé d'un haut de forme emergea du coupé. Il grimpa sur la colline, porta à ses yeux une paire de jumelles et scruta la voie ferrée sur toute sa longeur. Son regard tomba immédiatement sur le corps prostré du jeune homme vers qui il se dépêcha.

Michael Crichton:*Un train d'or pour la Crimée*

1. Quel a été le point de départ du train?
2. Quelle est sa vitesse maximale en kilomètres?
3. Comment était vêtu le mécanicien?
4. Que faisait le chauffeur?
5. Combien de voitures tirait le train?
6. Que se passait-il dans le fourgon à bagages?
7. Qu'est-ce qui est arrivé au jeune homme?
8. Comment savons-nous que le jeune homme n'a pas trouvé la mort immédiatement?
9. Qui est arrivé sur les lieux une demi-heure plus tard?
10. Que faisait-il pour voir le jeune homme?

***Le Mont des Oliviers

Alors il faisait nuit, et Jésus marchait seul,
Vêtu de blanc ainsi qu'un mort dans son linceul;
Les disciples dormaient au pied de la colline.
Parmi les oliviers, qu'un vent sinistre *incline*,
Jésus marche à grands pas en frissonnant comme eux;
Triste jusqu'à la mort, l'oeil sombre et ténébreux,
Le front baissé, croisant ses deux bras sur sa robe
Comme un voleur de nuit cachant ce qu'il dérobe;
Connaissant les rochers mieux qu'un sentier uni,

Il s'arrête en un *lieu* nommé Gethsémani.
Il se courbe, à genoux, le front contre la terre;
Puis regarde le ciel en appelant: 'Mon Père!'
Mais le ciel reste noir, et Dieu ne répond pas.
Il se lève étonné, marche encore à grands pas,
Froissant les oliviers qui tremblent. Froide et lente
Découle de sa tête une sueur sanglante.
Il recule, il descend, il crie avec effroi:
'Ne pourriez-vous prier et veiller avec moi?'
Mais un sommeil de mort accable les apôtres.
Pierre à la voix du *maître* est sourd comme les autres.

Alfred de Vigny

1. Qui marche avec Jésus?
2. De quelle couleur est-il vêtu?
3. Où sont les disciples?
4. Que font-ils?
5. Est-ce que Jésus marche tout droit?
6. A qui est-ce qu'il ressemble?
7. Quels arbres poussent à Gethsémani?
8. Comment savons-nous que Jésus marche vite?
9. Comment sait-on que les compagnons de Jésus sont très fatigués?
10. Exprimez autrement les mots mis en italique.

***Paris immobilisé par les embouteillages

Les spécialistes de la préfecture de police enrichissent leur vocabulaire.
Pour parler de la circulation ils ont trouvé un nouvel adjectif:
diabolique.

Vendredi soir, la circulation était effectivement 'diabolique' à Paris.
Comme si le métro et les autobus étaient en grève, comme si tous les
Parisiens avaient brusquement décidé de descendre dans la rue au
volant de leur voiture, comme si c'étaient les grandes vacances.

Des milliers de voitures engluées, des carrefours gelés, des places
encerclées, treize kilomètres de quais saturés, le boulevard périphérique
bouché dans les deux sens, toutes les portes de la capitale asphyxiées.
Des records ont été battus: deux heures pour aller des Halles au Pont
de Neuilly: quatre-vingt-dix minutes pour se rendre de la place de la
Nation à la place Péreire; vingt-cinq minutes pour traverser la
Concorde; une demi-heure pour avancer de deux cents mètres rue
Réaumur.

Les raisons de cette paralysie brutale de la capitale sont multiples.
Le vendredi est toujours un mauvais jour pour la circulation. Surtout
quand il pleut. Les automobilistes ralentissent et patinent. Ce vendredi
était, d'autre part, la veille d'un jour ferié. On se hâtait donc de faire
les dernières courses avant la fermeture des magasins. Le tout sous des
averses de pluie et de grandes rafales de vent. Vraiment un temps à ne
pas mettre un automobiliste dehors.

La police dit: 'Il y avait longtemps qu'il n'avait pas plu de cette
façon. Et à Paris, on ne sait pas rouler sous la pluie. Les gens ont peur
de l'accrochage. Ça les paralyse.'

Compréhension: passages

Voici dans le choeur des lamentations quelques 'solos' spectaculaires:

Un motard de 18 ans:
'Les voitures se tenaient si serrées les unes contre les autres, qu'il était impossible de passer. Même sur les trottoirs. J'ai abandonné ma moto rue Saint-Denis et je suis rentré chez moi, place d'Italie, à pied.'

Un représentant de commerce du 14e arrondissement:
'On ne roulait pas sur le boulevard des Maréchaux. On n'avançait pas d'un centimètre sur le périphérique. Pour faire place Balard-porte d'Orléans, je suis allé tenter ma chance en banlieue. Il m'a fallu plus de deux heures et j'ai failli me retrouver à Versailles.'

Un fonctionnaire:
'Je suis parti des Champs-Élysées à 17h. 30 pour aller à la porte de Vanves. Une heure plus tard, j'ai fait demi-tour à Cambronne. Je me suis retrouvé à mon point de départ à 19h.50. J'ai mis deux heures pour rejoindre l'île Saint-Louis.'

Ce vendredi 27 octobre (veille du week-end de la Toussaint) ça a été la répétition.

Dès midi, en effet, on avait pu constater une véritable marée de voitures tentant de gagner les portes de Paris. Ces voitures débouchaient difficilement sur les boulevards périphériques déjà surchargés et la circulation de la capitale s'asphyxiait peu à peu.

France Soir

1. Est-ce que le métro et les autobus étaient en grève ce vendredi soir?
2. Comment était la circulation à Paris?
3. Quel genre de records ont été battus?
4. Pourquoi le vendredi est-il un mauvais jour pour la circulation?
5. Quel temps faisait-il?
6. Pourquoi le motard a-t-il abandonné sa moto?
7. Pourquoi le représentant de commerce est-il allé vers la banlieue?
8. Le 27 octobre, pourquoi toutes ces voitures essayaient-elles de quitter Paris?
9. Expliquez: un embouteillage; un jour férié; la banlieue.

***Double tragédie?

Plymouth, le premier juin: les concurrents de la Course Trans-atlantique, épuisés et joyeux, font leurs derniers préparatifs. Mike McMullen plaisante quand sa jeune femme Elizabeth, dite Lizzie, fait semblant de percer le fond de la coque de son yacht à l'aide d'une perceuse électrique. La marée est basse, mais il reste quelques centimètres d'eau. On la prévient qu'il est dangereux de se servir de matériel électrique si près de l'eau. Pour éviter que le fil électrique ne touche la surface, Lizzie le passe autour de son cou. Soudain, la perceuse glisse de ses mains. Instinctivement, Lizzie la repêche: la décharge est mortelle. Lizzie est morte, électrocutée, quatre jours avant le départ de la course.

Mike à l'enterrement, le visage fermé, serre les dents. Il a décidé qu'il partirait quand même. Aujourd'hui, certains de ses amis se reprochent de l'avoir laissé prendre la mer: la course, après la mort atroce de son grand amour, n'était peut-être plus pour lui qu'un prétexte à son désespoir, l'occasion d'un suicide déguisé. Mais ses parents refusent cette hypothèse qui doublerait leur chagrin. Mme McMullen était à Newport, Rhode Island, pour attendre son fils, le vainqueur, pensait-elle. En vain. Elle est rentrée à Green Acres, sa maison dans le Hampshire. Son mari Colin, ancien officier de la Royal Navy, n'est pas là. Il s'occupe personnellement des recherches, persuadé, lui aussi, que son fils est vivant.

A l'âge de vingt-cinq ans, Mike s'est engagé dans les 'marines', et c'est chez son colonel, où elle est en vacances, qu'il a rencontré, en 1968, Elizabeth, dix-huit ans, grande, mince et sportive. Un an plus tard, il l'a épousée et le jeune couple s'est installé dans une vieille maison à une vingtaine de kilomètres de Plymouth près du grand port où est ancré le yacht de Mike, la cause, peut-être de deux morts.

Paris Match

1. Que faisait Mike à Plymouth?
2. Quelle plaisanterie faisait sa femme Lizzie?
3. Pourquoi était-ce dangereux?
4. Comment Lizzie a-t-elle trouvé la mort?
5. Comment est-ce que quelques uns des amis de Mike expliquaient qu'il n'était pas arrivé à Newport?
6. Où habite la mère de Mike?
7. Que faisait son mari lorsque Mme. McMullen était chez elle?
8. En quelle année Mike a-t-il rencontré Lizzie?
9. Où était-elle à cette époque?
10. Où le jeune couple s'est-il installé après leur mariage?

***L'invasion des insectes

Une invasion de millions de coccinelles a interrompu, vendredi, la construction d'un pont suspendu sur la Seine au nord de la France. Les insectes *s'infiltraient* dans les *vêtements* des *ouvriers*, dans leurs narines ou leurs oreilles: les travailleurs ont dû *battre en retraite* devant ce nuage d'insectes qui était si épais qu'on ne voyait pas à dix mètres. Un phénomène semblable s'était produit, l'an dernier, sur des plages françaises où les baigneurs, eux aussi, avaient cédé la place à des millions de coccinelles.

'Le phénomène s'explique par l'abondance, cette année, de pucerons, disent les experts de l'Institut national de la Recherche agronomique. Les coccinelles, qui sont venues à bout des pucerons, ont pullulé et, n'ayant plus rien à manger, *se déplacent* parfois en énormes bandes de plusieurs millions d'individus. Il est fort possible que nous en voyions des invasions cet été partout dans la France.'

Ces invasions ont d'ailleurs déjà commencé. En Bretagne, depuis le début de l'été, de *gigantesques* colonies de coccinelles et de pucerons ont fait leur apparition. Si ceux-ci sont *redoutés* et impitoyablement pourchassés par les agriculteurs, les coccinelles, *en revanche*, véritables dévoreuses de pucerons, sont bien accueillies. L'année dernière, par exemple, elles ont complètement neutralisé les parasites qui causent habituellement de grands dommages aux Champs de blé dans les Côtes-du-Nord.

A présent, on travaille en France comme en Union Soviétique et aux États-Unis à produire en quantité des coccinelles pour lutter contre les espèces qui attaquent les cultures. Cette lutte biologique contre les insectes n'a pas encore remplacé les traitements traditionnels par le D.D.T. ou les autres insecticides chimiques. Mais elle se développe lentement et pourrait, dans l'avenir, prendre une place importante.

France Soir

1. Quel a été le résultat de l'invasion de coccinelles au nord de la France?
2. Pourquoi, selon vous, ne pouvait-on pas voir très loin?
3. Quelle est le rapport entre l'abondance des pucerons et celle des coccinelles?
4. Combien de coccinelles se trouvent en chaque groupe?
5. Quelle est l'attitude des fermiers à l'égard des pucerons?
6. Quelle récolte a été protégée tout récemment par 'la bête à bon Dieu'?
7. Nommez deux pays où l'on essaie de produire artificiellement des coccinelles?
8. Pourquoi veut-on les produire?
9. Expliquez la différence entre la lutte biologique et la lutte chimique, les deux méthodes qu'on emploie pour vaincre les insectes nocifs.
10. Exprimez autrement les mots mis en italique.

***Un industriel parisien assassiné par des cambrioleurs*

Un industriel parisien, Monsieur X., a été mortellement blessé, dimanche après-midi, par des cambrioleurs qu'il avait surpris dans ses bureaux, avenue de l'Opéra.

Monsieur X, 52 ans, gérant de la compagnie, était rentré le matin même d'un voyage à l'étranger. Dans l'après-midi, vers 17 heures, il décida de quitter un moment son appartement, pour aller lire, à son bureau, le courrier arrivé en son absence, et pour aller reprendre sa voiture dans un garage du quartier. L'un de ses cinq enfants, âgé d'une vingtaine d'années, et un neveu, l'accompagnèrent jusqu'à l'avenue de l'Opéra, et l'attendirent au drugstore voisin. Une heure plus tard, les deux jeunes gens s'impatientèrent et décidèrent de monter jusqu'au deuxième étage de l'immeuble où sont installés les bureaux de l'entreprise.

Ils ne parvinrent pas à pousser la porte du palier et décidèrent de passer par un escalier de service. Un moment plus tard, ils découvrirent le corps de l'industriel, affaissé devant cette porte d'entrée, qu'il bloquait. Monsieur X avait été violemment frappé à la tête, à l'aide d'un instrument lourd. Ses meurtriers? De toute évidence, des cambrioleurs.

99

Dans une pièce donnant sur le hall d'entrée, en effet, une armoire blindée avait été forcée au chalumeau, mais son contenu, des dossiers et des papiers d'affaires, n'avait pas intéressé les malfaiteurs qui s'étaient alors attaqués à un coffre-fort. L'arrivée de Monsieur X avait interrompu leur travail. Ils l'avaient alors assommé et s'étaient enfuis. Ce coffre d'ailleurs, ne contenait que des traites et une somme inférieure à 200 F.

Dans le long couloir qui traverse les bureaux de la maison de commerce, et conduit de la porte de service au hall d'entrée, on pouvait remarquer de nombreuses traces de sang laissant supposer que l'industriel avait tenté, déjà blessé, d'échapper à ses agresseurs, en s'enfuyant par l'issue de secours. En fait, les policiers de la brigade criminelle, qui ont été chargés de l'enquête, ont établi que ces marques avaient été laissées par le corps de la victime, lorsque des gardiens le transportèrent pour lui donner les premiers secours.

Quand il fallut lui apprendre la nouvelle de ce crime, Madame X préparait une petite réunion de famille pour fêter, le soir même, le vingt-cinquième anniversaire de son mariage.

Le Figaro

1. Quelle était la profession de Monsieur X?
2. Pourquoi est-il allé à son bureau?
3. Est-ce que son fils et son neveu sont allés au bureau avec lui?
4. Pourquoi ont-ils décidé, au bout d'une heure, de monter au bureau?
5. Pourquoi ne pouvaient-ils pas ouvrir la porte du palier?
6. Pourquoi Monsieur X avait-il été tué?
7. Comment a-t-on expliqué les traces de sang?
8. Quelle en était la vraie cause?
9. A quel âge Monsieur X s'est-il marié?
10. Pourquoi, à votre avis, l'appelle-t-on Monsieur X dans ce passage?

***La grosse araignée

Le ciel s'obscurcissait lentement. Un vent frais se leva et les feuilles des arbres bougèrent. 'Élisabeth monte chercher ton pull-over dans ta chambre,' dit tante Thérèse. Élisabeth traversa le jardin en courant, monta l'escalier et alla jusqu'à sa chambre. Il y faisait plus sombre que dehors. Elle tourna le bouton. Une lumière vive l'éblouit. Elle allait avancer vers l'armoire quand son coeur s'arrêta et ses jambes tremblèrent. Muette d'horreur, elle regardait fixement le mur, en face d'elle. Elle vit devant elle une énorme araignée noire. Sa forme se détachait avec une affreuse netteté sur le fond blanc. Accrochée par ses huit membres pliés, elle était prête à trotter, à bondir. Élisabeth frissonnait de peur. Elle poussa une clameur folle, courut vers la porte, descendit l'escalier à toute vitesse et, toujours hurlant, tomba dans les bras de tante Thérèse, qui s'était levée de la table pour la recevoir. Des figures inquiètes l'entourèrent. On la presse de questions. Hors d'haleine elle dit: 'Dans ma chambre . . . une araignée . . . une grosse araignée!'

'Ce n'est que ça,' dit tante Thérèse en riant. 'Il ne faut pas avoir peur des araignées. Tu n'es pas une mouche! Elles ne te feront pas de mal.'

Leaving Certificate 1971

1. Pourquoi tante Thérèse demanda-t-elle à Élisabeth de monter chercher le pull-over?
2. Où était Élisabeth à ce moment-là?
3. Pourquoi est-ce que la lumière l'éblouit?
4. Qu'est-ce qui la rendit muette d'horreur?
5. Où se trouvait l'objet de cette horreur?
6. Pourquoi Élisabeth poussa-t-elle une clameur folle?
7. Pourquoi tante Thérèse s'était-elle levée?
8. Pourquoi était-on inquiet?
9. Que révèle la réponse d'Élisabeth?
10. Élisabeth ne devrait pas avoir peur des araignées. Pourquoi?

***La Leçon de Calcul

La journée a commencé par une leçon de calcul, science dont je n'avais pas le goût, mais le respect, car maman en parlait chaque jour avec souci. Nous devions étudier la division à un chiffre. Plusieurs de ces petites opérations étaient écrites au tableau. Les élèves à tour de rôle, se levaient, croisaient les bras et donnaient l'interprétation traditionnelle. 'En vingt-huit, combien de fois cinq? Cela signifie que, si j'ai vingt-huit billes à partager. . .' Chaque élève devait, de lui-même, changer l'exemple. Désiré Wasselin a croisé les bras à son tour, a froncé les sourcils et a commencé: 'En trente-sept combien de fois sept. . ?' Il parlait lentement, avec peine, sa grosse tête inclinée de côté, l'air lointain, abandonné. Il était fort en retard dans ses études et le plus âgé de la classe. Il a choisi pour exemple les cerises: 'Cela signifie que mes camarades recevront chacun cinq cerises et qu'il ne m'en restera que deux.' Toute la classe a dressé l'oreille. La phrase normale était: 'Il m'en restera deux.' Il y a eu un silence, et Désiré a continué d'une voix funèbre: 'Mais ça m'est bien égal.' Le maître a levé les bras au ciel. Il a renversé la tête en arrière, avec un air d'embarras comique. Il a dit: 'Toujours martyr, alors, mon pauvre Wasselin? Allons, rassieds-toi. Tu auras quand même une bonne note.' Et Désiré s'est rassis, l'air sombre.

Leaving Certificate 1972

1. Quand est-ce que la leçon de calcul a eu lieu?
2. Quelle était l'attitude du narrateur vis-à-vis du calcul?
3. Pourquoi la mère parlait-elle du calcul avec souci?
4. Comment savons-nous que les élèves ne répondaient pas tous ensemble?
5. Qu'est-ce que chaque élève devait faire avec l'exemple?
6. Dans quelle mesure Wasselin révèle-t-il qu'il était fort en retard dans ses études?
7. Qui était le plus âgé de la classe?
8. Pourquoi le maître levait-il les bras au ciel?

101

9. Pourquoi le maître traite-t-il Wasselin de martyr?
10. Pourquoi Wasselin mérite-t-il une bonne note?

***L'aérotrain Bertin

Ni train, ni avion, mais pourtant les deux à la fois, l'aérotrain conçu par l'ingénieur français Jean Bertin est tout à fait révolutionnaire. Il ne roule pas, il glisse porté sur un coussin d'air comprimé à environ 3 millimètres au dessus de la voie. Comme le Hovercraft britannique, son cousin, c'est un aéroglisseur. Comme un train ordinaire, l'aérotrain doit suivre une voie. Celle-ci est en béton, et porte en son centre un petit mur vertical haut de quelques dizaines de centimètres qui rentre dans le véhicule et qui le guide. Cette voie, qui repose sur des piliers en béton, est à environ cinq mètres au-dessus du sol.

L'aérotrain présente de grands avantages. Il peut atteindre de très grandes vitesses: la maquette en demi-grandeur qui a été expérimentée en décembre 1967 entre Limours et Gometz-le-Châtel (sur une voie de 6.700 m de longueur) a atteint la vitesse de 345 km à l'heure, et en juillet 1969, un aérotrain grandeur naturelle est monté à 250 km/h avec 80 passagers à son bord sur la voie expérimentale de 20 km qui a été construite près d'Orléans. L'aérotrain n'est pas dangereux car il lui est impossible de dérailler. A 250 km à l'heure, il peut s'arrêter, en cas d'urgence, sur 700 mètres seulement: il suffit au mécanicien de couper l'arrivée d'air. Il est économique: la voie de béton coûte cinq à dix fois moins cher qu'une voie de chemin de fer. Enfin, le confort y est exceptionnel, car, sur son coussin d'air, le train ne remue pas et est parfaitement silencieux.

L'aérotrain sera, dans quelques années, un mode de transport idéal pour relier les banlieues avec le centre des villes, pour relier une ville et son aérodrome, pour relier deux villes proches l'une de l'autre. Il sera également idéal pour assurer des trajets à longue distance—plusieurs centaines de kilomètres—à de très grandes vitesses (400-500 km/h): ainsi le trajet Paris-Lyon (500 km) pourra être couvert entre 1 h et 1 h.½, de quai à quai, au lieu de 4h. 30 par le train ordinaire.

Inventions et Découvertes françaises

1. Pourquoi l'aérotrain est-il un train et un avion à la fois?
2. En quoi est faite la voie sur laquelle il glisse?
3. Pourquoi, à votre avis, la maquette de 1967 est-elle allée plus vite que celle de 1969?
4. Qu'est-ce qui empêche l'aérotrain d'avoir un accident?
5. Pourquoi est-il plus économique qu'un train?
6. Du point de vue des passagers, pourquoi est-il confortable?
7. Pour quelles sortes de trajets l'aérotrain est-il idéal?
8. A votre avis quels problèmes de la circulation l'aérotrain résoudrait-il?

***Le jardin à sec

Le soleil et la sécheresse persistante de cet été ont brûlé le jardin que je possède dans la Bretagne. J'admets qu'il y a de plus grandes misères et des malheurs plus graves. Les provinces traversées pour venir jusqu'à cette colline bretonne m'ont montré des champs couleur de craie et des herbes mortes. Pour les agriculteurs touchés dans leur travail, le spectacle de ce désastre est poignant. La raison d'être de leur vie quotidienne se dégrade et se défait chaque jour devant eux, tandis que se présente au loin, de manière confuse, un avenir incertain et déjà compromis.

Donc on n'ose guère se plaindre d'un jardin ravagé par le soleil. Cependant, c'est pour moi un déchirement, et beaucoup comprendront ma peine. J'étais venu comme chaque année préparer les floraisons d'été. De tout cela, des combinaisons savantes de couleurs, des espèces assorties, il ne reste rien. La grande allée d'hortensias bleus sous les sapins que j'appelais le chemin fou de fleurs, laisse pendre ses feuilles comme des chiffons froissés. Certains de ces sapins plantés voilà soixante ans, élevés de plus de deux mètres, mourant de soif pendant cette période de sécheresse, ne reprendront pas.

Mais au désastre présent, presque tangible, s'ajoute l'arrachement d'un paysage intérieur: des générations ont passé dans ce jardin devenu le mien. Je me rappelle ma grand'mère qui attirait vers elle une fleur pour en respirer le parfum. Aujourd'hui, cette mémoire chérie est moins forte parce que la tige vers laquelle je la voyais se pencher est maintenant sèche et morte.

Néanmoins, les choses ne resteront pas comme cela: je vais faire renaître mon jardin même si le regret de ce que j'ai perdu ne me quittera pas avant longtemps.

Le Figaro

1. Qu'est-ce qui a détruit le jardin de l'auteur?
2. Dans quelle région de la France se trouve ce jardin?
3. Expliquez pourquoi les agriculteurs ont souffert beaucoup plus que l'écrivain.
4. Pourquoi l'auteur venait-il dans son jardin tous les ans avant le début de l'été?
5. Nommez deux plantes qu'il y fait pousser.
6. De quelle hauteur sont quelques uns des sapins de l'auteur?
7. Quel âge ont-ils?
8. Autrefois, pourquoi est-ce que la grand-mère attirait vers elle une fleur?
9. Comment savons-nous que l'écrivain est d'un caractère volontaire?
10. Est-ce qu'il va bientôt oublier son jardin mort? Justifiez votre réponse.

RÉDACTION

INTRODUCTION AND TECHNIQUE

Rather than floundering around in a painful attempt to write a *rédaction*, it's far easier in the long run to write it in a logical and methodical way. Let's see how this might be done in the case of a *Narrative* (or 'story-telling') *Rédaction — Une journée au bord de la mer*.

A. **The Overall Plan:** This is vital as a first step in order to treat the topic fully, i.e. in order to set out the beginning, the middle and the end. In the above example the plan would subdivide into the following sections:
  1. Les préparatifs
  2. Le voyage
  3. Ce qu'on y fait
  4. Le retour.

B. **The Word List:** After the basic sub-division we should write down any words or phrases, as they occur, which would be helpful in tackling each division. Words like *les provisions, la voiture, la plage, jouer, se baigner, il faisait beau*, etc. would obviously be needed. Not all the words and phrases which come to mind will necessarily be used, but a store of 'possibles' is a good starting point.

C. **The Enlarged Plan:** At this stage, the *rédaction* is beginning to take shape, since the outline is being filled out by additional and relevant detail. Thus, the Enlarged Plan would be a combination of the outline plan and the word list. At the beginning of each section we will include a Model *Rédaction* for each type, and thus the final version of *Une journée au bord de la mer* may be found at the beginning of the *Narrative* section.

D. **The Final Version:** The actual writing of the *rédaction* has now become quite simple (see beginning of *Narrative* section).

E. **The Methodical Re-Check:** It would be a pity to ruin the *rédaction* by neglecting this vital step. We must go through it, carefully, watching especially for the following:
  1. *Nouns:* Check for gender, number and irregular plurals.
  2. *Adjectives:* Check for position, agreement with the noun as regards number and gender, irregular feminines.

3. *Verbs:* Check for correct tense. If Passé Composé (Perfect) is used, check for correct Auxiliary Verb (*avoir* or *être*), correct Past Participle (*donné, fait* etc.) and correct Past Participle agreement, if any (*elle est allée*). In other tenses check the endings (e.g., not *j'était* but *j'étais*; not *j'alla* but *j'allai*).

4. *Pronouns:* Check position (whether before or after the verb) and order (e.g. *le* before *lui* etc.).

If the preceding steps are carefully followed the writing of a *rédaction* becomes a fairly simple and straight-forward affair. Time is saved, a better *rédaction* is written, and the agony of 'what do I say next?' is considerably lessened.

NARRATIVE ESSAY

We begin with a model narrative essay, *'Une journée au bord de la mer'*, following our procedure. Then a list of topics is given, moving from the relatively simple to a more difficult type of narrative (i.e. one in which the writer must make up the story almost entirely alone). For each topic a list of *indications* is given. These are some key words and phrases which we would probably use in the particular topic. However, they are not intended as a substitute for any of the above-mentioned stages but are rather a stimulus, or an aid towards tackling the *rédaction*.

Model rédaction: *'Une journée au bord de la mer'*

We saw earlier that the *rédaction* would sub-divide into the following main parts:
1. Les préparatifs
2. Le voyage
3. Ce qu'on y fait
4. Le retour

We now write down our *Word List*, and distribute it among the four parts, thus getting the *Enlarged Plan:*

1. Les préparatifs
L'été dernier — toute la famille — aller en voiture — les provisions qu'on apporte (le poulet, le pain, le vin etc. . . .) — charger la voiture — monter dans l'auto — partir.

2. Le voyage
Rouler sur la route — le paysage et les vues (les collines — les lacs — un château — les villes etc.) — la conversation — l'arrivée.

3. Ce qu'on y fait
S'installer — manger le pique-nique — ce que font les parents (lire — tricoter — prendre le bain de soleil) — ce que font les enfants (jouer au football — se baigner — faire des châteaux de sable).

4. Le retour

Au coucher de soleil—appeler les enfants—s'habiller—recharger la voiture—quitter la plage—rentrer à la maison.

We can now write out the *Final Version* from our *Enlarged Plan*—taking great care of grammar, spelling etc.

Une journée au bord de la mer

1. L'été dernier toute la famille est allée, en voiture, au bord de la mer. Le matin nous avons préparé les provisions que nous allions apporter—le poulet, le pain et le vin. Ensuite nous avons chargé la voiture. A huit heures nous sommes montés dans l'auto, et nous sommes partis pour la plage.

2. Nous avons roulé sur la route. Le paysage était splendide, avec ses collines et ses lacs. Nous avons vu un grand château et nous sommes passés par beaucoup de jolies villes et de beaux villages. Tout le monde a beaucoup parlé de ces jolies choses. Enfin, à onze heures et demie, nous sommes arrivés à notre destination et nous avons déchargé la voiture.

3. Nous nous sommes installés sur la plage et ensuite nous avons mangé le pique-nique. Après avoir mangé, mon père a commencé à lire son journal et ma mère a tricoté. Nous, les enfants, avons passé l'après midi à jouer au football et à nous baigner, et mon petit frère a fait des châteaux de sable.

4. Au coucher du soleil mon père a appelé les enfants. Nous nous sommes habillés pendant que mon père rechargeait la voiture. A huit heures du soir nous avons quitté la plage et nous sommes rentrés à la maison. Quelle belle journée!

Remarks:

1. We could have written the Essay in the First Person singular (*je*) or the Third Person Plural (*ils*)
2. Note the ways of varying sentence *structure* to avoid monotony, e.g. linking sentences with *et, pendant que* etc.
3. Note the ways to avoid beginning every sentence with *nous avons. . . nous sommes. . .* by using words like *puis, ensuite, enfin, à huit heures, le matin* etc.
4. Note the use of a finishing (exclamatory) sentence—*Quelle belle journée! Tout est bien qui finit bien. Que faire?* etc.

All these methods contribute to the overall succes of the *rédaction* and will prevent it from being just a litany of sentences all the same length, having the same structure and beginning the same way.

LIST OF NARRATIVE TOPICS

1. Voyage en chemin de fer

(*a*) Le départ—à la gare—acheter les billets—monter dans le compartiment.

Rédaction: narrative essay

(*b*) Le voyage: ce qu'on a vu — aller au wagon-restaurant — l'arrivée.
(*c*) Descendre du train — aller en taxi à notre destination.

2. La pêche

(*a*) Par un beau jour d'été — aller à la rivière — ce qu'on apporte.
(*b*) L'arrivée — préparer les cannes à pêche — lancer la ligne — attraper des poissons — manger à midi.
(*c*) Au coucher de soleil — cesser de pêcher — rentrer — manger les poissons.

3. Un vieux soldat raconte sa vie

(*a*) Né en France — s'engager dans l'armée à l'âge de 18 ans.
(*b*) La première guerre mondiale — ce qu'il a vu — la mort, la souffrance — les tranchées.
(*c*) En temps de paix — ce qu'il fait — les défilés — les manoeuvres — prendre sa retraite.

4. Danger de mort!

(*a*) A la plage — voir un enfant un peu loin dans la mer — danger! Il est allé à la dérive.
(*b*) Se précipiter vers la mer — nager vers l'enfant — le saisir et commencer à rentrer.
(*c*) Arriver de nouveau à la plage — l'enfant a peur mais il est sain et sauf — les parents me remercient beaucoup.

5. On va au Zoo

(*a*) En été — toute ma classe y va en autobus — une récompense pour une bonne année de travail.
(*b*) Ce qu'on y voit — les singes, les éléphants, les oiseaux, les ours etc. Quel animal m'a impressionné le plus et pourquoi?
(*c*) Rentrer après la visite — raconter l'histoire à mes parents.

6. Une visite au cinéma

(*a*) Rendez-vous avec des amis — à quelle heure? Quel film allez-vous voir?
(*b*) Faire la queue — beaucoup de monde — impatience — le guichet — acheter des billets.
(*c*) Entrer — le film déjà commencé — l'histoire du film pas claire — sortir — aller au café.

7. Un voyage en France

(*a*) Faire les valises — prendre le taxi — arriver à l'aéroport — l'avion — le départ.
(*b*) La vue — le Pays de Galles — l'Angleterre — la France.
(*c*) L'arrivée — la douane — l'hôtel.

8. Aventure en hiver

(*a*) Un lac — la glace — un petit garçon — patiner.
(*b*) Avancer — un craquement — des cris — il va se noyer.
(*c*) Un passant — sauver — rentrer chez les parents — un rhume.

9. L'île déserte

(*a*) Un ami qui m'a raconté son histoire — naufragé tout seul sur une île déserte.
(*b*) La nourriture (les fruits — les noix — l'eau) — construire un abri — les branches et les feuilles — quels problèmes avait-il?
(*c*) Un jour, il voit un bateau — faire un grand feu — le bateau s'approche — il est sauvé!

10. Le Bal

(a) A la fin de l'année scolaire, il y a un bal dans mon école. Qui y va? Tous les élèves? Les professeurs?
(*b*) Les préparatifs — se baigner — s'habiller — le complet — la belle robe — se maquiller — partir.
(*c*) Les autres garçons et les jeunes filles — la musique — danser — se coucher tard.

11. Un jour de maladie

(*a*) Le matin, avoir mal à la tête et à la gorge — ne pas pouvoir aller à l'école — garder le lit.
(*b*) Ma mère envoie chercher le médecin — avoir de la fièvre — les médicaments.
(*c*) S'ennuyer au lit — essayer de lire, écouter la musique — aller mieux le soir.

12. L'argent perdu

(*a*) Où étiez-vous? A qui était l'argent? Comment l'avez-vous perdu? — Combien en avez-vous perdu?
(*b*) Êtes-vous allé à la police — qu'ont-ils dit? — où êtes-vous allé ensuite? A la maison? Chercher l'argent vous-même?
(*c*) Avez-vous trouvé l'argent? Qu'en ont dit vos parents?

13. Une journée au supermarché

(*a*) Pourquoi travailliez-vous au supermarché? — Pour gagner de l'argent? — Pour avoir quelque chose à faire pendant les vacances? Qu'est-ce que vous y faisiez?
(*b*) Qu'est-ce que vous avez pensé des clients? Et des autres employés? Est-ce qu'il y avait des incidents désagréables?
(*c*) Combien d'argent avez-vous gagné? Avez-vous aimé ce genre de vie?

14. Une visite de votre classe dans une ferme

(*a*)   Quand êtes-vous allés faire cette visite? Qui vous accompagnait? Combien de temps la visite a-t-elle duré?

(*b*)   Que faisaient les fermiers quand vous êtes arrivés? Qu'avez-vous vu? Qu'avez-vous fait?

(*c*)   Le travail vous semble-t-il intéressant, fatigant, très dur? Aimeriez-vous travailler dans une ferme plus tard?

15. Le héros qui a attrapé un voleur

(*a*)   Passer devant une banque — entendre des coups de revolver — un homme masqué — se précipiter dans la rue.

(*b*)   Se mettre tout de suite à le poursuivre — avertir un agent de police — continuer la poursuite — enfin, attraper le voleur.

(*c*)   Interview avec les journaux — photo dans *Le Figaro* — une récompense.

EXAMPLES WITHOUT 'INDICATIONS'

16. Le chien perdu

On vous a donné le chien à promener en laisse. En ville le chien s'est sauvé. Une heure plus tard, vous êtes de retour à la maison et vous racontez ce qui s'est passé. . .

17. Aventure en l'air

Je volais de Dublin à Paris. Tout était calme. Soudain un homme a saisi une des hôtesses. Il avait un revolver. . .
Racontez la suite et la fin de cette histoire.

18. L'incendie

Je marchais à l'école, à huit heures du matin. La rue était presque déserte à cette heure-là. Je passais devant un immeuble quand j'ai vu de la fumée au cinquième étage. Au même instant j'ai entendu les cris d'un enfant — 'Au secours! Au secours. . .'
Racontez la suite et la fin de cette histoire.

19. Un rêve qui m'a rempli de terreur

J'étais tout seul dans une rue déserte. Il était minuit. J'avais peur. Soudain j'ai entendu des pas derrière moi. . . Racontez la suite et la fin de ce rêve.

20. La jeune femme qui voulait se suicider

Deux heures du matin. Je me promenais le long de la Seine. Sur un des ponts j'ai vu une jeune femme qui avait l'air très triste. Elle

allait sûrement se jeter dans l'eau noire! Je suis allé vers elle. . .
Racontez la suite et la fin de cette histoire.

21. Ma vedette de cinéma (ou de télévision) préférée

Racontez une journée imaginaire que vous avez passée avec votre
vedette de cinéma préférée.

22. La Loterie Nationale

Si vous gagniez le premier prix à la Loterie Nationale, que
feriez-vous de l'argent?

23. Une Aventure Nocturne

Le propriétaire d'un restaurant est réveillé au milieu de la nuit par
sa femme. Il y a du bruit au rez-de-chaussée. Y a-t-il des voleurs? Le
maître de la maison descend en robe de chambre. . . Racontez la
suite et la fin de l'histoire.

24. Dans la caverne

Les deux jeunes filles exploraient une caverne. Elles y ont pénétré
très loin. Soudain, une des jeunes filles est tombée dans une
crevasse. . . Racontez la suite et la fin de cette histoire.

25. Une journée pas comme les autres:

C'était un lundi matin. Monsieur Dupont se préparait comme
d'habitude à partir au travail. Soudain un inconnu sonne à la
porte. . . Racontez la suite et la fin de l'histoire.

DESCRIPTIVE ESSAY

Model Rédaction: *'Noël'*

A. Overall plan

1. Les préparatifs
2. Le jour de Noël
3. Après le jour de Noël

B. Word list and enlarged plan

1. Acheter—le cadeau de Noël—la nourriture et la boisson (la dinde,
   le pudding, les jus de fruit, la bière)—l'arbre de Noël.
2. Aller à l'église—se donner les cadeaux—manger le déjeuner (le
   dîner)—ce qu'on mange—regarder la télé—sortir, visiter le soir—
   se coucher.

3. Toujours en vacances — continuer à fêter — aller au dancing. Les vacances se terminent — rentrer à l'école.

Noël

1. Pendant les jours qui précèdent le Noël, tout le monde achète des cadeaux pour sa famille et ses amis. On achète, aussi, beaucoup de nourriture et de boissons. Mon père achète une grosse dinde et ma mère achète le pudding de Noël et les autres provisions. On met un grand arbre de Noël dans le salon et la veille de Noël nous mettons tous nos cadeaux sous cet arbre.
2. Le matin de Noël nous allons tous à l'église et quand nous rentrons chez nous, nous distribuons les cadeaux. Après cela nous mangeons le déjeuner — la dinde avec des choux de Bruxelles et des pommes rôties. L'après midi nous regardons la télé parce qu'il y a des émissions spéciales pour la fête. Le soir nous visitons nos copains pour voir ce qu'ils ont reçu! Nous nous couchons très tard cette nuit-là.
3. Nous sommes toujours en vacances, jusqu'à la première semaine de janvier, et nous continuons la fête. Nous allons au dancing deux ou trois fois, mais malheureusement les vacances se terminent en janvier et nous devons rentrer à l'école.

LIST OF DESCRIPTIVE TOPICS

1. C'est mon anniversaire!

Les cartes et les cadeaux — les félicitations — un repas spécial — une soirée avec mes amis.

2. Ce que je vais faire quand je quitterai l'école

Mes projets — mes aptitudes spéciales pour une profession ou l'autre — les possibilités (travailler dans un bureau, une banque; exercer un métier; ou bien aller à l'université etc. . . . .) Ne pas décider encore — l'aide qu'il me faut pour me décider.

3. Mon passe-temps favori

Lequel préférez-vous? Le sport? La télé? Les films? La lecture? Ou bien avez-vous un passe-temps peu commun? Pourquoi l'aimez-vous? Quels en sont les avantages?

4. Les vacances d'été

Quels sont vos projets? Comptez-vous aller à l'étranger, ou rester dans ce pays? Est-ce que vous devez travailler pour gagner de l'argent? Autres possibilités: faire du camping; passer quelques semaines à la campagne, au bord de la mer, dans une ville.

Aimez-vous les vacances ou bien est-ce que vous vous ennuyez vite pendant cette période?

5. La rentrée des classes

Les préparatifs—visite à la librairie—acheter les livres et les cahiers—rencontrer les camarades—souvenirs des grandes vacances —la nouvelle classe—les nouveaux professeurs.

6. Dites ce que vous faites pour aider votre mère à la maison

Elle est très occupée, pourquoi? Quand l'aidez-vous, le matin avant de partir ou le soir en rentrant? Comment l'aidez-vous, en faisant la cuisine, la vaisselle, le ménage? Vous attendez-vous à une récompense, ou l'aidez-vous seulement pour lui faire plaisir?

7. Un repas qui m'a fait plaisir

Quand l'avez-vous mangé? Est-ce qu'il y avait une raison spéciale pour le repas?—où l'avez-vous mangé? Chez vous? Au restaurant? Qu'avez-vous mangé? Qu'avez-vous bu? Qui a payé l'addition?

8. Une lettre

Un(e) ami(e) français(e) vient de vous envoyer un livre comme cadeau. Vous écrivez une lettre pour le/la remercier. Quand avez-vous reçu son cadeau? Avez-vous été surpris(e)? Pourquoi? Avez-vous déjà lu le livre? Est-il difficile ou facile à lire? Quel genre de livre était-ce. Quel cadeau allez-vous envoyer à votre ami(e) pour le/la remercier?

9. Si j'étais naufragé(e)

Si vous étiez naufragé et vous deviez passer des mois, seul(e), sur une île déserte, quels objets aimeriez-vous avoir sur l'île? Des livres? Des disques. Des jeux? Pourquoi les aimeriez-vous? Quel usage en feriez-vous?

10. La télévision

Quel est votre programme préféré à la télé? Quel genre de programme est-ce? Pourquoi l'aimez-vous?

11. L'homme (ou la femme) idéal(e)

Quelles sont les qualités que vous cherchez. Pourquoi admirez-vous ces qualités? Les trouvez-vous souvent? Est-ce que l'âge de l'homme (ou la femme) joue un rôle important à cet égard? Aimeriez-vous épouser votre homme (ou femme) idéal(e). L'avez-vous déjà trouvé(e)?

Rédaction: discursive essay

12. Mon lieu favori

Avez-vous un lieu où vous vous sentez tout à fait content(e)? Où est-il? Chez vous? A l'école? Dans une ville? A la campagne? Pourquoi y êtes-vous content(e)? Comment l'avez-vous découvert? Est-ce que vous êtes seul(e) à le connaître? Qu'y faites-vous?

13. Une lettre

Vous venez de passer les vacances chez un(e) ami(e) français(e). Vous lui écrivez une lettre pour l'inviter à passer ses vacances chez vous. Vous lui décrivez les bonnes choses qu'on trouve chez vous, et vos projets pour les vacances.

14. L'homme (ou la femme) célèbre que j'admire le plus

Qui est-ce? Pourquoi l'admirez-vous? Qu'a-t-il (elle) fait pour être admiré(e)? Aimeriez-vous être comme lui (elle)?

15. L'argent

Est-ce que vous trouvez l'argent indispensible à votre vie? Combien d'argent vous faut-il pour vivre? Et plus tard? Est-ce qu'on pense trop à l'argent aujourd'hui? Voudriez-vous gagner beaucoup d'argent dans la vie? Comment l'argent change-t-il les idées des gens?

SANS INDICATIONS

16. Décrivez le meilleur moment de votre vie

17. Racontez une histoire tragique ou comique dont vous avez rêvé.

18. Le meilleur film que j'aie jamais vu

19. Les choses que je déteste dans la vie

20. Êtes-vous content du système d'éducation dans votre école? Pourquoi?

DISCURSIVE ESSAY – HIGHER LEVEL, PRIMARILY

Model Rédaction: *'La Mode'*

A. Overall Plan

1. Définition
2. Avantages
3. Désavantages
4. Conclusion

B. Word List

Le nouveau — les vêtements — la musique populaire — les effets de la mode — identification — payer l'argent — trop cher? — la jalousie — ridiculiser — bonne ou mauvaise? — les deux peut-être?

C. Enlarged Plan

1. Définition: Plus large qu'on ne pense — le nouveau dans tous les domaines (e.g. les vêtements, la musique populaire).

2. *Avantages:* Faire du bien du point de vue personnel — identification avec ses amis, avec l'époque moderne — apporter une aide économique aux usines.

3. Désavantages: Le coût — problèmes d'ordre psychologique et sociologique.

4. Conclusion: Pour la plus grande partie, elle est bonne mais dans certains cas (par exemple où elle entraîne la dérision) elle est nuisible.

La Mode

1. D'abord il faut préciser ce que c'est que la mode — puisque comprenant beaucoup plus que les vêtements seuls, elle influence la musique populaire, la coiffure et même les habitudes. Bref, la mode touche tout ce qu'il y a de moderne pour le définir.

2. Quand une femme met une robe neuve, elle se sent heureuse; ce nouvel article lui a fait du bien d'un point de vue personnel. Il y a plus; à présent elle peut s'identifier avec ses copines, avec une nouvelle époque car elle en porte un symbole. Encore, quand on achète un disque par exemple, on apporte une aide économique à l'usine qui le fabrique — point capital étant donné les problèmes financiers d'aujourd'hui.

3. Cependent, il existe de grands inconvénients qui diminuent le concept de la mode à tout prix. On n'a qu'à lécher les vitrines pour en découvrir le désavantage principal — ceci est le coût des nouveautés. On peut facilement imaginer les problèmes sociaux et psychologiques subis par use jeune fille qui ne peut pas se permettre, faute d'argent, la dernière mode.

4. Tout compte fait est-il possible d'affirmer si la mode est bonne ou mauvaise? D'après l'argument avancé ci-dessus elle est bonne pourvu que la personne qui ne peut pas acheter ces symboles de l'époque actuelle ne soit pas pour cette raison condamnée ou ridiculisée.

Methodical recheck: Finally we would go back over the *rédaction*, checking carefully for mistakes and paying particular attention to the points raised in our narrative section (i.e. nouns, verbs etc.).

Thus, relatively painlessly, we have produced a *rédaction* of approximately 220 words, which makes six or seven important, clear and valid points in fluent idiomatic French about *La Mode*. And that is basically what a Discursive *Rédaction* requires us to do.

LIST OF DISCURSIVE TOPICS

1. La télévision

Un moyen de communication de masse — Quels en sont les avantages? — une valeur éducative — on peut voir les actualités, le sport, les pays et les cultures — la télévision en tant que divertissement. Et les désavantages? Encourager la passivité — inciter la violence — le rôle joué par la publicité. Est-ce que la télévision exerce une bonne ou une mauvaise influence?

2. L'éducation

Quel est le but de l'éducation? Le développement dans tous les sens — comment l'accomplir? — le système tel qu'il est, (l'école et les examens) est-il le meilleur? Êtes-vous satisfait du système dans votre école — comment l'améliorer?

3. La drogue

Pourquoi se drogue-t-on? Pour échapper? Pour l'expérience? Y a-t-il des différences entre les drogues et l'alcool? Les dangers de tous les deux. Est-ce que les drogues doivent être légalisées?

4. La ville et la campagne

Laquelle préférez-vous? Pourquoi? Les avantages de l'une et l'autre (le transport public, les magasins, les écoles, la gaieté etc. dans la ville: la solitude, le repos, la vie saine de la campagne).
Et les désavantages? (le bruit, la pollution de la ville: la vie dure et parfois isolée de la campagne).

5. Le rôle de la science dans la vie moderne

Quels sont à votre avis, les progrès scientifiques qui ont le plus changé la vie au vingtième siècle? Quels bienfaits ces progrès ont-ils apportés? Quels sont les dangers de la science?

6. L'étude des langues modernes

Pourquoi les étudier? La nécessité de la communication pour les touristes — le commerce — la C.E.E. — les voyages à l'étranger — la connaissance d'une autre culture, d'un autre moyen de penser et de vivre.

7. Les examens

Que cherchent-ils à faire? Arrivent-ils à leur but? Sont-ils nécessaires? Avez-vous un système alternatif à proposer? (par exemple le contrôle continu)

8. Les moyens de communication de masse

La télévision, la radio, le cinéma, les journaux. Que cherchent-ils à faire? Informer? Convaincre de leurs idées? Comment est-on influencé par eux. La publicité.

9. Les Jeunes

Quel rôle doivent-ils jouer dans la société? Pourquoi le conflit des générations? Qu'est-ce qui les intéresse? Est-ce que leur rôle change de génération en génération?

10. La publicité

Que cherche-t-elle à faire? Vous séduire? Vous informer? Les moyens qu'elle emploie — la télé, les journaux etc. Est-elle toujours honnête? Quels changements proposez-vous?

11. Le progrès

Qu'est-ce que cela signifie? Dans quels domaines fait-on des progrès aujourd'hui? Quels en sont les avantages dans les domaines de l'industrie, du logement etc? Quels sont les dangers du progrès?

12. La femme au travail

Quelles possibilités de travail a-t-elle aujourd'hui? Comment l'éducation l'aide-t-elle? Est-elle capable de faire le même travail qu'un homme? Mariée, doit-elle rester à la maison? Qui doit s'occuper des enfants? Quel est le rôle de l'État?

13. La musique pop

De quoi est-elle l'expression? Pourquoi est-elle la musique des jeunes? Pourquoi les jeunes s'identifient-ils avec les chanteurs? Quelle a été son évolution? Comment changera-t-elle à l'avenir, à votre avis?

14. L'auto

Une partie permanante de la vie? Quels sont ses avantages? Et ses inconvénients? Son rôle à la campagne et en ville. Est-ce que le nombre d'autos peut grandir indéfiniment?

15. L'influence des États-Unis

Dans quels domaines se montre-t-elle? Le cinéma? La télé? La mode? L'argot? Quels changements l'influence américaine a-t-elle produits? Pourquoi cette influence existe-t-elle? A votre avis, est-elle bonne ou nuisible?

THÈME

INTRODUCTION AND TECHNIQUE

Translation into French can be made easier if we use a method rather than a haphazard approach. Here is one suggested method in seven easy steps:

1. Read the English text carefully.
2. On a second reading, underline all verbs. The verbs are the main element in a translation. We must decide the tense of each verb in the passage.
3. We should also underline any <u>unknown words</u> and phrases so that we know where we stand in relation to the amount of work to be done.
4. Write a rough draft. Remember that the unit of translation is the sentence and that we must avoid a word-by-word approach. For example the English idiom *business is looking up* translated as *les affaires regardent en haut* is nonsense. *Looking up* means *improving* or *getting better* and the translations *les affaires vont mieux* or *les affaires marchent mieux* are fine. We must always try to see exactly what is the meaning behind English idioms.
5. Words which we can't get around or express by using what we *do* know will have to be looked up in a dictionary. This should be a last resort, since in an exam situation a dictionary is not available.
6. The final version can now be written, with all blanks filled in.
7. A final check is a vital step, too. Use the check list given in the *Rédaction* section (pages 104-5).

A short, easy passage will show the method in action.

(1) One morning, very early, Michel <u>was slowly walking</u> along an <u>avenue</u> in a very <u>fashionable area</u>. (2) On the pavement <u>there were</u> trees, and <u>benches</u> where people <u>could rest</u>. (3) Michel, a <u>policeman</u>, <u>saw</u> a red car <u>parked</u> on the footpath. (4) He <u>went up</u> to the car and he <u>saw</u> that in the car <u>was</u> a small man who <u>had</u> a <u>beard</u> and who <u>wore</u> <u>glasses</u>. (5) He <u>was</u> asleep. (6) Michel <u>knocked</u> on the <u>window</u> and said 'What are you <u>doing</u> here?'

Steps 1, 2 and 3: All the verbs have been underlined (twice), the tenses decided upon, and any words which might cause problems have also been underlined (once).

Steps 4 and 5: Rough draft — sentence by sentence.

Sentence 1

Un matin, très tôt (de très bonne heure) Michel (se promener, marcher) lentement le long d'une (avenue) dans un (place? lieu? quartier?) très (?).

Here there aren't too many difficulties. The tense of *was walking* is Imperfect (continuous action). *Avenue* might be a problem if we don't realise that it's a French word already. *Area* is best translated by *quartier*: but rather than leave a blank (e.g. in an exam) we could say *lieu* or *endroit* (place). *Fashionable* is a problem. *Fashion* is *la mode* and the expression *à la mode* could be considered. The common French word, also used in English, *chic* would be fine.

Sentence 2

Sur le trottoir il y avait des arbres et des (chaise? bancs? fauteuils?) où des gens pouvaient (rester? se reposer).

Benches — probably quite a few words come to mind, and if we were stuck, *chaises* would be a good substitute word. *Banc* is the right word. *Rest* is a trick word. A little thought tells us that *rester* means *to stay*, so we use *se reposer*. Since it follows *pouvoir* it will be infinitive.

Sentence 3

Michel, un agent de police, a vu (vit?) une auto rouge (stationée? sur? qui était sur?) le trottoir.

Saw — could we use Passé Composé or Passé Historique? In general, *Thème* will require the Passé Historique, but there are many reasons why we could use the Passé Composé — it's a better-known tense, more widely used; many *Thèmes* won't be so formal as to require absolutely the Passé Historique. *Parked* — *stationée* is the best word, but again we can get round it, if we have to, by saying *qui était sur*.

Sentence 4

Il est allé vers? (s'est approché de) l'auto et il a vu que dans l'auto était un petit homme qui avait une barbe (des cheveux sur le visage?) et qui portait des lunettes (spectacles?)

Went up to means *approached* so we'll use *s'approcher de*. *Was* indicates Imperfect. *Had* and *wore* are also Imperfect since they are descriptive verbs here. A long-winded alternative to *barbe* would be *cheveux sur le visage*, but it's a poor attempt if we think about what it means. *Lunettes* is the word for *glasses*. *Spectacles* and *verres* are not correct!

Sentence 5

Il dormait.

He was asleep means *he was sleeping*, so the Imperfect of *dormir* is needed.

118

Sentence 6

Michel a frappé sur la (vitre? fenêtre?) et il a dit 'Que faites-vous ici?'

It would be difficult to get around *frapper*. *Vitre* is a smaller window than *fenêtre*, so we choose it.

Step 6: Now we can write the final version, having decided between alternatives and having put all our verbs into the correct tense.

Un matin, très tôt, Michel se promenait lentement le long d'une avenue dans un quartier très chic. Sur le trottoir il y avait des arbres et des bancs où des gens pouvaient se reposer. Michel, un agent de police, a vu une auto rouge stationnée sur le trottoir. Il s'est approché de l'auto et il a vu que dans l'auto était un petit homme qui avait une barbe et qui portait des lunettes. Il dormait. Michel a frappé sur la vitre et il a dit: 'Que faites-vous ici?'

Step 7: Final Check: A careful word-by-word check. If we do the *Thème* in the Passé Historique we must be careful to change to Passé Composé for speech. Remember also to invert verb and subject after speech: e.g. *'Que faites-vous ici?' a demandé l'agent.*

TRANSLATION EXERCISES

Translate each of the following paragraphs into French. Any unfamiliar words or phrases are given immediately after the French word in the paragraph. The numbers refer to those pages in the *Grammaire* section on which information about that particular French usage can be found.

A.

One fine Spring day (*par une belle journée de printemps*) Luc was walking in the park after a hard day at school. It was warm[1] and the sky was blue. He decided to sit on a bench for a few moments. If he went home, he would have to begin his homework. He had been there for[2] five minutes when a man came up to him. 'Excuse me,' said the man. He was tall and very thin and he seemed poor and hungry. 'Yes?' said Luc. 'Do you know a restaurant which isn't too dear?' said the man. 'I'm very hungry[3] and I haven't much money.'

1. page 130   2. page 129   3. page 126

B.

Guy is a singer. He is eighteen years old[1] and already he's earning a lot of money. He is a singer whom[2] all young French people admire. Every day he gets up late, eats breakfast, reads his letters and then goes off to record a new song or present a music programme on radio. In the afternoon[3] he makes plans for the future. Later, photographers come to take photos. In the evenings[3] he sings on radio or television, gives a concert or packs his suitcases for another trip. Does he like this life? Would you like it?

1. page 126   2. page 138   3. page 142

C.

Last Tuesday I was working in the garden. The weather was fine. I started my work at eleven o'clock in the morning.

Firstly I watered the grass and the flowers. I then uprooted (*déraciner*) the plants which were no longer beautiful, which were dying. Most of the flowers are beautiful and there are many colours in the garden: red, yellow, green, pink and orange.

My favourite flowers are the roses. Often I have won prizes at exhibitions (*aux expositions*) where I have displayed them.

I put some fertiliser (*l'engrais*) on them (*y*) before adding another litre of pure water. Now it was one o'clock in the afternoon,[1] I heard someone calling[2]. Lunch time!

1. page 142   2. page 148

D.

'Who is that girl?' asked Marie. 'I don't know her,' replied her friend Catherine. The two pupils were walking in the school yard when they had seen the new girl. They went over to her. 'Hello,' said Marie, 'who are you?' 'My name is Jeanne Leclerc,' replied the girl. 'Is this your first day in the school?' asked Catherine. 'Yes,' said Jeanne. 'What's it like?' 'Oh, we both like it very much,' said Marie, who had spent five years there. 'But there are many teachers who don't like it.' 'Why?' asked Jeanne, smiling. 'Because we annoy them too much,' said Marie. 'Oh, I see,' said Jeanne. 'Well, now that I know you, I'm sure that we'll be good friends. Do you know who I am? No? Well, (*eh bien*) I'm your new French teacher!'

E.

He awoke at 9.30 a.m. on Christmas Day. He washed himself, dressed[1] and went downstairs. The presents were under the tree. There were clothes, records, a bicycle and some very small parcels which could contain pens or books.

After breakfast, he went to Mass. The ground was covered with (*couverte de*) snow but it was not cold. Indeed, a pale sun was shining in the sky, giving out (*répandant*) a feeble heat.

At 1.30, lunch was served. There was an enormous turkey, some vegetables and a yule log (*la bûche de Noël*) to follow. During the afternoon, he watched the television while drinking a glass of beer. Once or twice the telephone rang: it was a friend wishing him a Merry Christmas. Despite this, the day was depressing: his wife had died three weeks ago[2] and he had no children.

1. page 144   2. page 130

F.
The autumn day had been warm; the sun had shone[1] Now it was
beginning to finish (*toucher à sa fin*). Soon the twilight came. We were
eating our dinner on the balcony of our country house, 300 kilometres
from Paris.

As we sat there drinking our wine, we all had our own special,
private thoughts. I was thinking about (*réfléchir sur*) the delightful day
which I had spent in the fields; I was also thinking about the beauty of
this peaceful evening.

In the west I could make out (*distinguer*) the blue mountains; the
sun was going down behind them.

Soon the winter would be here and there will be no more clear
autumn twilights. 'What a pity,' I thought. I drank the rest of my wine
and went back into the drawing room.

1. page 150

G.
It was now evening and I had been walking[1] for some hours. I wanted
to go to sleep, but it was not possible: the police were nearby searching
for[2] me. I decided to leave the road and go deep into (*pénétrer
profondément dans une forêt*) a nearby forest, where, perhaps, I could
rest for an hour or two.

On entering[3] I heard a loud cry like that of a girl, but I wasn't
sure. I hid behind a fallen tree and rested for a time. One hour later I
awoke and all was dark. Slowly[4] I stood up, looking into the darkness
(*le noir*).

I heard an animal who was breathing very close to me. I began to
run through (*à travers*) the forest, stumbling (*trébuchant*), falling,
crying out. All the time I could hear the animal which was following
me. At that moment I wished that the police would arrive[5] and arrest
me.

1. page 129   2. page 153   3. page 136   4. page 125   5. page 152

H.
One day Mr Smith decided to do some shopping. He parked his car in
front of the supermarket and went in (there). When he came out, he
found that he was late and he quickly put the messages in the car and
drove off (*s'en aller*).

He had been driving for about twenty minutes when he saw that
two police cars were behind him. He slowed down (*ralentir*) to let
them pass, and was very surprised when they stopped in front of him.

One of the policemen approached him and ordered: 'Get out of the
car!'[1] Mr Smith was puzzled, but he obeyed. He looked at the car and
knew immediately what was wrong (*ce qui n'allait pas*). He had been
in such a hurry to get home that he had taken someone else's car and
had left his own (*la sienne*) at the supermarket. What a disaster!

1. page 145

I.

The man stopped. Paul ran and opened the door where his father was standing, holding by the hand a little girl whom the children did not know and who looked very tired.

'Well, here we are at last,' said Monsieur Gérard. 'Come in, my dear, you must be cold.'[1] 'But who is she?' asked Madeleine. 'Where does she come from?'

'It is a long story; give us something to eat first, and I shall tell you everything when she is[2] asleep. All I can say now is that she is called Yvonne, that she is your cousin and that she has just[3] lost her parents.'

'Dinner is ready,' said Paul. Unfortunately, little Yvonne did not want to eat, saying that she was not hungry and, while the others were talking and eating, she remained silent and sad.

1. page 126 2. page 151 3. page 153

J.

He crossed the square in which his house stood and climbed the five or six steps. Old Françoise was already in the hall. 'There you are at last,' she cried. 'I got your letter a week after your departure and I have heard nothing[1] since. I have been anxious.'

'But I warned you that I would not return for several days. Go[2] and prepare a meal for us both. But first I must have a wash.' She could hear him singing in his bedroom while she worked in the kitchen. He seemed so happy to be home! After twenty minutes he came down again, smiling; he was carrying his green hat in his hand. As he opened the door he said to Françoise: 'I am going for a stroll in the town. When I come back[3] at mid-day, I'll tell you about the strange thing that happened at the farm two nights ago.'[4]

1. page 131 2. page 126 3. page 151 4. page 130

GRAMMAIRE

BASIC FUNCTIONAL GRAMMAR: ALPHABETICAL LISTING

The following grammar section is concerned with basic, functional grammar, and is therefore not exhaustive. Strong emphasis is laid on verbs, as these are the vital basis of any language. The section is divided alphabetically and includes at the end exercises to revise and strengthen what has been learnt in each of the sections.

The following abbreviations have been used:

    (m) = masculine
    (f) = feminine
    (s) = singular
    (p) = plural   hence (fp) = feminine plural

ADJECTIVES

Feminine

In a dictionary, the adjective is always given in its (ms) form. To make it feminine, one of the following rules will apply:

1. In most cases, the (f) is formed by adding -e.
        vert — verte
2. If the (m) already ends in -e, no change is required.
        jeune (m & f)
3. In some cases, we must double the last letter before adding -e.
        bon — bonne
        bas — basse
        cruel — cruelle
4. Adjectives ending in -x become -se.
        heureux — heureuse
5. Adjectives ending in -er become -ère.
        cher — chère
6. Those ending in -f become -ve.
        vif — vive
7. Those ending in -c become -che.
        blanc — blanche
8. Those ending in -et become -ète.
        complet — complète

9. Three (m) adjectives have a special form if they are followed by a (ms) noun beginning with a vowel or *h* mute.
   le nouveau jouet but *le nouvel assistant*
   le vieux livre but *le vieil homme*
   le beau garçon but *le bel animal*

10. Irregular feminines

beau — belle	*faux — fausse*
fou — folle	*long — longue*
public — publique	*vieux — vieille*
doux — douce	*favori — favorite*
frais — fraîche	*nouveau — nouvelle*
sec — sèche	

Place

1. Generally speaking, adjectives come after the noun but some common ones precede it.

bas	*joli*
beau	*long*
cher	*mauvais*
grand	*méchant*
gros	*petit*
haut	*pauvre*
jeune	*vieux*

2. There are some adjectives whose meaning varies according to whether they are placed before or after the noun:

Adjective	Before Noun	After Noun
cher	cherished	expensive
brave	good	courageous
pauvre	term of compassion	having no money
ancien	former, ex-	old
propre	own	clean

Plural

1. Generally, add *-s* to the singular.
   petit — petits
   grande — grandes

2. If the adjective ends in *-s*, or *-x*, no additional *-s* is required.
   gris (s & p)   *vieux* (s & p)

3. Adjectives ending in *-eau* take *-x* in the plural.
   beau — beaux   *belle — belles* (f)

4. Adjectives ending in *-al* take *-aux*.
   national — nationaux   *nationale — nationales* (f)

Comparison

Adjectives are compared by placing *aussi, plus,* or *moins* before the adjective and *que* after it.

Pierre est <u>aussi</u> grand <u>que</u> Jean.
Peter is <u>as</u> tall <u>as</u> John.

Marie est <u>plus</u> jolie <u>que</u> Jeanne.
Mary is <u>more</u> pretty (prettier) <u>than</u> Joan.

Ils sont <u>moins</u> intelligents <u>que</u> nous.
They are <u>less</u> intelligent <u>than</u> we are.

Elle est <u>la plus grande</u> élève de la classe.
She's the <u>tallest</u> girl <u>in</u> the class.

Il est le garçon le <u>plus intelligent</u> de la classe.

NB
In a negative sentence *aussi* becomes *si*.
Il n'est pas <u>si</u> beau <u>que</u> son frère.
He's not as handsome as his brother.

Irregular Comparisons

bon (good) — meilleur (better) — le meilleur (best, or the best)
mauvais (bad) — pire (plus mauvais — worse) — le pire (le plus mauvais — worst)
petit (small) — moindre (plus petit — smaller) — le moindre (le plus petit — smallest)

NB
1. Where an adjective normally comes before a noun (e.g. *grand*) it keeps this position in comparisons. Where the adjective normally follows the noun (e.g. *intelligent*), it continues to do so in comparisons.
2. The word *in* is translated by *de* in a superlative sentence (i.e. one which contains expressions like *the biggest, the best, the most intelligent*).
3. Before a numeral, *de* is used instead of *que*.
   Il a plus <u>de</u> cinq francs dans son porte-monnaie.
   He has more <u>than</u> five francs in his purse.

ADVERBS

Formation

1. To form an adverb from an adjective we take the feminine of the adjective and add the ending *-ment*.
   heureux — heureuse — heureusement
2. If the masculine adjective ends in a vowel, simply add *-ment*.
   vrai — vraiment
   absolu — absolument

Avancez en Français

3. If the masculine adjective ends in *-ant*, change the *-ant* to *-amment*.
   constant — constamment
   If it ends in *-ent*, change the *-ent* to *-emment*.
   prudent — prudemment
   Exception: lent — lente — lentement
4. The following adopt an *é*.
   énorme — énormément
   précis — précise — précisément
   profond — profonde — profondément
5. Irregular adverbs
   bon — bien
   mauvais — mal

Comparison

Adverbs compare in exactly the same way as adjectives.

rapidement — plus rapidement — le plus rapidement
sûrement — moins sûrement — le moins sûrement

The masculine singular form of the adverb is <u>always</u> used.

Elle s'habille le plus élégamment.
Ils courent le plus rapidement.

Irregular Comparisons

bien — well	mieux — better	le mieux — best
mal — badly	pire — worse	le pire — the worst

Place

The adverb, in general, follows immediately after the verb.

Il court vite.
Nous avons bien dormi.

ALLER + INFINITIVE:

To express 'to go and do something'.

Allez fermer les fenêtres.   Go and close the windows.
Il est allé chercher le médecin.   He went and fetched the doctor.
Allez faire vos devoirs.   Go and do your exercises.

AVOIR

Frequently used to express the English 'to be'. In these cases, it is followed by a noun, not an adjective, so there is no agreement with the subject. The following is a list of such expressions:

avoir__ans — to be__years old — Ma jeune soeur avait 16 ans quand elle a quitté l'école.

126

avoir chaud—to be hot—*En été on a très chaud.*

avoir froid—to be cold—*Sans son manteau, elle avait froid.*

avoir faim—to be hungry—*Même après avoir mangé, Pierre avait toujours faim.*

avoir soif—to be thirsty—*Sans eau, on aurait grand'soif.*

avoir besoin de—to need—*Tout le monde a besoin d'un ami fidèle.*

avoir peur—to be afraid—*Les enfants avaient peur de leur père cruel.*

avoir raison—to be right—*Quand l'élève a raison le professeur est content.*

avoir tort—to be wrong—*Tout le monde déclarait que Michel avait tort de dire cela.*

avoir envie de—to want—*Tard le soir on a envie de dormir.*

avoir sommeil—to be sleepy—*Après une journée de travail, l'ouvrier avait sommeil.*

avoir lieu—to take place—*La réunion aura lieu le 5 novembre à 7h30.*

avoir mal à—to have a pain in—*Henri a mal aux dents mais j'ai mal à la tête.*

avoir les cheveux blonds, noirs etc.—to have fair, dark hair etc.—*Il a les cheveux gris.*

CE: DEMONSTRATIVE ADJECTIVE

ce (ms) *ce garçon*
cette (fs) *cette femme*
ces (pl) *ces chiens, ces maisons*
cet (before ms beginning with vowel or *h* mute) *cet homme*

NB
1. Because each of the above words can mean two things (i.e. *this* and *that* in the singular and *these* and *those* in the plural) the addition of *-ci* or *-là* to the following nouns give the definite meaning of this/these and that/those.

   ce garçon-ci   *ces femmes-ci*
   ce garçon-là   *ces femmes-là*
2. Where this/that are not followed by a noun, we use *ceci/cela*.

   Qui a fait ceci?
   Regardez cela.

CELUI: DEMONSTRATIVE PRONOUN

celui (ms)
celle (fs)
ceux (mp)
celles (fp)

This is used to indicate:
1. Possession, i.e. the one(s) of

Mes gants et ceux de Marie (those of) *J'aime mieux ta voiture que celle de Jean* (that of).

2. The one(s) who, which

    Qui est-ce? C'est celle que j'ai vue hier.
    Quels livres? Ceux que j'ai achetés tout récemment.

NB

1. By adding *-ci* or *-là* to the above, this one/that one, these ones/those ones are derived, e.g.: *Que faisaient ces messieurs? Celui-ci regardait la télévision, celui-là lisait le journal. Quelles assiettes? Celles-ci? Non, celles-là.*
2. Consequently, *-ci* means the latter, *-là* means the former, e.g.: *Les deux fillettes étaient à la maison. Celle-ci écoutait la radio, celle-là écrivait une lettre.*

COUNTRIES, LANGUAGES, INHABITANTS, TOWNS

La France	*le français*	*un(e) Français(e)*
France	French	a Frenchman—woman

Ireland: *L'Irlande (f)—l'irlandais—un Irlandais*
England: *L'Angleterre (f)—l'anglais—un Anglais*
Germany: *L'Allemagne (f)—l'allemand—un Allemand*
Italy: *L'Italie (f)—l'italien—un Italien(ne)*
Spain: *L'Espagne (f)—L'espagnol—un Espagnol*
Japan: *Le Japon—le japonais—un Japonais*
Brazil: *Le Brésil—le portugais—un Brésilien(ne)*
United States: *Les États-Unis (m)—l'anglais—un Américain*

1. From—*de: Nous sommes retournés de Suisse*, but, *Il est revenu du Canada*, a masculine country.
2. 'To' or 'in' with a feminine country—*en: En France il y a 55 millions d'habitants.*
    With a masculine country, it is *au* (or *aux*): *L'année dernière mon père est allé au Mexique: aux États-Unis.*
3. 'To', 'in' or 'at' with a town is *à: A Paris on peut voir la Tour Eiffel.*

DAYS AND DATES

The Days of the Week

lundi, mardi, mercredi, jeudi, vendredi, samedi, dimanche

1. The days are all masculine.
2. They are written with a small letter except at the beginning of a sentence.
3. 'On' is not translated except if the day is plural.
    lundi—on Monday   *le lundi*—on Mondays.

The Seasons

> *le printemps, l'été, l'automne, l'hiver.*

1. Like the days of the week, these are masculine and written with a small letter.
2. 'In' is *au* for Spring and *en* in all other cases
   au printemps — in Spring   *en été* — in Summer

The Months

> *janvier, février, mars, avril, mai, juin, juillet, août, septembre, octobre, novembre, décembre*

1. All are masculine and written with a small letter.
2. 'In' is expressed in two ways: *au mois de, en.*

> *Il va arriver au mois de janvier mais elle est partie en décembre.*

The Date

The 'first' is *le premier: le premier mai* — the first of May. All other dates use the following simple formula: *le deux mars, le trois juin, le dix novembre.*
1. There is no *l'* for *le huit* and *le onze: il y est allé le onze août.*
2. 'On' is never expressed: *L'exposition aura lieu le huit juin.*
3. The year may be expressed in two ways:

> In 1978 { *en mil neuf cent soixante-dix-huit*
>   { *en dix-neuf cent soixante-dix-huit*

DEPUIS

To express the English of 'How long has one been doing something?' *depuis* plus the Present Tense is used.
> *Depuis quand êtes-vous ici?*   How long have you been here?
> *Je suis ici depuis 3 jours.*   I have been here 3 days.

When we wish to express 'How long had. . .', *depuis* plus the Imperfect is used.
> *Depuis quand travaillait-il à l'usine?* or *Depuis combien de temps travaillait-il à l'usine?*
> How long had he been working at the factory?

DIMENSIONS

These are expressed by the following formula:
> *Cette salle a 10 mètres de long sur 8 de large sur 4 de haut.*

1. *Avoir* is used to express 'is'.
2. Long is *de long* etc.
3. By — *sur.*

DISTANCE

Distance from is *de*, but the actual distance is always preceded by *à*.
Il habite à deux kilomètres de l'école.

NB
Quelle est la distance de Paris à Bordeaux?
How far is it from Paris to Bordeaux?

IMPERSONAL VERBS

Impersonal verbs are verbs which only occur in the *il* person (*il pleut* —
it's raining).

1. The Weather (*Le Temps*):
    Il fait beau (it's fine).
    Il fait mauvais (it's bad).
    Il fait froid (cold).
    Il fait chaud (warm).
    Il fait du vent (windy).
    Il fait du brouillard (foggy).
    Il pleut (it's raining).
    Il neige (snowing).
    Il gèle (freezing).
2. There is, are:
    Il y a (There is, are) *six pièces dans ma maison.*
    Il y avait (There was, were) *beaucoup de monde dans la rue.*
    Il y aura (There will be) *un match de football demain.*
    Il y a eu (There has been) *un accident!*
3. Note the following:
    Il est une heure (It's one o'clock).
    Il y a trois jours (Three days ago).
    Il faut que (It is necessary that, one must) *je travaille dur.*
    Il s'agit de (It's a matter of . . .) *faire de son mieux.*
    Il paraît que (It appears that . . .) *les Français mangent
    bien.*

INTERROGATIVE ADJECTIVE: QUEL

Quel (ms)   *Quelle* (fs)   *Quels* (ms)   *Quelles* (fp)

What or which?
    Quel est votre nom?
    Quelles sont vos idées?
Used without the verb, it has an exclamatory effect.
    Quelle belle fille! What a beautiful girl!

130

INTERROGATIVE OF VERBS

The question form with verbs is: verb followed by the subject pronoun.

> *Comprenez-vous ce qu'il dit?*

Another form is: *est-ce que* followed by the pronoun, then the verb.

> *Est-ce que vous comprenez ce qu'il dit?*

NB

When the subject is a noun, one of the following formulae must be used:

> *Votre père est-il vieux?*
> *Est-ce que votre père est vieux?* } Is your father old?

MIEUX AND MEILLEUR(E)(S)

Both mean 'better'. The difference is that *mieux* is an adverb and therefore qualifies a verb.

> *Elle court mieux.*

Meilleur is an adjective and qualifies a noun.

> *C'est la meilleure élève de la classe.*

NEGATION

1. *Ne . . . pas* is the most commonly employed negative — not: *Je ne l'aime pas.*
2. *Ne . . . point* is an emphatic *ne . . . pas*. It means 'not at all': *Je n'en ai point.*
3. *Ne . . . aucun(e)* — no, not any: *Il n'a entendu aucun bruit. Il n'y avait aucune voiture devant la maison.*
   As a subject, the order is reversed: *Aucune fenêtre n'était ouverte.*
4. *Pas un(e)* — not a: *Pas un homme n'est arrivé.*
5. *Ne . . . jamais* — never: *Je n'y suis jamais allé.*
   As a single word answer: *Avez-vous visité la cathédrale? Jamais.*
   Without *ne*, it has a positive sense: *A-t-il jamais fait du camping* — Has he ever. . .
6. *Ne . . . plus* — no more, no longer: *Je n'ai plus d'argent. Je ne leur écris plus.*
7. *Ne . . . que* — only: *Nous n'avons que dix francs.*
8. *Ne . . . personne* — nobody: *Je n'y ai vu personne* (note the position of *personne*).
   When the subject is required, the following order is adopted: *Personne n'habite là.*
   Standing alone, *personne* means 'nobody': *Qui était là? Personne.*
9. *Ne . . . rien* — nothing: *Il n'avait rien à faire: Il n'a rien mangé.*
   The subject form is: *Rien ne m'amuse.*
   Rien can also stand alone: *Qu'avez-vous mangé? Rien.*

10. *Ne . . . ni . . . ni*—neither . . . nor: *Je n'aime ni les chats ni les chiens.*
11. *Ne . . . guère*—hardly: *Il n'avait guère la force de parler.*
12. To negate an infinitive, both negation words precede it: *Je leur ai dit de ne pas parler.*

NB

1. *Pas* is replaced by the second word (e.g.: *Rien, jamais,* etc.) in the above negations, i.e., it is not used in conjunction with them.
2. Negatives may be combined: *Nous n'avons plus rien à vous dire.*

NOUNS

Plurals

1. To make a noun plural, we normally add -*s: le garçon, les garçons.*
2. Nouns ending in -*eau* give -*eaux* in the plural: *le manteau, les manteaux.*
3. Those in -*eu* give -*eux: le jeu, les jeux.*
4. -*al* gives -*aux: le cheval, les chevaux.*
5. -*ou* gives -*ous: le clou, les clous.*
   There are a few exceptions to this rule:
   > *le caillou—les cailloux*
   > *le genou—les genoux*
   > *le bijou—les bijoux*
   > *le chou—les choux*
   > *le hibou—les hiboux*
6. Miscellaneous plurals include:
   > *un oeil—les yeux*
   > *le ciel—les cieux*
7. Nouns ending in -*s,* -*x,* -*z* remain unchanged in the plural.

Feminine Forms

Some nouns have the same form, but a different article, for both genders: *un (une) enfant; un (une) élève; un (une) camarade; un (une) domestique; un (une) concierge.*

Otherwise, feminine nouns follow the same rules as for adjectives:

Masculine	Feminine
l'artiste	l'artiste
le marchand	la marchande
le fermier	la fermière
le danseur	la danseuse
le Canadien	la Canadienne

The following are exceptions to this, as the masculine and feminine are unrelated words:

Masculine	Feminine
le mari	*la femme*
le neveu	*la nièce*
le roi	*la reine*
le garçon	*la serveuse* (waitress)
le compagnon	*la compagne*

NB
The only satisfactory way to know the gender of a noun is to learn it. However, as a rough guide, one can say that nouns ending in -*e* mute are feminine.

NUMBERS

1. *Ordinal:* un(e); deux; trois; quatre; cinq; six; sept; huit; neuf; dix; onze; douze; treize; quatorze; quinze; seize; dix-sept; dix-huit; dix-neuf; vingt; vingt et un; vingt-deux; trente et un; trente-deux; quarante et un; cinquante et un; soixante et un; soixante et onze; soixante-douze; soixante-treize; soixante-dix-neuf; quatre-vingts; quatre-vingt-un; quatre-vingt-dix; quatre-vingt-dix-neuf; cent; cent un(e); cinq cents; cinq cent vingt; mille; cinq mille; un million (de).

NB
(*a*) No *et* after 71: *J'ai soixante et onze francs mais mon frère en a quatre-vingt-un.*
(*b*) There is no *s* on *quatre-vingt* or *cent* when they are followed by another number: *Deux cents garçons et trois cent cinq filles étaient là.*

2. *Cardinal:* premier; première; deuxième; troisième; cinquième; neuvième; vingt et unième.

3. *Fractions:* 1/2 — la moitié; 1/3 — le tiers; 1/4 — le quart; 3/8 — trois huitièmes.

PARTITIVE ARTICLE

The form of the full partitive article is: *du* (ms), *de la* (fs), *de l'* (sing. noun, vowel or *h* mute), *des* (mp and fp). Even when it is omitted in English, as is frequently the case, it must be used in French: 'He drank lemonade' must be written as: *Il a bu de la limonade.*
But *de*(*d'*) alone is used in the following cases:
1. After a negative: *Je n'ai pas de tabac.*
2. After an expression of quantity: *Il a pris un verre de vin.*
3. When, in the plural, an adjective precedes a noun: *Devant nous il y avait de hautes montagnes, de grands champs et des vallées charmantes.*

PASSIVE VOICE

There are three ways of expressing the Passive in French.
1. Following the English way:
    (*a*) He was injured by a horse.
    Il a été blessé par un cheval.
    (*b*) The mouse was killed by the cat.
    La souris a été tuée par le chat.

The Passive is thus made up of *être* + the past participle, which is used as an adjective — see (*b*) above. Note the use of the *par* to translate 'by'.

2. Using *on* + Active voice.
    I was invited
    On m'a invité
This is probably the commonest way of expressing the Passive in French. It must be used in the following cases.
    (*a*) I was told
    On m'a dit
    (*b*) We were given the money
    On nous a donné l'argent.
In these cases the French verb takes an indirect object (i.e. it's followed by *à*) and so cannot be used passively.
Other examples taking indirect object:
    Demander à (to ask)
    Défendre à (to forbid)
    Permettre à (to allow)
    Promettre à (to promise)

3. The Passive can also be expressed by a reflexive verb
    Il s'appelle Jean (He is called . . .).
    Cela se fait (*se dit*) (That is done, said).
    Le magasin se ferme à 6 heures (The shop is closed at six).
    Les journaux se vendent partout (Papers are sold everywhere).

POSSESSIVE ADJECTIVES

Masculine	Feminine	Plural
mon	*ma*	*mes* (my)
ton	*ta*	*tes* (your, singular)
son	*sa*	*ses* (his, her)
notre	*notre*	*nos* (our)
votre	*votre*	*vos* (your, plural)
leur	*leur*	*leurs* (their)

NB
1. The masculine form is used before a feminine singular beginning with a vowel: *mon assiette, ton histoire, son école.*
2. All possessive adjectives agree with the nouns they qualify, not with the gender of the possessor. This is especially important with *son/sa,* both of which mean his and her.

Il regarde sa fille. He looks at his daughter.
Elle aime son fils. She loves her son.

POSSESSIVE PRONOUN

Masculine Singular	Feminine Singular
le mien	la mienne (mine)
le tien	la tienne (yours)
le sien	la sienne (his/hers)
le nôtre	la nôtre (ours)
le vôtre	la vôtre (yours)
le leur	la leur (theirs)

Masculine Plural	Feminine Plural
les miens	les miennes
les tiens	les tiennes
les siens	les siennes
les nôtres	les nôtres
les vôtres	les vôtres
les leurs	les leurs

These words are used to replace the combination of the possessive adjective plus a noun.

Il a mis son chapeau, j'ai mis le mien.
Nous aimons nos parents, ils aiment les leurs.
Elle a sa voiture, Pierre a la sienne.

PRESENT PARTICIPLE OF VERBS

Formation

1. We take the *nous* person of the Present Tense.
2. Then we drop the *-ons* ending.
3. Finally we add *-ant*.

   nous faisons — fais<u>ant</u> (doing)

   <u>Exceptions</u>: *être* (*étant*), *avoir* (*ayant*), *savoir* (*sachant*)

Usage

1. <u>As an adjective:</u>
   When the Present Participle is used as an adjective, it agrees with its noun
   l'eau courante (running water)

   Other Present Participles often used as adjectives:
   amusant; brûlant (burning); *intéressant* (interesting)

2. <u>As a verb:</u>
   The Present Participle used as a verb is invariable.

Les deux femmes étaient dans la cuisine, parlant à leurs enfants (. . . talking to . . .)

In general, French uses Present Participles less frequently than English.

We saw two men crossing the road
Nous avons vu deux hommes qui traversaient la rue.

3. <u>En + Present Participle:</u>
   En + Present Participle expresses on (doing), by (doing), when (doing), while (doing)

   (*a*) *En voyant l'agent, le voleur se sauva.*
   (On seeing . . .)
   (*b*) *Vous réussirez en travaillant*
   (You'll succeed by working)
   (*c*) *Il a souri en lisant le livre*
   (. . . while reading the book)

4. Note the following
   Monter en courant (to run up)
   Descendre en courant (to run down)
   Traverser en courant (to run across)
   Sortir en courant (to run out)

   En is the only preposition which can take the Present Participle.
   Commencer par   To begin by ⎫
   Finir par   To finish by ⎬   + INFINITIVE

   Il a commencé par dire que . . .
   He began by saying . . .
   Elle a fini par accepter
   She accepted in the end.

   Finir and Commencer (and other verbs of 'beginning' or 'ending')
   are the only verbs which take *par* before an Infinitive.

PRONOUNS

Demonstrative Pronouns

celui (ms)   *celle* (fs)   *ceux* (mp)   *cellcs* (fp)

Usage: Examine the following:

This isn't my bicycle, it's Peter's.
Ce n'est pas ma bicyclette, c'est celle de Pierre. (that of Peter)
Quelle maison préférez vous? Celle-ci ou celle-là?
This one or that one?
Ceux qui travaillent dur réussiront.
Those who work hard will succeed.

So, *celui, celle* etc. can mean:
the one of . . . (+ *de*)

this one, that one (when linked with -*ci*,-*là*)
he who (*celui qui*), she who (*celle qui*)
those who/which (*ceux qui*)

Note that *celui* never appears alone, but linked to -*ci*, -*là*, *de; qui/que*
as follows:

$$\left.\begin{matrix} celui \\ celle \end{matrix}\right\} \; \text{-}ci \quad \left.\begin{matrix} celui \\ celle \\ ceux \\ celles \end{matrix}\right\} de \quad \left.\begin{matrix} celui \\ celle \end{matrix}\right\} qui$$

$$\left.\begin{matrix} ceux \\ celles \end{matrix}\right\} \; \text{-}là \qquad\qquad \left.\begin{matrix} ceux \\ celles \end{matrix}\right\} que$$

Other examples

(a) *A quelle école va-t-elle? A celle du village* (the one in the village)

(b) *Que pensez-vous de ceux qui sont ici?* (Those who are here)

(c) *Donnez-moi votre livre et celui de votre frère.* (. . . and your brother's)

(d) *Voici deux autos. Celle-ci est rouge, celle-là est blanche.* (This one is red, that one is white)

(e) *Quelles fleurs? Celles que je regarde* (Those which, the ones which . . .)

Direct and Indirect Object Pronouns

me — me/to me	*le* — him/it	*lui* — to him/to her	*y* — there
te — you/to you	*la* — her/it	*leur* — to them	*en* — of it,
nous — us/to us	*les* — them		of them,
vous — you/to you			some

Il m'écrit. Nous lui donnons de l'argent. Elle y va.

NB
1. All these pronouns are placed immediately before the verb. In the *passé composé* this means before the auxiliary verb, when care must be taken to observe the preceding direct object rule: *Henriette les y a vus.*

2. Where there is more than one pronoun in a sentence, the order as given above must be followed: *Jean la lui a donnée.*

3. If there is more than one verb in a sentence, the pronouns will be placed before the verb to which they apply. In practice, this will usually be the last verb: *Nous allons les rencontrer. Je veux aller la voir.*

4. When there is a positive command, pronouns will follow the verb, separated by hyphens, in the order normal in English: *Parlez-lui-en.* Additionally, *me* will change to *moi*, *te* to *toi*: *Donnez-le-moi.* In negative commands, rules 1–3 above apply: *Ne me le donnez pas.*

5. *En* has a much wider application than is generally appreciated. It will be the resulting pronoun of any noun governed by *de* or any form of *de.*

Il est sorti de sa maison . . . Il en est sorti.
A-t-il des frères? Oui, il en a deux.
Vous souvenez-vous de cette maison-là? Oui, je m'en souviens.

Disjunctive Pronouns

These are so called because they are not joined to the verb.

moi	*nous*
toi	*vous*
lui	*eux*
elle	*elles*

They are used as follows:
1. With *chez: Il arrive chez lui/chez le boucher.*
2. With prepositions: *Il s'en va avec eux.*
3. For emphasis: *Moi, je ne veux pas y aller.*
4. As a one word pronoun answer to a question: *Qui a fait cela? Lui.*
5. In comparisons: *Il est plus intelligent qu'elle.*

Interrogative Pronouns

1. **Who? (subject)**
   Qui fait ce bruit?
   (or *Qui est-ce qui fait ce bruit?*)

2. **Whom? (object)**
   Qui regardez-vous?
   (or *Qui est-ce que vous regardez?*)

3. **Whom? (with a preposition)**
   A qui parlez-vous?
   De qui parlez-vous?

4. **What? (subject)**
   Qu'est-ce qui fait ce bruit?

5. **What? (object)**
   Qu'est-ce que tu vois?
   (or *Que vois-tu?*)

6. **What? (with a preposition)**
   Avec quoi mange-t-on?
   De quoi parlez-vous?
   Dites-moi en quoi je peux vous aider.

How would we translate the above three sentences? Note that after a preposition we use *qui* for people, *quoi* for things.

Relative Pronouns

Qui and *que* (who, which, that, whom)

Examine the following two sentences
1. *La femme, qui a les yeux bleus, est très belle*
2. *Où est la lettre que j'ai laissée sur la table?*
   In sentence 1, *qui* is the subject of its own clause.
   In sentence 2, *que* is the object of its clause.

Other examples:
> *Le monsieur qui parle est très intelligent.*
> *Le monsieur que vous écoutez est très intelligent.*
> *Le livre qu'il aime.*
> *La maison qui est jolie.*

NB

Que is shortened to *qu'* before a vowel or *h* mute; *qui* is <u>never</u> shortened.

Dont (whose, of whom, of which)

1. *L'homme dont je parle (Parler de —* to talk of, about)
   The man of whom (about whom) I'm talking
2. *La femme, dont le fils est malade, est allé le voir à l'hôpital.*
   (. . . whose son is ill . . .)
3. *Soudain j'ai vu la maison dont la porte était ouverte.*
   (. . . whose door was open)

Dont always stands first in its own clause.

> *Un magasin, dont j'ai oublié le nom* . . . (whose name I have forgotten)

The order in French is: *Dont* + Subject + Verb + Object

Lequel (ms)   *Laquelle* (fs)   *Lesquels* (mp)   *Lesquelles* (fp)
(which)

Lequel is used mainly after a preposition.

> *Le stylo avec lequel j'écris* (with which).
> *La maison dans laquelle il y a six pièces* (in which).
> *Les nuages, sous lesquels volait l'avion* (under which).

NB

Lequel must agree with the noun for which it stands. Check that this is so in the examples above.

NB

Lequel is sometimes used without a preposition to mean 'which (one)'? 'what (one)'?

> *Regardez cet homme. Lequel?* (which one)?
> *Vous pouvez avoir la pomme ou l'orange. Laquelle voulez-vous?* (which do you want?)
> *Auquel* (ms)   *à laquelle* (fs)   *auxquels* (mp)   *auxquelles* (fp)
> (to which)

Auquel etc. is simply *à* + *lequel*

> *Les questions auxquelles je réponds* . . . (to which I reply)

> *Duquel* (ms)   *de laquelle* (fs)   *desquels* (mp)   *desquelles* (fp)
> (of which)

Duquel etc. is simply *de* + *lequel.*

> *Le jardin au milieu duquel il y a un lac* (. . . in the middle of which . . .)

Lequel, Auquel, Duquel generally don't refer to persons:

> *L'homme, à qui je donne l'argent* (. . . to whom)
> *La femme, avec qui je suis parti* . . . (with whom)

Ce qui   *Ce que* ('what' when it means 'that which')

Ce qui

Ce qui se passe . . . (what is going on)
Je ne sais pas ce qui est tombé (. . . what fell)

Ce que

Il m'a dit ce qu'il savait (. . . what he knew)
J'ai chaud. Ce que je veux, c'est une glace. (What I want is an ice-cream)

NB
In each case above we could substitute 'that which' for 'what'. If we can do this, we would generally use *ce qui* (Subject) or *ce que* (Object).
Tout ce qui, Tout ce que (everything which, that) are important expressions

Elle oublie tout ce qu'on lui apprend (. . . everything that she's taught)
Tout ce que je veux. . . (All I want)
Elle m'a dit tout ce qui s'est passé (. . . everything that happened)

QUANTITY

Common expressions of quantity followed by *de:*
enough: *assez* — *Il a acheté assez de pain pour le repas.*
a lot: *beaucoup* — *Au dîner, Marie mange beaucoup de fromage.*
how much ⎫
how many ⎬ *combien* — *Combien de personnes y a-t-il dans la salle?*
less: *moins* — *Il y a moins de place dans une voiture que dans un train.*
few, little: *peu* — *A la représentation de la pièce, on voyait très peu de monde.*
more: *plus* — *Nous avons coupé plus de bois que notre voisin.*
so many: *tant* — *Jean fait tant de bruit que je ne peux pas m'endormir.*
too much ⎫
too many ⎬ *trop* — *Aujourd'hui, tout le monde dépense trop d'argent.*

NB
1. Several: *plusieurs* (m) and (f) — *Dans le cinéma il y avait plusieurs hommes et plusieurs femmes.*
2. *La plupart de (s)*: most, the majority — *La plupart des gens sont aimables. La plupart du temps il reste chez lui.*
3. Some, a few: *quelques* — *Quelques minutes après, il est parti.*

SUBJUNCTIVE — PRESENT

Usage

The Subjunctive is a form of the verb which must be used in French under certain conditions. These are listed below.

Formation

1. We take the third plural of the Present Tense
2. Then we cut off the -*ent* ending
3. Finally we add the Subjunctive endings:

    -e, es, -e, -ions, -iez, -ent
    finir — ils finissent — je finisse (Subjunctive)
    mettre — ils mettent — je mette

A few verbs have an irregular Present Subjunctive.

    avoir, être, aller, faire, pouvoir, vouloir, savoir.

These may be found in the Verb Table.

Common Uses

1. After *il faut que* (*il est nécessaire que*).
    Il faut que tu dises la vérité.
    (lit. It is necessary that you tell the truth)

2. After these conjunctions:

    bien que ⎫ although   *pour que* ⎫ so that,
    quoique ⎭   *afin que* ⎭ in order that

    avant que and *ne* in front of verb — before
    jusqu'à ce que — until
    sans que — without
    pourvu que — provided that
    à condition que — on condition that

    (a) *Quoiqu'il soit fatigué il doit travailler.*
        Although he is tired . . .
    (b) *Donnez-moi de l'argent afin que je puisse acheter le pain.*
        . . . so that I can buy.
    (c) *Je veux vous voir avant que vous ne partiez.*
        . . . before you leave
    (d) *Attendez jusqu'à ce qu'il revienne.*
        Wait until he comes back.

3. Occasionally we can avoid the Subjunctive. In the third sentence above we could say: *Je veux vous voir avant votre départ.* And in the fourth we could say: *Attendez son retour.*

4. The Subjunctive is used after verbs of <u>wishing</u>, <u>feeling</u>, <u>emotion</u> such as:

    vouloir que (to wish that)
    désirer que
    préférer que ⎫
    aimer mieux que ⎭ (to prefer that)
    regretter que (to be sorry that)
    s'étonner que (to be surprised that)
    être content (*désolé, étonné, fâché*) *que* (to be happy, sorry, surprised, angry that)
    avoir peur que . . . *ne* (to be afraid that)

(a) *Je veux qu'elle parte* (I want her to go away)

(b) *Il regrette que ta soeur soit malade* (. . . that your sister is ill)

(c) *Ils sont fâchés que j'aie mangé tout le gâteau* (. . . that I have eaten . . .)

(d) *J'ai peur que vous ne manquiez le train*
(I'm afraid you'll miss the train)

5. The Subjunctive is used after verbs of possibility or doubt:
    Il est possible (impossible) que
    Je doute que (I doubt that)
    Je ne crois pas que . . . (I don't think that)
    (a) *Il est possible qu'il vienne* (. . . that he'll come)
    (b) *Il doute que j'aie compris* (. . . that I've understood)

6. The Subjunctive is used in a clause following a superlative: (*le meilleur, le premier, le dernier etc.*)
    (a) *C'est le meilleur film que j'aie jamais vu.*
       It's the best film I ever saw, have ever seen.
    (b) *Dupont est l'homme le plus intelligent que j'aie jamais rencontré.*
       Dupont is the most intelligent man I have ever met.

7. If the subject is the same in both clauses do not use the subjunctive.
    (a) *Je veux aller:*
    (b) *J'ai peur de tomber* (not *J'ai peur que je ne tombe*).

TIME BY THE CLOCK

Quelle heure est-il? is used to ask what the time is. The response is as follows:

> Il est une heure; il est deux heures; il est trois heures et quart; il est quatre heures et demie; il est cinq heures moins le quart; il est six heures cinq; il est sept heures dix-neuf; il est huit heures moins vingt-trois; il est midi; il est minuit.

1. Half-past is expressed as *et demie* except after *midi* and *minuit*. In these cases it is *et demi: Venez après midi et demi.*
2. 'Towards' or 'about' is *vers: Vers une heure cinq on a frappé à la porte.*
3. In the morning—*du matin: Je me suis réveillé à trois heures du matin.* Similarly, *3h. de l'après-midi*—3 in the afternoon; *8h. du soir*—8 in the evening.
4. When no time is mentioned:
    in the morning—*le matin*
    in the evening—*le soir*
    in the afternoon—*l'après-midi*
5. Miscellaneous expressions of time
    à six heures précises—at exactly six o'clock
    Sa montre marquait trois heures—His watch showed . . .

Grammaire: alphabetical listing

Elle a mis son réveil sur huit heures — She set her alarm-clock for . . .

TOUT: ALL, EVERY, THE WHOLE

tout (ms)   *toute* (fs)   *tous* (mp)   *toutes* (fp)

J'ai fait tout mon devoir.
Elle a mangé toute la pomme.
Tout le monde (lit. all the world) — everyone (+ verb in third person singular)

1. On its own, *tout* means everything: *Il croit tout savoir.*
2. *Tout* before an adjective, meaning 'all', 'quite' or 'completely', agrees with its adjective only if it is feminine and begins with a consonant. In all other cases *tout* alone is used
   Ils étaient tout seuls.
   Elles étaient toutes seules.
   Elles étaient tout étonnées.

VERB TENSES

The Present Tense

Usage

The Present Tense of a verb is used to tell what is happening *now*, in the present, e.g. 'I am eating' or what happens habitually, e.g. 'I eat bread every day'. Whereas we have two forms of the Present Tense in English, we have only one in French. So *je mange* means both 'I eat' and 'I am eating'.

Formation

There are three main groups of French verbs, classified according to the endings of their infinitives. These are: *-er* verbs, *-ir* verbs, *-re* verbs. Apart from these there are quite a few which don't follow the rules which we will set out for our three main groups.
1. Verbs in *-er*.   Example: *chanter* (to sing)
   Present Tense   *Je chante*   *Nous chantons*
                   Tu chantes   *Vous chantez*
                   Il/Elle chante   *Ils/Elles chantent*
   Rule: To form the Present Tense of all regular *-er* verbs we firstly remove the *-er* ending from the Infinitive. Then we add the endings *-e, -es, -e, -ons, -ez, -ent* to form the six persons. Look back on *chanter* to verify this rule.

2. Verbs in *-ir*. Example: *finir* (to finish)
   Present Tense   *Je finis*   *Nous finissons*
                   Tu finis   *Vous finissez*
                   Il/Elle finit   *Ils/Elles finissent*

143

Rule: To form the Present Tense of all regular *-ir* verbs, we firstly remove the *-r*. Then we add the endings *-s, -s, -t, -ssons, -ssez, -ssent,* to form the six persons.

3. Verbs in *-re.* Example: *vendre* (to sell)

Present Tense		
Je vends		*Nous vendons*
Tu vends		*Vous vendez*
Il/Elle vend		*Ils/Elles vendent*

   Rule: To form the Present Tense of all regular *-re* verbs we firstly remove the *-re.* Then we add the endings: *-s, -s,* (none), *-ons, -ez, -ent* to form the six persons.

4. Irregular Verbs (i.e. those not following the above rules) and verbs which have certain peculiarities may be found in the Verb Table.

5. Reflexive Verbs: These are so called because the action which they express *reflects* back on the subject e.g. *Se laver* (to wash oneself), *se coucher* (to lay oneself down, i.e. to go to bed) etc. The Present Tense of a typical reflexive verb (e.g. *se demander,* to ask oneself, i.e. to wonder) is:

   > *Je me demande*
   > *Tu te demandes*
   > *Il/Elle se demande*
   > *Nous nous demandons*
   > *Vous vous demandez*
   > *Ils/Elles se demandent.*

NB
s'approcher (to approach)
   > *Je m'approche*
   >
   > *Tu t'approches*
   > *Il/Elle s'approche*
   > *Ils/Elles s'approchent.*

The *e* of *me, te, se* also disappears before a *h* mute (e.g. *s'habiller,* to dress oneself)

6. Present Interrogative: We have two ways of asking a question in French
   (a) The use of *Est-ce que* . . . ? (literally 'Is it that . . . ?'') at the beginning of a sentence: *Jean aime le café. Est-ce que Jean aime le café?* (Does John like coffee?)
   (b) By inverting subject and verb: *Vous partez ce soir. Partez-vous ce soir?* Note the order here: *Le garçon mange le gâteau. Le garçon mange-t-il le gâteau?* (Does the boy eat the cake?)

NB
Aime-t-il le café? Here the insertion of a *t* keeps the two vowels *e* and *i* apart and thereby makes the sentence easier to say.

In spoken French questions are often asked by the tone of the speaker rather than by methods (*a*) and (*b*) above: *Vous partez ce soir?* can be a question if it is said in a 'questioning' tone.

7. Negative: To make a verb negative we simply put *ne* (*n'*) before it and *pas* after it
    (*a*) *Paul va à l'école.*
    Paul ne va pas à l'école.
    Paul isn't going to (doesn't go to) school.
    (*b*) *Nous aimons le café.*
    Nous n'aimons pas le café.
    We don't like coffee.
    (*c*) *Je me couche.*
    Je ne me couche pas.
    I'm not going to bed.

8. Interrogative Negative: Note the forms
    (*a*) *Est-ce qu'il n'aime pas le café?*
    (*b*) *N'aime-t-il pas le café?*
    (*c*) *Il n'aime pas le café?* (spoken) Doesn't he like coffee?

9. The Imperative: This is the form we use to give orders:
    (*a*) *Donne le livre à Jacques.* Give the book to Jack.
    (*b*) *Écoutez le professeur.* Listen to the teacher.
    (*c*) *Allons le voir.* Let's go and see him.

NB
    (*a*) Commands are normally given in the second person singular and plural, and in the first person plural.
    (*b*) Note in (*a*) above that we drop the *-s* of (*tu*) *donnes* to make it imperative. This applies only to *-er* verbs.
    (*c*) Imperative Negatives follow the normal rule: *Ne donnez pas le livre à Jacques.*
    (*d*) Reflexive Imperative: *Couche-toi!* (note *toi* not *te*); *Couchons-nous! Couchez-vous!*

Le Passé Composé (Perfect Tense)

Usage
The *Passé Composé* (or Perfect Tense) is used in French to relate actions which have been completed in the past. It is always used in conversation, letter-writing and in personal accounts of recent events.

Formation
1. *Le Passé Composé* with *Avoir:* The *passé composé* is so called because it is composed of two elements: the Auxiliary verb (always either the present tense of *Avoir* or *Être*) and the Past Participle. The auxiliary for most verbs is *avoir*. We shall see later when to use *être*.

<u>Forming the Past Participle:</u>

      (a) Verbs in *-er:* To form the Past Participle of verbs in *-er*, we change the *-er* ending to *-é: Donner—Donné* (given); *Aller—Allé* (gone).

      (b) Verbs in *-ir:* To form the Past Participle of verbs in *-ir* we simply drop the final *-r: saisir—saisi* (seized); *finir—fini* (finished).

      (c) Verbs in *-re:* To form the Past Participle of verbs in *-re* we change the *-re* to *-u: vendre—vendu* (sold); *descendre—descendu* (descended).

Now putting our two elements together to form the *Passé Composé* of, say, *Donner* we get:

    J'ai donné (I gave, have given)
    Tu as donné (you gave, have given)
    Il a donné (he gave, has given)
    Elle a donné (she gave, has given)
    Nous avons donné (We gave, have given)
    Vous avez donné (You gave, have given)
    Ils ont donné (They gave, have given)
    Elles ont donné (They gave, have given)

Notice that on the left-hand side we have the present tense of *avoir*, on the right we have the past participle of *donner*.

In the same way we get: *J'ai saisi, J'ai vendu* etc.

The following list of common irregular past participles should be noted:

avoir—eu	*falloir—fallu*
être—été	*lire—lu*
ouvrir—ouvert	*mettre—mis*
conduire—conduit	*mourir—mort*
craindre—craint	*naître—né*
recevoir—reçu	*pouvoir—pu*
asseoir—assis	*prendre—pris*
boire—bu	*rire—ri*
connaître—connu	*savoir—su*
courir—couru	*suivre—suivi*
croire—cru	*tenir—tenu*
devoir—dû	*venir—venu*
dire—dit	*vivre—vécu*
écrire—écrit	*voir—vu*
faire—fait	*vouloir—voulu*

2. *Le Passé Composé* with *Être:* A number of common verbs take *être* as their auxiliary:

aller	monter	rester	venir
arriver	mourir	retourner	devenir
descendre	naître	sortir	parvenir
entrer	partir	tomber	revenir
rentrer			

So the *Passé Composé* of say, *Aller,* is:

> *Je suis allé(e)* (I went, I have gone)
> *Tu es allé(e)*
> *Il est allé*
> *Elle est allée*
> *Nous sommes allé(e)s*
> *Vous êtes allé(e)s*
> *Ils sont allés*
> *Elles sont allées*

For the moment, notice the extra -*e* in *Elle est allée,* the -*s* in the plurals, and the -*es* added to *Elles sont allées.* These will be explained later.

3. The *Passé Composé* of Reflexive verbs: The auxiliary for reflexive verbs is always *être.* The *Passé Composé* of, say, *se laver* (to wash oneself) is:

> *Je me suis lavé(e)*
> *Tu t'es lavé(e)*
> *Il s'est lavé*
> *Elle s'est lavée*
> *Nous nous sommes lavé(e)s*
> *Vous vous êtes lavé(e)s*
> *Ils se sont lavés*
> *Elles se sont lavées*

Again notice the addition of *e, s* and *es* in certain of the persons.

4. *Passé Composé* negative: Note the forms.
> *Je n'ai pas mangé*
> *Elle n'est pas arrivée*
> *Nous ne nous sommes pas couchés*

5. *Passé Composé* interrogative: Note the forms.
> *Ai-je mangé? (Est-ce que j'ai mangé?)*
> *Est-elle arrivée? (Est-ce qu'elle est arrivée?)*
> *Nous sommes-nous couchés? (Est-ce que nous nous sommes couchés?)*

6. Agreement of the Past Participle:
    (*a*) Past Participles with *avoir*
    Compare these two sentences:
    J'ai mangé les pommes.
    Les pommes que j'ai mangées étaient bonnes.
In both cases *les pommes* is the direct object of *j'ai mangé.* But in the first the direct object comes <u>after</u> the past participle whereas in the second it comes <u>before</u> the past participle.

> <u>Rule:</u> Past Participles with *avoir* agree (like an adjective) with the <u>preceding direct object</u>

Other examples
> *La femme que j'ai vue* (fs)
> *Où est la règle? Je l'ai perdue* (fs)

147

*Les bonbons qu'il a reçu*s (mp)
Le crayon qu'elle a acheté (ms)

(*b*) Past Participles with *être:*
Marie est arrivée
Elles sont arrivées

<u>Rule</u>: Here the Past Participle of *arriver* (which is one of our list conjugated with *être* in the *Passé Composé*) agrees with the subject of the verb.

<u>Other examples</u>
*Nous sommes parti*s (mp)
Je suis née (fs)
Le train est sorti (ms)
Les vaches sont restées dans le champ (fp)

(*c*) Past Participles of Reflexive verbs:
Elle s'est habillée (dressed herself)
Les garçons se sont dépêchés (hurried themselves)

<u>Rule</u>: The Past Participles of Reflexive verbs agree with the reflexive pronoun (*me, te* etc) when the reflexive pronoun is the direct object.

<u>Other examples:</u>
'Je me suis levée' dit la jeune fille.
(lit. I raised myself: I got up)
Ma tante s'est amusée (enjoyed herself).

<u>But</u>
Marie s'est coupé le doigt (Mary cut her finger).
Here, *le doigt* is Direct Object.

Elles se sont écrit (They wrote to each other).
Here, the reflexive pronoun *se* is the <u>indirect</u> object —
'to each other', so *écrit* does not agree.

The Imperfect Tense

<u>Usage</u>
The Imperfect Tense is used to describe:
1. unfinished (i.e. imperfect) actions: I <u>was walking</u> to school when I saw him.
2. continuous or repeated actions: I <u>was working</u>; I <u>used to go</u> to school every day.
3. states and conditions in the past: He <u>was</u> old, sick, unhappy.
4. descriptions of nature in the past: The sun <u>was shining</u>.
In general it translates the English 'was (doing)', 'were (doing)' or 'used to (do)'.

<u>Formation</u>
To form the Imperfect:
1. Take the *nous* form of the present tense (e.g. *donnons*)

148

2. Remove the *-ons* ending
3. Add the endings:

-ais	*-ions*
-ais	*-iez*
-ait	*-aient*

Je donnais (I was giving, used to give)
Tu donnais
Il/Elle donnait
Nous donnions
Vous donniez
Ils/Elles donnaient

Je finissais
Tu allais
Il voulait
Nous avions etc.

NB
1. The endings are the same for <u>all</u> verbs
2. The <u>only</u> verb which doesn't form its imperfect from the *nous* present is *être*

J'étais (I was, used to be)
Tu étais,
Il/Elle était,
Nous étions,
Vous étiez
Ils/Elles étaient

3. Are these in agreement with our rule?
Je mangeais (*ge* before *a*)
Je commençais (*ç* before *a*)

The Past Historic

<u>Usage</u>
The Past Historic is a formal, literary tense. It denotes a completed action in the past. It is mainly used in such things as novels or written accounts of what happened in the past. It is not to be used in conversation or in informal writing. This is why we rarely meet the *tu* and *vous* forms of it.

<u>Formation</u>
Verbs in the Past Historic can be divided into three groups according to their endings

<u>Group 1</u>. All *-er* verbs, without exception.

ALLER J'allai (I went)
      Tu allas
      Il alla
      Nous allâmes
      Vous allâtes
      Ils allèrent
So the endings here are: *-ai, -as, -a, -âmes, -âtes, -èrent*

<u>Group 2</u>. Verbs ending in *-ir* (except *tenir, venir, mourir* and *courir*) and many verbs ending in *-re*.

> *FINIR*   *Je finis* (I finished)
>   *Tu finis*
>   *Il finit*
>   *Nous finîmes*
>   *Vous finîtes*
>   *Ils finirent*

So the endings here are: *-is, -is, -it, -îmes, -îtes, -irent*.

<u>Group 3</u>. To this group belong the verbs ending in *-oire* (e.g. *boire*) and verbs ending in *-oir* (except *voir*)

> *RECEVOIR*   *Je reçus* (I got)
>   *Tu reçus*
>   *Il reçut*
>   *Nous reçûmes*
>   *Vous reçûtes*
>   *Ils reçurent*

So the endings here are: *-us, -us, -ut, -ûmes, -ûtes, -urent*

NB
1. Two common verbs which do not belong to any of these three groups are:
    (*a*) *Tenir:* Je tins, tu tins, Il tint, nous tînmes, Vous tîntes, ils tinrent
    (*b*) *Venir: Je vins, Tu vins, Il vint, Nous vînmes, Vous vîntes, ils vinrent*
2. Practise will make perfect in the formation of the Past Historic. Frequent reference to the Verb Table will be of great help.

The Pluperfect Tense

Usage
The Pluperfect Tense is used to translate the English 'I *had* (done)'. It often denotes an action which had taken place before another action in the past: He <u>had seen</u> her many times before; then one day he spoke to her.

Formation
1. *J'avais mangé* (I had eaten)
2. *Il était venu* (He had come)
3. *Je m'étais levé* (I had got up)

From the above examples we can see the similarities between Pluperfect and *Passé Composé*. The difference is that in the Pluperfect we use the <u>Imperfect</u> of the auxiliary (*avoir* and *être*) instead of the <u>Present</u>.

Rule: To form the Pluperfect Tense we use the Imperfect of the Auxiliary and the Past Participle.

NB
1. The rules for choosing *être* or *avoir* as the Auxiliary in the Pluperfect Tense are the same as for the *Passé Composé*
2. The rules for Agreement of the Past Participle in the Pluperfect are the same as for the *Passé Composé*. So:
   (a) *La pomme qu'il avait mangée.*
   (b) *Elle était allée.*
   (c) *Elles s'étaient levées.*

The Future Tense

Usage
The Future Tense denotes what 'will' or 'shall' happen.

Formation
The future of regular verbs is formed by adding the endings *-ai, -as, -a, -ons, -ez, -ont* to the Infinitive. (In *-re* verbs, we must drop the final *-e* of the Infinitive before adding the endings.)

> *Je mangerai*
> *Tu sortiras*
> *Il vendra*

NB
1. The Future Tense of many common irregular verbs (e.g. *avoir, être* etc.) is also irregular. These futures may be learned from the Verb Table. Once we know the first person (e.g. *j'aurai, je serai*) we know the others, as the endings are the same for all verbs.
2. To express an immediate future we can also use the present tense of *aller* and the Infinitive.
   > *Je vais sortir* (I am going to go out).
   > *Il va parler* (He is going to speak).
3. *Quand* and Future
   > When he comes we will go out.
   > *Quand il viendra nous sortirons.*

Note that *quand* is followed by the Future Tense here in French since the English 'When he comes . . .' really means 'when he will come'.

Conditions and The Conditional Tense

Conditions
There are two main types of conditional:
1. If it's fine, we will go out.
   Si + Present + Future
   S'il fait beau, nous sortirons.
2. If you went by car, you would arrive at 5.
   Si + Past (Imperfect in French) + Conditional
   Si vous alliez en voiture, vous arriveriez à cinq heures.

We see from sentence 2 above that the conditional tense translates the English 'I would (do)', or 'I'd (do)'.

<u>Formation</u>
The conditional is formed from the stem of the Future Tense + the endings of the Imperfect Tense

    J'aurai (Future)   (stem = *aur-*)

<u>Conditional</u>

J'aur<u>ais</u>	Je vendrais (I would sell)
Tu aur<u>ais</u>	Je serais (I would be)
Il aur<u>ait</u>	
Nous aur<u>ions</u>	
Vous aur<u>iez</u>	
Ils aur<u>aient</u>	

There are no exceptions to this rule. Once we know the Future we can find the Conditional.

NB

1. In indirect or reported speech the Future becomes the Conditional
    <u>*Je partirai*</u> *de chez moi à huit heures* (I will leave my house at eight)
    Qu'a-t-il dit?
    Il a dit qu'il partirait de chez lui à huit heures.
    He said that <u>he would leave</u> his house at eight

2. *Si* can also mean 'whether'.
    Je ne sais pas s'il viendra ou non (. . . whether he'll come).
    In this case, 'Si' <u>is</u> followed by the Future.

VERBS AND PREPOSITIONS

Verbs requiring *à* before the infinitive

commencer à—Il a commencé à parler.
apprendre à—Apprenez-lui à nager.
aider à—Il nous aide à faire cela.
se mettre à (begin)—Elle s'est mise à pleurer.
s'amuser à—Jean s'amuse à nous parler.
chercher à (try)—Nous cherchons à vous faire comprendre.
inviter à—Invitez-le à rester.
hésiter à—Michèle hésita à lui adresser la parole.
s'habituer à—On s'habitue à se lever tôt.
réussir à—Il a réussi à obtenir la place.

Verbs requiring *de* before the infinitive

essayer de—Marc essaie de faire de son mieux.
décider de—Elle décida de ne plus rester.
oublier de—Il oublia de m'en prévenir.
promettre de—Ils nous ont promis de venir.

craindre de — Nous craignons d'y aller.
prier de — Je prierai ces messieurs de ne plus rester.
rire de — Maman rit de nous regarder nous amuser.
cesser de — Aussitôt il cessa de pleurer.
se dépêcher de — Il s'est dépêché de finir ses devoirs.
éviter de — Ils évitent d'énerver leur père.
menacer de — Elle le menaça de ne pas venir.
mériter de — Tout criminel mérite d'être mis en prison,
forcer de — Ils ont été forcés de travailler dans le jardin.
obliger de — Nous sommes obligés de rester silencieux.

Verbs followed by *à* before the object and *de* before the infinitive

dire — Je lui dirai d'attendre.
demander — Demandez à cette dame de prendre une tasse de thé.
permettre — Je permets à ces garçons de faire ce qu'ils veulent.
conseiller — On leur conseille de tenir leurs promesses.
défendre — Il défend à Jean de s'en aller.
ordonner — Son père lui ordonna de quitter la maison.

Verbs with a built-in preposition in French

attendre	to wait for	Il attend l'autobus.
regarder	to look at	Nous regardons la télévision.
écouter	to listen to	Elle écouta la musique.
demander	to ask for	Il demanda la clé.
chercher	to look for	Il cherchait le billet.
habiter	to live in	Henri habite Marseille.
payer	to pay for	Il les paya cinq francs.

Verbs requiring *à* or *de* before the object

demander à — Il a demandé à sa mère.
dire à — Je l'ai dit à ma mère.
répondre à — Elle a répondu à la lettre.
ressembler à — Il ressemble à son père.
donner à — Monsieur Laroche à donné un pourboire au garçon.
montrer à — L'élève lui montre l'exercise.
s'approcher de — Jean s'approcha du bateau.
se souvenir de — Je me souviens de ma tante.

Venir de plus the infinitive

This is used to express the English 'to have just done something'. With the present tense it means 'have just'; with the imperfect it means 'had just'.

> *Je viens de manger* — I have just eaten.
> *Je venais de manger* — I had just eaten.

VOICI AND *VOILÀ* USED WITH THE OBJECT PRONOUNS

These words may be employed with the direct object pronouns in the
following way:

> *Le voilà* — There he is.
> *Les voici* — Here they are.
> *Nous voici* — Here we are.
> *La voilà* — There she is.

EXERCISES IN GRAMMAR: SECTION I

Adjectives (page 123)

Feminine: Mettez les mots entre parenthèses dans leur forme correcte
1. La pomme est (bon).
2. Elle est (furieux).
3. Elle est venue la semaine (dernier).
4. C'est une vie très (actif).
5. La maîtresse est très (franc).
6. C'est un (vieux) hôtel.
7. Voici un (beau) homme.
8. Cette (vieux) dame est (fou)!
9. Voilà ma (nouveau) maison.
10. Cette route est très (long).

Plural
1. Mon père lit trois (journal) (national) chaque jour.
2. Ma tante et mon oncle sont très (vieux).
3. Quels (beau) châteaux!

Adverbs (page 125)

Mettez les mots entre parenthèses dans leur forme correcte.
1. J'ai vu un accident hier. (Heureux) personne n'a été tué.
2. Je refuse (absolu) de faire cela.
3. Il a réussi (brillant) à l'examen.
4. Marchez (lent), s'il vous plaît.
5. Parlez plus (doux), s'il vous plaît.
6. Elle joue (bon).
7. Il joue (mauvais).

Demonstrative Adjective (page 127)

Mettez la forme correcte de 'ce':
1. —animal est très beau.
2. —gens-là sont très riches.
3. Il a acheté—légumes au marché.
4. —maison-ci est vraiment belle.
5. Je trouve—roman très intéressant.

Demonstrative Pronouns (page 127)

Mettez la forme correcte de *celui:*
1. J'ai mangé mon gâteau et—de ma soeur.
2. —qui chantent sont en général heureux.
3. Ma femme et—de mon voisin sont allées en ville.
4. Voyez-vous les deux motos?—-ci est une Honda et—-là est une Peugeot.
5. Quelles cigarettes cherchez-vous?—que j'ai laissées ici tout à l'heure.

La date, les jours et les mois (page 128)

Exprimez en français:
1. Monday, 1st January
2. Tuesday, 2nd February
3. Wednesday, 3rd March
4. Thursday, 4th April
5. Friday, 5th May
6. Saturday, 6th June
7. Sunday, 7th July
8. Monday, 8th August 1848
9. Wednesday, 11th September 1914
10. Friday, 21 October 1939
11. Sunday, 29th November 1798
12. Saturday, 25 December 1976

Plurals (Nouns, verbs etc) (page 132)

Écrivez les phrases suivantes au pluriel:
1. Le garçon et la jeune fille sont dans le jardin.
2. Je vois un beau château.
3. Mon frère aime ce jeu.
4. Ma soeur lit le journal national.
5. Le bijou est joli.
6. Elle s'est blessé le genou en tombant dans un trou.
7. Le fils de notre voisin m'a donné une pomme.

Present Participle (page 136)

Link the following pairs of sentences by using *En* + Present Participle.
   Pierre a vu l'autobus. Il a commencé à courir.
   En voyant l'autobus, Pierre a commencé à courir.

1. Il a ouvert la porte. Il a vu son ami.
2. Marie a entendu la musique. Elle a commencé à danser.
3. L'homme travaillait dans le jardin. Il a découvert des pièces d'argent dans la terre.
4. Je marchais dans la rue. J'ai vu une belle maison que je désirais beaucoup.
5. La dame traversait la rue. Elle courait. (page 136)

Relative Pronouns (page 138)

A. Dans les phrases suivantes mettez la forme correcte: <u>Qui</u> ou <u>Que</u> (*Qu'*)
1. Je connais l'homme—parle.
2. La dame—vous regardez s'appelle Françoise.
3. Le livre—il lit est très intéressant.
4. Les objets—sont dans ce musée sont très vieux.
5. Les gens—parlent trop ne font jamais rien.

B. Dans les phrases suivantes mettez le pronom qui convient: <u>Lequel</u> etc., <u>Auquel</u> etc., <u>Duquel</u> etc., <u>Ce qui</u>, <u>Ce que</u>.
1. Vous pouvez avoir le stylo ou le crayon. — voulez-vous?
2. Où est la clé avec—on ouvre cette porte?
3. Le film, — nous ne faisions pas attention, n'était pas très intéressant.
4. Le jardin, au fond—il y a un arbre, est très beau.
5. Dites-nous — s'est passé.
6. Je me demande—il regarde.
7. Un écrivain décrit toujours—il voit.
8. Je voudrais acheter tout—est dans ce magasin!
9. L'ami avec—je sors ce soir est très beau.

Present Subjunctive (Page 140)

Mettez les mots entre parenthèses dans leur forme correcte:
1. Il faut que vous (faire) vos devoirs.
2. Quoiqu'elle (être) riche elle n'est pas heureuse.
3. Parlez doucement afin que je (pouvoir) travailler.
4. Je vous verrai avant que vous (sortir).
5. Nous sortirons ce soir pourvu que nous (avoir) de l'argent.
6. Il veut que je (attendre).
7. Maman préfère que nous (rester) ici.
8. Le professeur est content que ses élèves (avoir) réussi à l'examen.
9. Il est possible que Pierre (aller) à Paris.
10. C'est la première cigarette que j'(avoir) jamais fumée.

Time (page 142)

Quelle heure est-il?

1.05	2.10	3.15	4.20
5.25	6.30	7.35	8.40
9.45	10.50	11.55	12.00 (a.m)
12.05 (p.m)	12.10 (a.m)	12.15 (p.m)	12.20 (a.m)

Present Tense (page 143)

Mettez les mots entre parenthèses dans leur forme correcte:
<u>A. Verbs in -er</u>
1. Nous (regarder) la télé chaque soir.
2. Les garçons (monter) dans le grenier.
3. Qu'est-ce que Maman en (penser)?

B. Verbs in -ir
1. Le chien (bondir) dans le jardin.
2. Ils (saisir) la branche de l'arbre.
3. Maman et Papa (finir) leur repas.

C. Verbs in -re
1. Tu (descendre) la rue maintenant?
2. Le boucher (vendre) de la viande.
3. Je (rendre) le livre à un ami.

D. Verbs with certain peculiarities
1. Nous (manger) le dîner à sept heures du soir.
2. Nous (commencer) à huit heures.
3. Les enfants (acheter) des bonbons.
4. Maman nous (appeler)!
5. Elle (jeter) des papiers dans la rue.
6. Il (essayer) de lire.

E. Irregular Verbs
1. Les élèves (aller) à l'école.
2. Qu'est-ce que vous (avoir)?
3. Mon frère et moi (boire) du thé.
4. Tout le monde (devoir) travailler.
5. Qu'est-ce que vous (dire)?
6. Les enfants (faire) beaucoup de bruit.
7. Je (mettre) le livre sur la table.
8. Vous (pouvoir) sortir maintenant.
9. Ils (savoir) que c'est vrai.
10. Mes amis (venir) ce soir.

F. Reflexive Verbs
1. Nous (se laver) le matin.
2. Ils (s'habiller) avec soin.
3. Ma soeur (se lever) très tôt chaque matin.

G. Interrogative
Make a question in two ways from each of the following
1. Je suis intelligent.
2. Maman part tout à l'heure.
3. Il a beaucoup d'argent.

H. Negative
Make each sentence negative
1. Nous allons le voir.
2. Mangez-vous bien?
3. La fillette s'approche de la maison.

157

Le Passé Composé (page 145)

A. Past Participle

Donnez le participe passé de: Montrer. Bondir. Prétendre. Avoir. Être. Devoir. Dire. Faire. Mettre. Pouvoir. Prendre. Venir. Voir.

B. Passé Composé with *Avoir*

Écrivez au passé composé:
1. Maman prépare le déjeuner.
2. J'ai beaucoup d'argent.
3. Marie finit l'exercice.
4. Le voleur entend un bruit.
5. Les spectateurs applaudissent.
6. A Noël tout le monde reçoit des cadeaux.
7. Ils courent à l'école.
8. L'agent suit la voiture.
9. J'ouvre la porte.
10. Elle croit entendre le train.

C. With *Être*

1. Je vais à l'école.
2. Le vieil homme meurt.
3. Le passager monte dans le train.
4. Il descend de l'autobus.
5. Le cheval tombe dans le champ.

D. Reflexive Verbs

1. Il se réveille à sept heures.
2. Pierre s'amuse à la plage.
3. Tu te baignes chaque matin.
4. Je me lave dans la salle de bains.
5. L'homme se couche au soleil.

E. Negative and Interrogative

Écrivez au passé composé:
1. Il n'arrive pas à l'heure.
2. Les animaux n'aiment pas les cages.
3. Est-ce qu'il se lave?
4. Sortez-vous?
5. L'écolier ne fait pas ses devoirs.

Agreement of Past Participle (page 147)

A. Mettez les mots entre parenthèses dans leur forme correcte:

1. J'aime les beaux cadeaux que j'ai (recevoir).
2. Madame Leblanc? Non, je ne l'ai pas (voir).
3. Voici le roman qu'il a (acheter).
4. Les jeunes filles sont (partir).
5. Ma mère est (naître) en France.
6. Nous sommes (revenir) hier soir.
7. Ma soeur est (devenir) sténo-dactylo.
8. Catherine s'est (coucher) très tard.
9. Elles se sont bien (amuser) à Deauville.
10. Ils se sont (blesser) la main.

B. Écrivez au Passé Composé (et à l'Imparfait, où il le faut) (pages 145 and 148).

Marie se lève à sept heures. Elle va dans la salle à manger où elle mange le petit déjeuner. A huit heures elle quitte la maison. Dehors il fait très beau. Le ciel est bleu et il n'y a pas de nuages. Au coin de la rue Marie rencontre Hélène, comme elle fait tous les jours. Elles marchent ensemble à l'autobus. Il y a beaucoup de monde dans l'autobus et au bout de vingt minutes elles arrivent à l'école. C'est un batîment très moderne au centre de la ville. Les jeunes filles entrent dans la cour et leur journée commence.

C. Écrivez au Passé Composé (et à l'Imparfait, où il le faut).

Ma mère est malade, donc elle garde le lit. C'est à moi de faire le ménage et je commence par faire les lits. Notre maison est très grande et il y a beaucoup de travail à faire. A midi je prépare le déjeuner pour mes deux petits frères. Ils arrivent à midi et demi et ils ont très faim. L'après midi le médecin vient chez nous et il dit que maman a un rhume. Deux jours plus tard elle va mieux et nous sommes tous très contents.

The Imperfect Tense (page 148)

Mettez les mots entre parenthèses dans leur forme correcte:
1. L'été dernier les enfants (jouer) tous les jours dans le jardin.
2. Nous (être) très contents de vous voir hier soir.
3. Ma mère (être) malade l'année dernière.
4. L'été dernier je (nager) tous les jours.
5. Quand j'étais enfant le soleil (briller) toujours.

The Past Historic (page 149)

Écrivez au passé historique: J'ai; Il est; ils donnent; elle finit; Elles vont; il dit; nous faisons; je mets; ils prennent; elle tient; ils viennent; je vois.

The Pluperfect Tense (page 150)

Écrivez au plus-que-parfait:
1. Il regarde par la fenêtre.
2. Elle vient tous les matins.
3. Nous nous précipitons vers la porte.
4. Voici la voiture que je choisis.
5. La dame monte dans l'autobus.

The Future and Conditional Tenses (pages 151 and 152)

Écrivez le passage suivant.
1. *au Futur*
   Pierre se lève à huit heures. Il se lave et puis il descend en bas. Il mange le petit déjeuner avec sa mère. Il quitte la maison à huit heures

et demie. Moi, je suis toujours pressé le matin. Je me dépêche pour rencontrer Pierre rue Victor Hugo.

On se dit 'Bonjour'. Nous marchons ensemble à l'école. A cause de moi nous devons hâter le pas. En route nous voyons nos copains qui eux aussi ont l'air triste parce qu'ils vont à l'école.

2. *au Conditionnel*

Using Indirect speech turn the previous passage into the Conditional Tense by telling what the narrator said *would happen: Il a dit que Pierre se lèverait* (He said that Peter would get up). Will any other words have to change? (e.g. *moi, je, me, nous*).

EXERCISES IN GRAMMAR: SECTION II

The following sentences cover points not already covered in *Section I*. They may also serve as an introduction to *Thème*.

Traduisez en français:

A. Direct and Indirect Object Pronouns (137)
1. Do you see the house? Yes, I see it.
2. Jacques gave me ten francs last week.
3. Do you like cakes? Yes, I like them.
4. I told him the truth (*la vérité*).
5. Paul sent it to her.
6. I'm talking to you.
7. He saw us in town yesterday.
8. At Christmas he gave them a gift.
9. Send it to me.
10. Give it to him.
11. Give them to them.
12. Explain it to me.
13. Don't give it to her.
14. Don't show him this book; show him that one.

B. Disjunctive Pronouns (138)
1. Come with me.
2. We went to their house.
3. It is she.
4. At home we are all happy.
5. I can't live without her!
6. Who won? He (did).
7. He and I are good friends.
8. We are richer than they.

C. *Y* and *En* (137)
1. Did you go to Paris? Yes, we went there last year.
2. Are you in the house? Yes, we are there.
3. Are you going to the cinema? No, we're not (going there).
4. Did he reply to the letter? Yes, he replied (to it).

5. Have you any sisters? Yes, I have two.
6. Have you seen many countries? Yes, I have seen many.
7. Is she afraid of aeroplanes? Yes, she's afraid of them.
8. Does Jean need money? No, he doesn't need it.
9. Take two of them.

D. Interrogative Pronoun (138)
1. Who is that man?
2. Whom do you see?
3. What's happening?
4. What did Michel do?
5. Whom is he going with?
6. Whom are we talking about?
7. What are we talking about?
8. What do you write a letter with?

E. *Dont* (139)   Possessive Adjective (134)
1. Mr Leblanc, whose son is ill, is my teacher.
2. The girl you are talking about is his sister.
3. The dog which he is afraid of (*avoir peur de*) is their dog.
4. The books which I need (*avoir besoin de*) are sold in your shop.
5. His car, his house and his possessions were destroyed in the fire.

F. Negatives (131)
1. I don't like him.
2. Pierre never worked at school.
3. Have you ever seen this book? Never.
4. Marie no longer goes to school.
5. He only eats twice a day.
6. I heard nobody. Nobody was there.
7. He saw nothing. Nothing was there.
8. This film is neither lively nor interesting.
9. There is never anything good (*de bon*) on television.

G. Expressions of quantity (140)   *Tout* (143)
1. Everyone has too much money today.
2. All my friends like lots of wine.
3. All his sisters have less money than he.
4. We bought enough food for everyone.
5. How many pupils are there in the whole class?
6. We have so much work and very little time.

H. Impersonal verbs (130)   The Weather (130)
1. In winter it rains, it's cold and it snows.
2. In summer it's fine and it's warm.
3. In spring it's windy.
4. In autumn it's foggy and often freezing.
5. There were ten girls in the room.
6. I was born twenty years ago.
7. There has been an accident.

I. Idioms with *avoir* (126)
1. I'm sixteen years old.
2. In summer I was warm; in winter I was cold.
3. Tomorrow you'll be hungry and thirsty.
4. He needed money but he was afraid to ask.
5. My mother is right and I am wrong.
6. During the meeting, which takes place every Friday, Jean was very sleepy.

J. Verbs with and without prepositions (*à* and *de*)
Before an infinitive following the verb (152)
1. He helped to clean the room.
2. Brigitte was learning to drive.
3. She began to sing (*commencer*).
4. He stopped watching television.
5. Dad advised me to work.
6. The thief decided to run.
7. He told me to write a letter.
8. We'll get used to living here.
9. He began to read (*se mettre à*).
10. You were trying to work.
11. I forgot to bring my money.
12. You must hurry.
13. I hope to see her.
14. My father promised to buy me a new bicycle.
15. Can you come at six o'clock?
16. He can swim.
17. Charles wants to eat now.
18. I have just seen him. (153)
19. He had just come in. (153)

Verbs with a built-in preposition in French (153)
1. I'm waiting for the train.
2. Listen to your father!
3. He was looking for a policeman.
4. He looked at the picture.

Verbs requiring *à* or *de* before the object (153)
1. She answered the question.
2. Marc resembles his brother.
3. She approached the house.
4. He gives a present to his wife.
5. I told him.
6. The guide showed them the house.
7. I'll ask my mother.
8. I remember my childhood.

Verbs requiring *à* before the object and *de* before the infinitive (153)
1. He asked her to come.
2. I told the boy to finish his work.
3. She advised Marie to go to Ireland.

4. Henry forbade them to remarry.
5. The teacher allowed us to leave at 4 o'clock.
6. The General orders the soldiers to advance.

K. The Passive Voice (134)
1. The cake was eaten by the boy.
2. The window was broken by a stone.
3. French is spoken in France.
4. He tried to hide but he was seen.
5. The man was told to go away.
6. We were asked why we were here.
7. We were promised a present.
8. She is called Marie-Françoise.

L. *Monter* (etc) *en courant* (136)
1. He ran across the road.
2. The fireman runs up the stairs.
3. Every day he used to run down the street.
4. She ran into the house.
5. The girl runs out of the room.

M. *Depuis* + Present or Imperfect (129)
1. I have been here for four months.
2. The pupils have been learning French for five years.
3. He had been swimming for ten minutes.
4. We had been working for a long time.
5. How long has he been here?

N. Miscellaneous
1. No one will leave this room until the book is found.
2. Look at how many books he has.
3. Can you tell me at what time the next train is due to leave?
4. How far is your house from the city centre?
5. Have you any money? I forgot to bring mine this morning.
6. Do not go away without telling me where you are going.
7. I shall wash my hands when I have finished working in the garden.
8. There were two boys there and one of them came towards us.
9. Do you see that fire station opposite which there is a big shop?
10. I am afraid that I cannot go to that meeting tonight.
11. I have fewer mistakes in my exercise this time.
12. They were going to your house when they were stopped by the police.
13. I spent four years in France.
14. The girl to whom I lent that book is no longer here.
15. This is the first cigarette that I have ever smoked.
16. Their bicycles and mine are in the yard.
17. Where have you put the letters you wrote yesterday?
18. She says she has seen neither my hat nor my coat.
19. Write more clearly so that you may be understood.
20. I am sorry you haven't found it.

21. Tomorrow that young American girl is going to France. She will stay in Paris.
22. That box is 10cm long by 8cm wide by 5cm high.
23. Send me chalk, paper, ink and envelopes.
24. The waitress' niece is a student.
25. The Queen is English.

EXERCISES IN GRAMMAR: SECTION III REVISION

(N.B. It is assumed in this section that pupils are familiar with *all* the grammar points covered in the Grammar Section)

Adjectives (page 123)

Mettez les mots entre parenthèses dans leur forme correcte:
1. La maison est (grand).
2. Les maisons sont (grand).
3. Cette pomme est très (jaune).
4. La vie en France est très (joyeux).
5. Ma (cher) mère et mes (cher) soeurs viennent ce soir.
6. C'est une bicyclette (neuf).
7. La neige est (blanc).
8. Elle était (inquiet).
9. Ce sont de (beau) ânes.
10. C'est un (beau) âne.
11. C'est un (vieux) hôpital.
12. L'hôpital est très (vieux).
13. Elle est (beau).
14. J'aime l'eau (frais).
15. Cette histoire est très (long).
16. Les nuages sont (gris).
17. Les journaux (national) sont en vente ici.
18. Les garçons sont (beau) et les filles sont (beau)!
19. J'ai vu de (gros) vaches dans les champs (vert).
20. Marie est plus (grand) que Jeanne.
21. Les problèmes (social) ne sont pas (simple).
22. (Tout) les portes sont (blanc).
23. C'est ma (premier) cigarette.
24. C'est ma (dernier) cigarette.
25. Elle est très (heureux).
26. Quelle vie (actif)!

Adverbs (page 125) and Demonstrative Adjective (page 127)

Mettez la forme correcte de 'ce' et de l'adverbe:
1.   —garçon réussira (brillant) à l'examen.
2.   —filles courent très (bon).
3.   —hôtel est (absolu) merveilleux.
4.   —film-là était (vrai) bon.
5.   —petit garçon change (constant) d'avis.
6.   —gens-là marchent très (lent).
7.   —auto roule (rapide).
8.   J'aime—sports (énorme).
9.   —dame est très (bon) habillée.
10.   —jeune fille joue le plus (élégant).
11.   (Heureux), —jour-là il ne pleuvait pas.
12.   Sur—trottoir il faut marcher (prudent).
13.   —garçon court (bien) que moi.
14.   —stylo écrit (mal) que le mien.
15.   —équipe a (bon) joué.

Idioms with avoir (page 126)

Insert the word which makes most sense:
1.   Quand j'ai *faim* je mange.
2.   Quand il a *soif* il boit.
3.   Quand elle a *froid* elle met son manteau.
4.   Ils avaient—de la grosse bête. *peur*
5.   Pour écrire on a—d'un stylo. *besoin*
6.   Tard le soir les enfants ont—. *peur/sommeil*
7.   Il avait—de casser cette fenêtre. *honte/tort*
8.   Ma petite soeur a 12—. *ans*
9.   En été on a—*chaud*
10.   En hiver on a—*froid*
11.   Tout le monde a—de voler. *tort peur*
12.   Je vais me coucher. J'ai—à la tête. *mal*
13.   Michel a eu—d'éviter l'eau profonde. *raison*
14.   Il avait—; donc il est allé se coucher. *un rhume/sommeil*
15.   La souris a—du chat. *peur*

Demonstrative Pronouns (page 127)

Mettez la forme correcte de *celui*:
1.   J'aime notre auto et—de nos voisins.
2.   Ma moto roule plus vite que—de Pierre.
3.   —qui travaillent, réussissent.
4.   Je veux voir ces deux films. —-ci est un western, et—-là est un film policier.
5.   Quelles jeunes filles? —qui sont dans ma classe.
6.   C'est ma maison. —de Jean est là-bas.
7.   Quels livres voulez-vous? —-ci ou —-là?
8.   Mon frère et—de son ami sont allés en Irlande.
9.   Voici deux cigarettes françaises. —-ci est une Gauloise, —-là est une Gitane.

10. —qui travaillent aiment le week-end!
11. Mon auto roule plus vite que—de M. Dupont.
12. Voici deux villes. —-ci s'appelle Nice, —-là s'appelle Cannes.
13. Ma bicyclette et—de mon frère sont dans le garage.
14. Quelles jeunes gens? —qui sont dans ma classe.
15. J'aime bien ce livre. C'est—que j'ai acheté hier.

Countries etc. (page 128); Days and dates (page 128)

Traduisez en français:
1. He went to France on 14 June, 1970.
2. We lived in Paris in 1965.
3. London is in England.
4. In summer we go to Italy.
5. He was born in Spain in August 1962.
6. On Mondays we go to school in Paris.
7. My father went to the United States on Wednesday.
8. February, March and April and the months of Spring.
9. Christmas day is the 25th of December.
10. My sister went to Germany in June.
11. Tuesday is the 10th of May.
12. I left school in June 1904.
13. In France July the 14th is Bastille Day.
14. In Ireland March the 17th is St Patrick's Day.
15. He came back from Canada.
16. He went to Ireland.
17. On Friday we go to New York.
18. We're going to Le Havre.
19. In Switzerland it's cold in January.
20. He seldom works on a Sunday.

Depuis (page 129)

Traduisez en français:
1. I've been learning French for four years.
2. He had been waiting for two days.
3. How long has she been here?
4. I had been in France for a long time (longtemps).
5. We've been eating for an hour!
6. Marie has been here for a week.
7. How long had Paul been there?
8. The lady had been waiting for a bus for twenty minutes.
9. Françoise has been reading since this morning.
10. I've been saying that for a whole week!

Interrogative adjective (Quel) (page 130); Interrogative of verbs (page 131)

Insert the correct form of *quel* and put the verb into the interrogative:
    e.g. (Quel) pomme (il a mangée)?
        Quelle pomme a-t-il mangée?

1. (Quel) livre (vous lisez)?

2. (Quel) maison (elle a achetée)?
3. (Quel) voiture (il choisit)?
4. (Quel) jeunes filles ta mère (elle a vues)?
5. (Quel) livres (ils ont lus)?
6. (Quel) journal mon père (lit)?
7. (Quel) film (vous préférez)?
8. (Quel) sports (il aime)?
9. (Quel) chanson (elle a chantée)?
10. (Quel) romans Victor Hugo (il a écrits)?

Negation (page 131)

Traduisez en français:
1. Paul never goes to the cinema.
2. He never went to the cinema.
3. I don't like it at all.
4. She has only five francs.
5. Pierre eats nothing.
6. Jean ate nothing.
7. I see nobody.
8. Nobody sees me.
9. Nothing amuses him.
10. It's neither good nor bad.
11. I told him not to go.
12. I no longer go out with that boy!
13. There were no boys in the school.
14. We don't eat meat.
15. We didn't eat meat.
16. We hadn't eaten meat.
17. Paul never goes to see her.
18. Paul never went to see her.

Nouns (page 132)

Mettez les mots entre parenthèses dans la forme correcte:
1. Tous les (enfant) aiment les (jeu).
2. Les (château) de la France sont très beaux.
3. Il a trois (chapeau).
4. Les (hibou) sont dans les (arbre).
5. Tout le monde a deux (oreille) et deux (oeil).
6. Il a trois (fils) et deux (fille).
7. Les (chanteur) ont de bonnes (voix).
8. La (fermier) soigne les (animal).
9. Nous lisons tous les (journal).
10. Elle s'est blessé les (genou) en tombant dans des (trou).
11. Les (eau) de l'Irlande sont célèbres.
12. Toutes les (femme) aiment les (bijou).
13. A Noël on mange les (chou) de Bruxelles.
14. Les (cheval) sont dans les (champ).
15. Les (monsieur) rentrent chez eux.
16. Les (drapeau) flottent partout.

17. On mange trois (repas) par jour.
18. Les (docteur) travaillent dans les (hôpital).

Possessive Adjectives (page 134); Possessive Pronoun (page 135)

Mettez la forme correcte de *mon* etc.: et de *le mien* etc.:
  e.g. C'est (mon) maison. C'est — .
      C'est ma maison. C'est la mienne.

1. C'est (son) livre. C'est — .
2. C'est (notre) maison. C'est — .
3. C'est (mon) stylo. C'est — .
4. Ce sont (votre) livres. Ce sont — .
5. Ce sont (mon) disques. Ce sont — .
6. C'est (leur) auto. C'est — .
7. C'est (ton) chapeau. C'est — .
8. C'est (son) école. C'est — .
9. Ce sont (notre) stylos. Ce sont — .
10. Ce sont (ton) bonbons. Ce sont — .
11. C'est (son) disque. C'est — .
12. Ce sont (leur) amis. Ce sont — .
13. C'est (notre) magasin. C'est — .
14. C'est (son) mère. C'est — .
15. Ce sont (votre) parents. Ce sont — .

Present Participle of Verbs (page 135)

Link the following pairs of sentences by using *En* + Present Participle:
1. Ils étaient dans la cuisine. Ils mangeaient un repas.
2. Elle traverse la rue. Elle court.
3. Les élèves ont cessé de parler. Ils ont vu le professeur.
4. Il écoutait la radio. Il lisait un roman.
5. Marie descend l'escalier. Elle court.
6. Le voleur est sorti de la maison. Il avait vu l'agent.
7. Il pensait à Françoise. Il lui écrivait.
8. Paul marchait dans la rue. Il sifflait.
9. Il a commencé le travail. Il a ouvert le livre.
10. Nous montons l'escalier. Nous courons.
11. Vous lisez ce livre. Vous apprenez beaucoup de choses.
12. Les enfants jouaient sur la plage. Ils faisaient des châteaux de sable.
13. Pierre faisait ses devoirs. Il mangeait des bonbons.
14. L'homme sort de la maison. Il court.
15. Elle conduisait sa voiture. Elle écoutait la radio.

Pronouns (page 136–40)

Mettez le pronom qui convient:
1. Il boit la bière. Il — boit.
2. Elle a bu le lait. Elle — a bu.
3. Maman donne le livre à Henri. Maman — — donne.

4. Elle écrit à Georges. Elle — écrit.
5. Georges écrit à Marie. Georges — écrit.
6. Il va à Paris. Il — va.
7. Elle est allée à Paris. Elle — est allée.
8. Le professeur parle aux enfants. Le professeur — parle.
9. Combien de frères a-t-il? Il — a deux.
10. Avez-vous de l'argent? Oui j' — ai beaucoup.
11. Il a donné les pommes à Paulette. Il — — a données.
12. Donnez-moi le crayon. Donnez — —.
13. Ne donnez pas le crayon à Paul. Ne — — donnez pas.
14. Elle est à Dublin. Elle — est.
15. Il est assis à la table. Il — est assis.

Remplacez les mots soulignés par le pronom qui convient:
16. Je vais chez *le boucher.*
17. Elle sort avec *Pierre.*
18. Qui a dit cela? *Jean.*
19. C'est *Marie* qui parle.
20. Francine est plus grande que *Claudette.*
21. Sans *les enfants* beaucoup de magasins se fermeraient!

Traduisez en français:
22. Whom do you hear?
23. What's happening?
24. What happened?
25. Who's here?
26. With whom are you playing?
27. What are you talking about?

Mettez *Qui* ou *Que* (*Qu'*):
28. Le repas — il a mangé a été bon.
29. Pierre, — a seize ans, est mon copain.
30. La maison — nous avons achetée a une porte blanche.
31. Le livre — elle lit s'appelle "L'Étranger".
32. Qui est cet homme — est dans cette auto-là?
33. Les filles — aiment la musique vont à la disco.

Mettez le pronom qui convient: *Dont: Lequel* etc.: *Auquel* etc.: *Duquel* etc.:
34. Le crayon avec — j'écris est rouge.
35. La ville — elle va s'appelle Besançon.
36. Vous pouvez avoir le crayon ou le stylo. — voulez-vous?
37. Je connais l'homme — la maison est dans notre rue.
38. La ville, au centre — il y a un hôpital, s'appelle Toulon.
39. Les arbres, vers — il marche, sont des pins.
40. Les leçons — je ne faisais pas d'attention n'étaient pas très intéressantes.
41. Cette fille, — je me souviens, était très belle.
42. La dame, — la fille s'appelle Anne, a été chez nous hier.

Avancez en Français

Present Subjunctive (page 140)

A. Donnez le Subjonctif (au présent, troisième personne du singulier) des verbes: Donner, Finir, Vendre, Être, Avoir, Aller, Faire, Pouvoir, Vouloir, Savoir.

B. Mettez les mots entre parenthèses dans leur forme correcte:
1. Il faut que je (être) là à 8 heures.
2. Elle sort quoiqu'il (faire) froid.
3. Paul va au magasin quoiqu'il n'(avoir) pas d'argent.
4. Je veux que ce film (commencer)!
5. Je regretter que ta soeur (être) malade.
6. Il est possible que je (venir) ce soir.
7. C'est la première cigarette que j'(avoir) jamais fumée.
8. Je ne peux pas lui parler jusqu'à ce que je (connaître) son nom.
9. J'irai à la disco à condition que Marie (être) là.
10. Le professeur s'étonne que les élèves (travailler) bien.
11. J'ai peur que Paul ne (réussir) pas à l'examen.
12. Il faut que tu (courir) vite pour gagner le prix.
13. Elle est fâchée que je l'(avoir) oubliée!
14. Je ne crois pas qu'elle (venir).
15. Nous doutons que vous (vouloir) venir.
16. Il faut que les enfants (être) sages.
17. C'est la meilleure pomme qu'il (avoir) jamais mangée.
18. Je suis désolé que tu n'(avoir) pas réussi à l'examen.
19. J'ai peur qu'il ne (venir).
20. Ma mère m'a donné de l'argent afin que je (pouvoir) sortir.

The Present Tense (page 143)

A. Donnez le présent de: Regarder, Choisir, Descendre, Avoir, Être, Aller, Faire, Prendre, Venir.

B. Mettez les mots entre parenthèses dans leur forme correcte:
1. Je (donner) la lettre à Jean.
2. Tu (saisir) la branche.
3. Elle (vendre) les journaux.
4. Nous ne (manger) pas de pain.
5. Est-ce qu'elle (venir)?
6. (Aller)-vous au cinéma?
7. Vous (penser) à Annette?
8. Ils (aller) au cirque.
9. Mon père (lire) le journal.
10. Nous (se laver) le matin.
11. Les enfants (finir) le travail.
12. Elle (prendre) un café.
13. (Mettre)-elle la table?
14. Ne (pouvoir)-vous pas venir?
15. Il (s'habiller) chaque matin.
16. (Manger) ton dîner!
17. (Manger) votre dîner!

18. François (se lever) à 7 heures.
19. Nous (commencer) tout de suite.
20. (Coucher)-toi tout de suite!
21. (Coucher)-vous tout de suite!
22. Ton père (aimer)-t-il ce gâteau?
23. Il (jeter) des boules de neige.
24. Je (s'approcher) du chien.
25. Nous (voir) beaucoup d'autos.
26. J'(avoir) beaucoup d'amis.
27. Nous (être) dans la cuisine.
28. (Être)-elle intelligente?
29. N'(être)-il pas intelligent?
30. Nous (boire) de l'eau.
31. Le chien (courir).
32. Nous (devoir) partir.
33. Qu'est-ce que vous (dire)?
34. Je (s'appeler) Patrick.
35. Qu'est-ce que tu (faire)?
36. Vous (partir)?
37. (Pouvoir)-je lire ce roman?
38. Je ne (savoir) pas.
39. Nous ne (sortir) pas ce soir.
40. Je (suivre) le voleur.
41. Maman (acheter) le pain.
42. Le professeur (tenir) un livre.
43. Elle (venir) à Paris.
44. Claudine (vivre) bien.
45. Il (aller) à l'école.
46. Je (voir) le singe.
47. Il (se demander) si elle vient.
48. (Vouloir)-vous du thé?
49. J'(écouter) la radio.
50. Je (finir) ces exercices!

C. Écrivez au Présent:

Le 20 décembre nous étions en vacances. Nous avons fermé nos livres et nous avons quitté l'école en criant. Je suis monté à bicyclette et jai pédalé à toute vitesse vers la ville. Les rues étaient animées parce que tout le monde faisait ses courses pour la fête de Noël. Je suis entré dans un supermarché où j'ai acheté mes cadeaux. Puis je suis allé à un café où j'ai rencontré mes amis. Ils étaient tous là. On a bu et on a causé. Nous avons regardé les jeunes filles qui allaient et venaient dans le café. J'étais heureux parce que j'étais libre!

D. Écrivez au Présent:

Francine aimait bien danser. Le vendredi soir elle s'est préparait pour le disco qui avait lieu dans son école. Elle s'est habillée et elle est partie avec sa copine Paulette. Ensemble elles ont pris l'autobus et, au centre de la ville, elles ont marché à l'école. La salle était pleine de jeunes lorsqu'elles y sont arrivées. Elles ont dansé avec beaucoup de garçons différents. Francine a beaucoup aimé un garçon qui s'appelait Marc et après la soirée ils sont allés ensemble dans un café. Francine a promis de sortir avec Marc le dimanche suivant. Elle a été très contente de sa soirée!

E. Écrivez au Présent:
—Georges, où as-tu été?
—J'ai été dans ma chambre, maman.
—Et qu'est-ce que tu y faisais?
—Je faisais mes devoirs.
—Et la musique que j'ai entendu?
—Et bien, c'était la radio. Je travaille mieux quand j'écoute la musique.
—Mais comment as-tu pu travailler avec ce bruit? Tu ne faisais pas attention à ce que tu apprenais.
—Mais si, maman! J'ai bien travaillé, je t'assure. Comme tu le sais, j'ai toujours reçu de bonnes notes à l'école. Et si la musique m'a aidé, eh bien tant mieux!

Le Passé Composé (page 145)

A. Mettez les mots entre parenthèses dans leur forme correcte:
1. J'ai (voir) le film.
2. Il a (prendre) un café.
3. Elle a (allumer) une cigarette.
4. Papa a (avoir) un accident.
5. Ils ont (être) contents.
6. Elles sont (aller) à la disco.
7. Avez-vous (boire) le café?
8. J'ai (ouvrir) la porte.
9. La fille s'est (asseoir).
10. Claudette m'a (dire) cela.
11. Qu'est-ce que tu as (faire)?
12. Tu n'as pas (mettre) la table?
13. Elle est (mourir).
14. L'enfant est (naître) hier.
15. Il a (prendre) le train.
16. Qui a (finir)?
17. Elles sont (venir).
18. N'a-t-il pas (voir) le film?
19. Charles n'a pas (vouloir) jouer.
20. Il est (partir) pour la gare.

B. Écrivez au Passé Composé (et à l'Imparfait, où il le faut):
1. Le vieil homme se lève à 9 heures. Il est seul dans un petit appartement. Il mange un peu de pain et il boit une tasse de café. Puis il sort. Dans la rue il fait froid, et l'homme marche vite pour se réchauffer. Les passants ne le remarquent pas, ils sont si pressés. Il va à la boulangerie où il achète son pain. Puis il entre chez l'épicier. Là, l'épicier lui donne une tasse de café et ensemble ils bavardent. Enfin, après avoir fini son café, il quitte le magasin. Revenu dans la rue il

marche encore. Il voit une dame qui est évidemment très riche. Elle entre dans une boutique et cinq minutes plus tard elle en sort, un paquet à la main. Le vieil homme la regarde passer. Il est triste. "Je n'ai pas de chance" se dit-il, et il rentre chez lui.

2. Je me réveille le matin. Je descends en bas où la famille attend le petit déjeuner. On mange et puis on sort dans le jardin, car c'est l'hiver et la terre est couverte de neige. Nous jetons des boules de neige que nous faisons dans le jardin. On est en vacances, pas d'école pour deux semaines. Quel bonheur! Ma soeur Marie-France voit le facteur qui s'approche de la maison. Elle se cache derrière le mur, une boule de neige à la main. Lorsqu'il arrive devant la porte, elle se lance et paf! elle jette la boule. Le facteur, surpris, glisse et tombe par terre. Il n'est pas du tout content, alors nous nous sauvons. Plus tard nous patinons sur le lac qui est couvert de glace. Mais là aussi, nous n'avons pas de chance. Il y a un craquement et Pauline, ma petite soeur, tombe dans l'eau. Mais ce n'est pas grave, l'eau est peu profonde. Après l'avoir tirée de l'eau, nous rentrons tous à la maison.

3. Paul Leclerc a seize ans. Il travaille dans un grand magasin de Paris. Tout le monde connaît le magasin qui se trouve tout près de la Seine. C'est lundi matin et Paul va préparer une des grandes vitrines pour le printemps. Dans la vitrine il y a quelques mannequins qui portent des vêtements. Paul leur met des chapeaux, des vestes et des pantalons. Enfin c'est fini, et Paul va boire un café.

4. A six heures et demie, Arlette rentre de son bureau et va dans sa chambre. Elle se déshabille, puis elle met un beau peignoir bleu. Elle entre dans la salle de bain pour prendre un bain. Elle y reste un bon quart d'heure. A sept heures moins le quart, sa mère vient frapper à la porte. Elle lui dit que le dîner est prêt. Au bout de cinq minutes Arlette se précipite en bas et elle prend le dîner. Puis elle s'habille pour aller au théâtre. Elle met sa nouvelle robe verte et ses souliers italiens. Elle se peigne, se met de la poudre et du rouge à lèvres, embrasse sa mère, puis elle sort en courant pour attendre son ami André devant le théâtre.

5. A Pâques, un groupe de jeunes écoliers irlandais passe huit jours en France. Le sept avril, trois professeurs et trente enfants quittent l'Irlande pour la France. Ils prennent le bateau à midi et le trajet est agréable. La mer est calme et tranquille et il fait beau temps. Les jeunes voyageurs passent leur temps sur le pont à regarder la mer.

Enfin le bateau jette l'ancre dans le port du Havre. Tous les passagers saisissent leurs valises et commencent à descendre la passerelle pour gagner le quai. En quittant le bateau, il faut donner la carte de débarquement au gendarme qui attend. Tout le monde est content; on est en France!

The Imperfect Tense (page 148)

Écrivez à l'Imparfait:
1. Ma mère est malade.
2. Les oiseaux chantent.
3. Je mange le chocolat.
4. Elle se lève le matin.

5. Nous commençons le travail.
6. Nous sommes à la maison.
7. Qu'est-ce qu'il fait?
8. Quel livre lis-tu?
9. Je ne connais pas cet homme.
10. Elles sont très belles.
11. J'ai mal à la tête.
12. Une dame se promène sur la plage.
13. Nous avons de la chance.
14. Je viens de manger.
15. Tous les jours je vais à l'école.
16. Elle vient chez moi assez souvent.
17. Il est malade.
18. C'est par un beau jour d'été!
19. Je nage bien.
20. Jean-Paul ne se couche pas.

The Past Historic (page 149)

A. Donnez le passé historique des verbes: Chanter, Saisir, Courir, Tenir, Venir, Avoir, Être, Dire, Faire, Prendre, Voir.

B. Écrivez au passé historique:
1. Je dis la vérité.
2. Maman est venue.
3. Paul a deux frères.
4. Nous nous sommes levés.
5. Ma soeur prend un billet.
6. Je tiens le livre.
7. Ils sont à Paris.
8. Je donne du pain au vieil homme.
9. Les voleurs se sont sauvés.
10. Claire choisit une robe.
11. Je bois la bière.
12. Les agents voient la voiture.
13. 'Je ne sais pas' a-t-il dit.
14. Mon mari a vu ce film.
15. Il mange le repas.
16. 'Je n'ai rien mangé' a dit le malade.
17. 'Non' répond-il.
18. Ils partent pour les États-Unis.
19. Les garçons ont beaucoup d'argent.
20. Elle se marie.

C. Écrivez au Passé Historique (et au Passé Composé et à l'Imparfait où il les faut):

Les deux voleurs regardent la maison. Tout est silencieux. Ils s'approchent de la porte. Elle est fermée à clef. Enfin ils trouvent une fenêtre ouverte. Ils entrent dans la maison et cherchent dans toutes les pièces. 'Il n'y a rien dans la salle à manger' dit l'un. Alors ils vont dans le salon. 'Je ne trouve rien', dit le voleur. Mais dans une des chambres à coucher ils voient des bijoux dans un tiroir. Ils sourient. Ils tiennent les beaux bijoux et les mettent dans leurs sacs. Mais soudain ils entendent une porte qui s'ouvre. C'est la panique! Que vont-ils faire?

The Pluperfect Tense (page 150)

A. Écrivez au plus-que-parfait les verbes: Donner, Aller, Se Coucher, Être, Prendre, Sortir, Voir.

B. Écrivez au plus-que-parfait:
1. Il a mangé avant huit heures.
2. La bière que nous buvons est française.
3. Elle s'est levée.
4. Je vois ce film.
5. Paulette est malade.
6. Il a plu.
7. Nous ne sommes pas partis.
8. 'Je viens à Paris pour voir les magasins', dit Catherine.
9. Alain a mal à la tête.
10. Les filles sont à Lyon.
11. La voiture qu'elle achète est une Renault.
12. Je me suis assis dans un fauteuil.
13. Les hommes prennent le train.
14. Je pensais aller en France.
15. Monsieur Duclos met son chapeau.
16. Le film est bon.
17. Il n'a rien vu.
18. 'Qui dit ça?'
19. Nous allons à Paris pour voir les monuments.
20. Elle a dansé toute la nuit.

The Future Tense (page 151)

A. Donnez le futur des verbes: Poser, Choiser, Rendre, Avoir, Être, Aller, Dire, Faire, Pouvoir, Savoir, Tenir, Venir, Voir, Vouloir.

B. Écrivez au Futur:
1. Tout le monde va en vacances. Nous nous levons de bonne heure et on prend le petit déjeuner. Papa charge la voiture et nous partons à neuf heures. Nous allons vers le Midi. Toute la famille est très contente de quitter Paris.

Bientôt nous roulons sur l'autoroute. Il y a beaucoup de voitures et de camions qui vont vers le sud. Au bout de trois heures nous arrivons à un petit village au bord de la mer. Là il y a une plage, beaucoup de soleil, des magasins et des discothèques. Chaque soir nous allons danser. Je rencontre de très jolies filles. Pendant la journée on nage dans la mer et on prend des bains de soleil. Je vois les bâteaux et les autres baigneurs et je suis content. Cela continue pendant trois semaines. Mais malheureusement tout finit et au bout de trois semaines nous repartons pour Paris.

2. Les enfants ont toujours aimé l'hiver. D'abord il y a eu Noël. C'était aussi la saison où on jouait au football ou au Rugby. En hiver,

nous avons pu passer les soirées en famille ou avec nos amis qui sont venus nous voir. Nous sommes allés au cinéma. En janvier nous sommes allés au cirque. Quand il neigeait, tout le monde a aimé lancer des boules de niege. Un jour nous avons patiné sur le lac qui était couvert de glace. Le soir nous sommes rentrés et nous avons bu du chocolat chaud.

Conditions and the Conditional Tense (page 151)

Put the verb in brackets into the correct tense:

1. Si j'ai de l'argent je (sortir).
2. Si j'avais de l'argent je (sortir).
3. Si mon groupe favori venait ici j'(aller) les voir.
4. Tu (avoir) mal à la tête si tu bois trop.
5. S'il fait beau demain nous (aller) à la plage.
6. Je (être) content si je pouvais aller en France!
7. Si vous (attendre) ici le docteur viendra vous voir.
8. Nous regarderons ce film s'il (passer) à la télé.
9. Si vous (être) ici vous pourriez vous amuser!
10. Si les élèves travaillent ils (réussir) à l'examen.
11. Si je ne fume pas je (être) en pleine forme.
12. Que (faire)-vous si vous aviez beaucoup d'argent?
13. Si Paul ne (finir) pas son travail, le professeur sera fâché.
14. Est-ce que tu (lire) ce livre si je te le prête?
15. Si vous (vouloir) nous irons au cinéma.

Verbs and prepositions (page 152)

Insert the correct preposition (if one is needed):

1. Elle s'amuse — danser.
2. Je me souviens — ce film.
3. Évitez — faire des fautes.
4. Il cherche — son père.
5. Nous essayons — faire ces exercices.
6. Le professeur dit — garçons — ouvrir leurs livres.
7. Répondez — questions.
8. La femme a donné un cadeau — son mari.
9. Le cheval a commencé — courir.
10. Nous apprenons — parler français.
11. Est-ce que vous permettez — vos enfants — jouer dans la cuisine?
12. J'attends — l'autobus.
13. La petite fille craint — entrer dans la maison.
14. Il m'a invité — passer le week-end avec lui.
15. Demandez — Jean s'il veut une bière.
16. Elle a oublié — me téléphoner.
17. Marie-Claire a payé — le repas.
18. Les enfants demandent — leur argent de poche.
19. Le peintre montre son tableau — spectateurs.
20. L'équipe a mérité — gagner le match.
21. Il a cessé — pleuvoir.
22. La vieille dame a hésité — monter dans l'auto.

23. Il s'est approché — la maison.
24. L'agent ordonna — voleur — sortir de la banque.
25. Il écoutait — la radio.
26. Enfin elle a réussi — trouver ce disque.
27. Tout le monde s'habitue — sortir sous la pluie.
28. J'ai demandé de l'argent — ma mère.
29. Nous avons dit cela — Paulette.
30. Elle ressemble — sa mère.
31. Vous ne regardez pas — vos livres!
32. Tu t'es mis — marcher?
33. Les gens nous ont aidés — pousser la voiture.
34. Je vous conseille — ne pas faire cela!
35. Michel s'est dépêché — aller au cinéma.
36. Son amie le menace — ne pas sortir avec lui.
37. On nous oblige — travailler.
38. L'équipe cherche — gagner le match.
39. J'ai décidé — partir.
40. L'enfant a été forcé — obéir à sa mère.
41. Il est défendu — fumer dans le Métro.
42. Mon ami m'a promis — m'offrir un cadeau.
43. Le professeur parle — élèves.
44. Je vous prie — être à l'heure.
45. L'enfant a ri — voir les clowns.
46. Nous voulons — partir.
47. Je dirai — enfants — ne pas sortir.
48. J'attends — le train.
49. L'enfant craint — aller seul à sa chambre.
50. Elle s'est mise — travailler.

Infinitive	Participles	Present Indicative	Imperfect Past Hist.	Future Conditional
Avoir, être				
avoir,	ayant	ai, as, a,	avais	aurai
to have	eu	avons, avez, ont	eus	aurais
être,	étant	suis, es, est,	étais	serai
to be	été	sommes, êtes, sont	fus	serais
Donner, Finir, Vendre				
donner,	donnant	donne, -es, -e,	donnais	donnerai
to give	donné	donnons, -ez, -ent	donnai	donnerais
finir,	finissant	finis, -is, -it	finissais	finirai
to finish	fini	finissons, -ez, -ent	finis	finirais
vendre,	vendant	vends, -s, vend,	vendais	vendrai
to sell	vendu	vendons, -ez, -ent	vendis	vendrais
Irregular Verbs				
aller,	allant	vais, vas, va,	allais	irai
to go	allé	allons, allez, vont	allai	irais
asseoir (Refl.	asseyant	assieds, -s, assied,	asseyais	assiérai
s'asseoir, *to*	assis	asseyons, -ez, -ent	assis	assiérais
sit down)				
battre,	battant	bats, -s, bat,	battais	battrai
to beat	battu	battons, -ez, -ent	battis	battrais
boire,	buvant	bois, -s, boit,	buvais	boirai
to drink	bu	buvons, -ez, boivent	bus	boirais
conduire,	conduisant	conduis, -s, -t,	conduisais	conduirai
to lead	conduit	conduisons, -ez, -ent	conduisis	conduirais
connaître,	connaissant	connais, -s, connaît	connaissais	connaîtrai
to know	connu	connaissons, -ez, -ent	connus	connaîtrais
courir,	courant	cours, -s, -t,	courais	courrai
to run	couru	courons, -ez, -ent	courus	courrais
craindre,	craignant	crains, -s, -t,	craignais	craindrai
to fear	craint	craignons, -ez, -ent	craignis	craindrais
croire,	croyant	crois, -s, -t,	croyais	croirai
to believe	cru	croyons, -ez, croient	crus	croirais
cueillir,	cueillant	cueille, -es, -e,	cueillais	cueillerai
to gather	cueilli	cueillons, -ez, -ent	cueillis	cueillerais
devoir,	devant	dois, -s, -t,	devais	devrai
to owe	dû (*f.* due)	devons, -ez, doivent	dus	devrais
dire	disant	dis, -s, -t,	disais	dirai
to say	dit	disons, dites, disent	dis	dirais

Grammaire: verbs

TABLE

Present Subjunctive	Imperative	Remarks. Verbs similarly conjugated
aie, aies, ait, ayons, ayez, aient	aie, ayons, ayez	
sois, sois, soit, soyons, soyez, soient	sois, soyons, soyez	
donne, -es, -e, donnions, -iez, -ent	donne, donnons, donnez	Large group
finisse, -es, -e, finissions, -iez, -ent	finis, finissons, finissez	Large group
vende, -es, -e, vendions, -iez, -ent	vends, vendons, vendez	Large group
aille, -es, -e, allions, -iez, aillent	va, allons, allez	Conjugated with *être*
asseye, -es, -e, asseyions, -iez, -ent	assieds, asseyons, asseyez	Used reflexively: s'asseoir, *to sit down*
batte, -es, -e, battions, -iez, -ent	bats, battons, battez	combattre, abattre
boive, -es, -e buvions, -iez, boivent	bois, buvons, buvez	
conduise, -es, -e, conduisions, -iez, -ent	conduis, conduisons, conduisez	produire, construire, réduire, traduire, etc.
connaisse, -es, -e, connaissions, -iez, -ent	connais, connaissons, connaissez	paraître, and compounds of both
coure, -es, -e, courions, -iez, -ent	cours, courons, courez	accourir, and other compounds
craigne, -es, -e, craignions, -iez, -ent	crains, craignons, craignez	Verbs in -indre, e.g. plaindre, éteindre
croie, -es, -e, croyions, -iez, croient	crois, croyons, croyez	
cueille, -es, -e, cueillions, -iez, cueillent	cueille, cueillons, cueillez	accueillir, recueillir
doive, -es, -e, devions, -iez, doivent	dois, devons, devez	
dise, -es, -e, disions, -iez, -ent	dis, disons, dites	

Infinitive	Participles	Present Indicative	Imperfect Past Hist.	Future Conditional
dormir, *to sleep*	dormant dormi	dors, -s, -t, dormons, -ez, -ent	dormais dormis	dormirai dormirais
écrire *to write*	écrivant écrit	écris, -s, -t, écrivons, -ez, -ent	écrivais écrivis	écrirai écrirais
envoyer, *to send*	envoyant envoyé	envoie, -es, -e, envoyons, -ez, envoient	envoyais envoyai	enverrai enverrais
faire, *to do, to make*	faisant fait	fais, -s, -t, faisons, faites, font	faisais fis	ferai ferais
falloir, *to be necessary*	fallu	il faut	il fallait il fallut	il faudra il faudrait
fuir, *to flee*	fuyant fui	fuis, -s, -t, fuyons, -ez, fuient	fuyais fuis	fuirai fuirais
lire, *to read*	lisant lu	lis, -s, -t, lisons, -ez, -ent	lisais lus	lirai lirais
mettre, *to put*	mettant mis	mets, -s, met, mettons, -ez, -ent	mettais mis	mettrai mettrais
mourir, *to die*	mourant mort	meurs, -s, -t, mourons, -ez, meurent	mourais mourus	mourrai mourrais
naître, *to be born*	naissant né	nais, -s, naît, naissons, -ez, -ent	naissais naquis	naîtrai naîtrais
ouvrir, *to open*	ouvrant ouvert	ouvre, -es, -e, ouvrons, -ez, -ent	ouvrais ouvris	ouvrirai ouvrirais
partir, *to depart*	partant parti	pars, -s, -t partons, -ez, -ent	partais partis	partirai partirais
plaire, *to please*	plaisant plu	plais, -s, plaît, plaisons, -ez, -ent	plaisais plus	plairai plairais
pleuvoir, *to rain*	pleuvant plu	il pleut	il pleuvait il plut	il pleuvra il pleuvrait
pouvoir, *to be able*	pouvant pu	peux (puis), -x, -t, pouvons, -ez, peuvent	pouvais pus	pourrai pourrais
prendre, *to take*	prenant pris	prends, -s, prend, prenons, -ez, prennent	prenais pris	prendrai prendrais
recevoir, *to receive*	recevant reçu	reçois, -s, -t, recevons, -ez, reçoivent	recevais reçus	recevrai recevrais
rire, *to laugh*	riant ri	ris, -s, -t, rions, -ez, -ent	riais ris	rirai rirais
rompre, *to break*	rompant rompu	romps, -s, -t, rompons, -ez, -ent	rompais rompis	romprai romprais
savoir, *to know*	sachant su	sais, -s, -t, savons, -ez, -ent	savais sus	saurai saurais

Grammaire: verbs

Present Subjunctive	Imperative	Remarks. Verbs similarly conjugated
dorme, -es, -e, dormions, -iez, -ent	dors, dormons, dormez	s'endormir, servir, sentir, mentir
écrive, -es, -e, écrivions, -iez, -ent	écris, écrivons, écrivez	décrire, inscrire
envoie, -es, -e, envoyions, -iez, envoient	envoie, envoyons, envoyez	renvoyer
fasse, -es, -e, fassions, -iez, -ent	fais, faisons, faites	
il faille		Used only in 3rd person singular
fuie, -es, -e, fuyions, -iez, fuient	fuis, fuyons, fuyez	s'enfuir
lise, -es, -e, lisions, -iez, -ent	lis, lisons, lisez	relire
mette, -es, -e, mettions, -iez, -ent	mets, mettons, mettez	permettre, promettre, remettre, omettre
meure, -es, -e, mourions, -iez, meurent	meurs, mourons, mourez	Conjugated with *être*, e.g. il est mort
naisse, -es, -e, naissions, -iez, -ent	nais, naissons, naissez	Conjugated with *être*, e.g. elle est née
ouvre, -es, -e, ouvrions, -iez, -ent	ouvre, ouvrons, ouvrez	couvrir, découvrir, offrir, souffrir
parte, -es, -e, partions, -iez, -ent	pars, partons, partez	Conjugated with *être*
plaise, -es, -e, plaisions, -iez, -ent	plais, plaisons, plaisez	
il pleuve		Used only in 3rd person singular
puisse, -es, -e, puissions, -iez, -ent		
prennes, -es, -e, prenions, -iez, prennent	prends, prenons, prenez	apprendre, comprendre, surprendre, reprendre
reçoive, -es, -e, recevions, -iez, reçoivent	reçois, recevons, recevez	apercevoir, décevoir, concevoir
rie, -es, -e, riions, riiez, rient	ris, rions, riez	sourire
rompe, -es, -e, rompions, -iez, -ent	romps, rompons, rompez	interrompre
sache, -es, -e, sachions, -iez, -ent	sache, sachons, sachez	

Infinitive	Participles	Present Indicative	Imperfect Past Hist.	Future Conditional
sortir, *to go* (come) out	sortant sorti	sors, -s, -t, sortons, -ez, -ent	sortais sortis	sortirai sortirais
suivre, *to follow*	suivant suivi	suis, -s, -t, suivons, -ez, -ent	suivais suivis	suivrai suivrais
taire (Refl. se taire, *to be silent*)	taisant tu	tais, -s, -t, taisons, -ez, -ent	taisais tus	tairai tairais
tenir, *to hold*	tenant tenu	tiens, -s, -t, tenons, -ez, tiennent	tenais tins, -s, -t, tînmes, tîntes, tinrent	tiendrai tiendrais
valoir, *to be worth*	valant valu	vaux, -x, -t, valons, -ez, -ent	valais valus	vaudrai vaudrais
venir, *to come*	venant venu	viens, -s, -t, venons, -ez, viennent	venais vins, -s, -t, vînmes, vîntes, vinrent	viendrai viendrais
vivre, *to live*	vivant vécu	vis, -s, -t, vivons, -ez, -ent	vivais vécus	vivrai vivrais
voir, *to see*	voyant vu	vois, -s, -t, voyons, -ez, voient	voyais vis	verrai verrais
vouloir, *to wish*	voulant voulu	veux, -x, -t, voulons, -ez, veulent	voulais voulus	voudrai voudrais

Verbs in -er showing slight variations

(a) In verbs like **manger** and **commencer,** the g or c must be softened (**ge, ç**) before **o** or **a,** e.g. nous mangeons, nous commençons; je mangeais, il commença.

(b) Verbs like **mener, lever, acheter** require **è** before mute endings.

Appeler and **jeter** open the **e** by doubling the consonant.

Répéter, espérer, etc., change **é** to **è** before mute endings, except in the future, where **é** stands.

Grammaire: verbs

Present Subjunctive	Imperative	Remarks. Verbs similarly conjugated
sorte, -es, -e, sortions, -iez, -ent	sors, sortons, sortez	Conjugated with *être*
suive, -es, -e, suivions, -iez, -ent	suis, suivons, suivez	poursuivre
taise, -es, -e, taisions, -iez, -ent	tais, taisons, taisez	Used reflexively: se taire, *to be (become) silent*
tienne, -es, -e, tenions, -iez, tiennent	tiens, tenons, tenez	contenir, retenir, appartenir, etc.
Imp. tinsse, -es, tînt, tinssions, -iez, -ent		
vaille, -es, -e, valions, -iez, vaillent	vaux, valons valez	
vienne, -es, -e, venions, -iez, viennent	viens, venons, venez	devenir, revenir, convenir, parvenir, se souvenir
Imp. vinsse, -es, vînt, vinssions, -iez, -ent		
vive, -es, -e, vivions, -iez, -ent	vis, vivons, vivez	survivre, revivre
voie, -es, -e, voyions, -iez, voient	vois, voyons, voyez	revoir
veuille, -es, -e, voulions, -iez, veuillent	veuille, veuillons, veuillez	

je mène	j'appelle	je jette	je répète
tu mènes	tu appelles	tu jettes	tu répètes
il mène	il appelle	il jette	il répète
nous menons	nous appelons	nous jetons	nous répétons
vous menez	vous appelez	nous jetez	vous répétez
ils mènent	ils appellent	ils jettent	ils répètent
je mènerai	j'appellerai	je jetterai	je répéterai
je mènerais	j'appellerais	je jetterais	je répéterais

(c) Verbs in **-oyer** (e.g. employer, nettoyer) and those in **-uyer** (e.g. ennuyer, essuyer) change y to i before mute endings. In the case of **essayer, payer,** etc., the change is optional.

INDEX TO ALPHABETICAL GRAMMAR LISTING

(The numbers refer to pages in the grammar section)

VOCABULAIRE

This Vocabulary explains the meanings of words in the *version* and *compréhension* passages, but only in the contexts in which they appear in this book. For fuller explanations of the various meanings and usages of these and other words, pupils are advised to consult their dictionaries.

A

abattre: to fell
un abécédaire: elementary spelling book
une abeille: bee
un aboi: bark
un aboiement: barking
d'abord: at first
aboutir: to end up
aboyer: to bark
abriter: to shelter
abruti: dazed
absolument: absolutely
s'abstenir: to withhold
accabler: to overwhelm
accentuer: to make more pronounced
acclamer: to cheer for
accompagner: to accompany
accomplir: to accomplish
d'accord: O.K.
être d'accord: to agree
accorder: to grant
une accoutumance: custom; habit
accoutumer: to accustom
s'accrocher: to cling
un accueil: welcome
accueillir: to welcome
un achat: purchase
acheter: to buy
un activiste: political activist
l'actualité (f): state of being up to date
les actualités: current events
filmées (f): newsreel

actuellement: at the present day
un adepte: member of a club
admettre: to admit
un admirateur: admirer
adossé: with one's back against
adoucir: to soften
une adresse: skill
un adversaire: opponent
aéré: airy
s'affaiblir: to grow weak
les affaires (f): business
affaissé: in a heap
affecté: attached
une affiche: notice
les affres (f): anguish
affreux: terrible
afin de: in order to
afin que: so that
une agence: agency
un agent: policeman
s'agglomérer: to assemble
agir: to act
il s'agit de: there is question of
un agrandissement: enlargement
s'agripper: to cling
agronomique: agricultural
aider: to help
aigu: high-pitched
l'ail (m): garlic
une aile: wing
ailleurs: elsewhere
d'ailleurs: moreover
aimable: nice
aimer: to like; to love
aîné: eldest
ainsi: thus

un air: tune
aisé: well off
mal à l'aise: uneasy
ajouter: to add
aller: to go
les aliments (m): foodstuff
l'alimentation (f): food
une allée: small avenue
l'Allemagne: Germany
allemand: German
(s)'allonger: to lengthen; to stretch
  out
allumer: to light
une allumette: match
une allure: movement;
  appearance
alors: then
alors que: while
alourdir: to make heavy
un alpiniste: mountain climber
un amas: pile
une âme: soul
améliorer: to improve
une amende: fine
amener: to bring (in)
amer: bitter
un amnésique: one who has lost
  one's memory
en amont: up-line
un amour: love
un amoureux: lover
amoureux de: in love with
s'amuser: to enjoy oneself
un an: year
ancien: former
ancrer: to anchor
un âne: donkey
un ange: angel
un angle: corner
un anneau: ring
une année: year
un anniversaire: birthday
une antiquité: antique
août: August
(s)'apercevoir: to notice
apparaître: to appear
un appareil: machine; 'plane
une apparition: appearance
un appel: appeal
(s)'appeler: to call
applaudir: to applaud

appliqué: hard-working
apporter: to bring
apprendre: to learn
s'apprêter: to get ready
appuyer: to support; to press
après: after
d'après: after
d'après: based on
une aquarelle: water colour
un arbitre: referee
un arbre: tree
l'argent (m): money; silver
une arme: weapon
armé: reinforced
une armée: army
une armoire: large cupboard
un armurier: gun-smith
un arrachement: tearing-up
arracher: to tear off
une araignée: spider
arrangeant: accommodating
un arrêt: stop
s'arrêter: to stop
en arrière: backwards
arriver: to happen; to arrive
articuler: to speak forth
un ascenseur: lift
asphyxier: to suffocate
un assaut: assault
s'asseoir: to sit down
assez: enough; rather
assis: sitting
assister: to be present
assommer: to knock out
assourdissant: deafening
assurer: to ensure
atroce: atrocious
atteindre: to reach
*atteindre sa
majorité:* to come of age
une atteinte: blow; attack
attendre: to await; to expect
un attentat: attack
atterrir: to land
attirer: to attract
un attribut: characteristic
une aube: Mass garment
une auberge: inn
un(e) aubergiste: inn-keeper
aucun: any
aujourd'hui: today

Vocabulaire

auparavant: previously
auprès de: near
aussi: also
aussitôt: immediately
autant: as much
d'autant que: all the more because
un auteur: author
un autocar: coach
une autoroute: motorway
un autostoppeur: hitch hiker
autour de: around
autre: other
autrement: in another way
en avance: early
avaler: to swallow
avant: before
en avant: ahead
avec: with
un avenir: future
une averse: shower
avertir: to warn
aveuglément: blindly
un avis: opinion
aviser: to warn
un avocat: lawyer
avoir: to have
avouer: to confess
ayez: have (command)

B

le baccalauréat: leaving certificate
la bagarre: argument
la baguette: wand
la baie: bay
le baigneur: bather
le bain: bath
baisser: to lower
le bal: dance
la balade: joy-ride
balayer: to sweep
le balcon: balcony
la balle: bullet
la banlieue: suburb
la banque: bank
la baraque: stall
barbu: bearded
faire barrage: to block
bas: low
à bas: down with
le bas-côté: hard shoulder

de base: basic
la bataille: battle
le bâtiment: building
bâtir: to build
battre: to beat
battre en retraite: to retreat
se battre: to fight
bavarder: to gossip
beau: fine
avoir beau: to do something in vain
beaucoup: many
la beauté: beauty
la bêche: spade
belle: nice; beautiful
la belle-mère: step-mother
belliqueux: warlike
le bénéfice: profit
bénéfique: beneficial
le berceau: cradle
le berger: shepherd
le besoin: need
bête: stupid
la bête: animal
le béton: concrete
le beurre: butter
le biberon: baby's bottle
la bibliothèque: library
le bien: good
bien: well
bien entendu: of course
le bienfait: benefit
bien que: although
les biens (m): goods; possessions
bien sûr: of course
bientôt: soon
le bijou: jewel
le bilan: graph
la bise: kiss
le bistrot: pub
bizarre: weird
blanc: white
blanche: white
le blé: wheat
blesser: to wound
bleu: blue
blindé: reinforced
en bloc: totally
bloquer: to block
boire: to drink
le bois: wood

la boisson: drink
boiter: to limp
le bol: bowl
la bombe: aerosol
bon: good
le bonbon: sweet
bondir: to jump
le bonheur: happiness
bon marché: cheap
la bonté: goodness
le bord: edge
la bouche: mouth
le boucher: butcher
boucher: to block
bouclé: curly
boueux: muddy
la bouffe: feed
bouger: to move
bouillant: boiling
le boulanger: baker
le boulevard: avenue
le boulevard périphérique: ring-road
bouleversé: overwhelmed
le bouquet: bunch of flowers
le bourdon: drone
le bourgeois: middle class
la bourse: purse
bousculer: to jostle
le bout: end; piece
la bouteille: bottle
braquer: to aim
le bras: arm
la brasserie: bar; pub
brave: good
bref: in brief
breton: from Britanny
le bricolage: do-it-yourself
le brigadier: police officer
briller: to shine
briser: to break
en brosse: in a crew cut
le brouillard: fog
le bruit: noise
brûler: to burn
brûler les feux: to go through traffic lights
brun: brown
brusque: sudden
brut: gross
la bûche: log

le buisson: bush
le bureau: office; desk
le buste: upper part of the body
le but: aim
buter: to bump against
la butte: hill
le buveur: drinker

C

C.R.S.: riot police
ça: that
le cabinet de consultation: doctor's surgery
cacher: to hide
le cachot: dungeon
le cadavre: corpse
le cadeau: present
cadet: youngest
le café: coffee
la caille: quail
le caillou: pebble
le Caire: Cairo
le calcul: arithmetic
le calendrier: calendar
le calice: chalice
le calvaire: representation of the Passion
le camarade: friend
le cambriolage: burglary
le cambrioleur: burglar
le camion: lorry
le camionneur: lorry driver
la campagne: countryside; campaign
le canard: duck
la canne: walking stick
le canon: barrel of a gun
la caoutchouc: rubber
car: for
le caractère: character; letter
le carreau: window pane
le carrefour: crossroad
la carrière: career; quarry
le carton: cardboard
le cas: case
la cascade: stunt
le cascadeur: stunt-man
le casque: cap
la casquette: peaked cap
le casse-cou: stunt-man
casser: to break

causer: to chat
la cave: cellar
céder: to give up
la ceinture: belt
cela: that
célèbre: famous
celles-ci: these
celui: the one
la cellule: cell
la cendre: cinder
cent: hundred
la centaine: about one hundred
le centre commercial: shopping centre
cependant: however
cerner: to circle
certes: certainly
ces: these; those
cesser: to cease
ceux-là: those ones
chacun: each person
le chagrin: sorrow
la chaîne: TV station; chain; set
la chaire: teacher's chair
la chaleur: heat
le chalumeau: crow-bar
la chambre: bedroom
le champ: field
la chance: luck
le changement: change
le chanoine: canon
la chanson: song
le chant: singing
chanter: to sing
le chanteur: singer
le chanteuse: singer
le chapeau: hat
le chapelier: hatmaker
chaque: each
le charbon: coal
la charcuterie: pork products
charger: to load
se charger de: to take charge of
charmant: charming
la charogne: filthy corpse
la chasse: hunting
chasser: to hunt; to dismiss
le chasseur: hunter
châtain: auburn
le château: castle
chaud: warm

chauffer: to warm
le chauffeur: driver
la chaussée: roadway
la chaussette: sock
la chaussure: shoe
le chef-d'oeuvre: masterpiece
le chemin: road; way
la cheminée: fireplace; mantlepiece
la chemise: shirt
le chemisier: blouse
le chêne: oak tree
cher: dear
chercher: to look for
chéri: cherished
le cheval: horse
la chevelure: hair
le cheveu: hair
la chèvre: goat
chez: to, at the house of
le chien: dog
le chiffon: rag
le chiffre: figure
le chignon: bun (hairstyle)
la chimie: chemistry
chimique: chemical
le chirurgien: surgeon
le choc: shock; bump; knock
le choeur: choir
choisir: to choose
le choix: choice
le chômage: being out of work
le chômeur: unemployed person
la chose: thing
le chou: cabbage
chouette: terrific
le chrétien: christian
le ciel: sky; heaven
le ciment: cement
le cimetière: cemetery
cinquante: fifty
la circulation: traffic
la cité H.L.M.: council flats
le citoyen: citizen
le civil: civilian
clair: clear; bright
la clé: key
la clef: key
le client: customer
cligner: to blink
le climat: climate

le clochard: tramp
le clou: nail
le coccinelle: ladybird
le cocher: coachman
le coeur: heart
le coffre (fort): strongbox
la coiffe: head gear
coiffé: wearing on one's head
le coiffeur: hairdresser
la coiffure: hairstyle
le coin: corner
coincer: to wedge
la colère: anger
coller: to stick; to glue
la colline: hill
combien: how much; how many
la commandature: high command
la commande: order
commander: to order
comme: like
commémorer: to commemorate
commencer: to begin
le commerçant: trader
le commerce: business
comment: how; what
commettre: to commit
le commis: messenger
commode: convenient
commun: in common; for all
la compagnie: company
le compagnon: companion
le comportement: behaviour
compréhensif: understanding
comprendre: to consist of; to understand
le comprimé: tablet
comprimer: to compress
y compris: including
la compatabilité: accounts
la compte: account
se rendre compte: to realise
compter: to count; to include; to intend
le comptoir: counter
le/la concierge: caretaker
conclure: to conclude
le concours: help
conçu: conceived
la concurrence: rivalry
le concurrent: rival

le conducteur: driver
conduire: to drive
la conduite: conduct
la conférence: lecture
la confiance: confidence
confiant: confident
le conflit: conflict
se confondre: to become intermingled
le confort: comfort
le congé: day-off
la connaissance: knowledge
perdre connaissance: to lose consciousness
connaître: to know
consacrer: to give
consciencieux: conscientious
le conseil: advice; council
le conseil des ministres: cabinet meeting
conseiller: to advise
consentir: to consent
le conservateur: curator
mettre en conserve: to preserve
les conserves (f): tinned food
le consommateur: consumer
la consommation: beverage
constater: to state
construire: to construct
le conte: tale
contenir: to contain
le contenu: contents
contourer: to by-pass
contraint: obliged
contre: against
le contraire: opposite
le contrôle: inspection
le contrôleur: inspector
convenable: proper; correct
convenir: to be the proper thing to do
le copain: pal
le coq: cockerel
la coque: hull
le cor: horn
le corbeau: crow
la corbeille: wastepaper basket
la corde: rope
le corps: body
corriger: to correct
le costume: suit

la côte: coast
le côté: side
le coteau: hill
côtier: of the coast
le cou: neck
couché: lying
le coude: elbow
couler: to flow
la couleur: colour
le couloir: corridor
le coup: blow; stroke; deed
coupable: guilty
le coup d'oeil: glance
la coupe: cup
le coupé: carriage
couper: to cut
la cour: yard; court
la basse-cour: farmyard
la Cour de Cassation: Appeals Court
être au courant: to know what is happening
courbé: bent
le coureur-automobile: racing driver
courir: to run
le courrier: mail
le cours: course
la course: errand; race; run
court: short
le courtisan: courtier
la courtoisie: courtesy
la coussin: cushion
le coût: cost
le couteau: knife
coûter: to cost
la coutume: custom
la couture: fashion
le couturier: fashion designer
couvert: covered
la couverture: blanket
couvrir: to cover
la craie: chalk
craindre: to fear
la crainte: fear
cramoisi: crimson
le crâne: skull
la cravate: tie
le crayon: pencil
la crèche: baby-minding facilities
créer: to create

la crématoire: crematorium
la crêperie: pancake shop
creuser: to dig
crever: to burst
cribler: to shoot full of holes
crier: to shout
la crise: crisis
la crise cardiaque: heart attack
le crissement: screeching
la critique: criticism
le crochet: hook
croire: to believe
la croisade: crusade
le croisé: crusader
croiser: to cross
le croissant: crescent-shaped bread roll
crouler: to collapse
la croute: scab
cueillir: to pick; to gather
le cuir; leather
cuire: to cook
la cuisine: kitchen
la cuisinière: cook; cooker
la culotte: short trousers
la culture: cultivation
le curé: parish priest

D

dans: in
davantage: more
déborder: to overflow
déboucher: to emerge
debout: up; standing
le début: beginning
décédé: dead
le décès: death
la décharge: discharge
les déchets (m): waste
le déchirement: heartache
déchirer: to tear
décidemment: decidedly
déclencher: to unleash
le décollage: take-off
décoller: to take off
décontracté: relaxed
découler: to drip
découper: to indent; to cut away; to cut
décourager: to discourage

la découverte: discovery
découvrir: to discover
décrire: to describe
déçu: disappointed
dedans: within
dédier: to dedicate
la défaillance: weakening
se défaire: to fall apart
défendu: forbidden
défiler: to pass by
dégager: to clear away
dégrader: reduce in rank
se dégrader: to lose importance
déguiser: to disguise
dehors: outside
déjà: already
le déjeuner: lunch
le petit déjeuner: breakfast
au-delà: beyond
la délation: informing
délicieux: delightful
délirer: to become delirious
délivrer: to free
demander: to ask for
demain: tomorrow
la démarche: walk
démarrer: to start up
demeurer: to remain; to live
demi: half
la démission: resignation
la demoiselle: young lady
démolir: to demolish
démontrer: to demonstrate
le dénouement: ending of a story
la dent: tooth
le départ: departure
dépasser: to go beyond
se dépêcher: to hurry
la dépense: expense
dépenser: to spend
en dépit de: in spite of
se déplacer: to move off
déplaire: to displease
déposer: to drop off
dépouiller: to rob
depuis: since
dernier: last; latest
dérober: to rob
se dérouler: to unfold
la déroute: route
derrière: behind

dès: from the moment of
désagréable: unpleasant
le désastre: disaster
la descente: raid
le déséquilibré: mental case
désespéré: desperate
le désespoir: despair
désolé: very sorry
désordonné: unrestrained
désorienté: lost
se dessécher: to dry up
le dessin: drawing
dessiner: to draw
au-dessous: below
au-dessus: above
se détacher: to stand out
détailler: to set out
se détendre: to relax
le détenu: prisoner
détourner: to turn away
la détresse: distress
les détritus (m): waste
détruire: to destroy
devant: in front of
devenir: to become
deviner: to guess
devoir: to have to
le devoir: duty
le diamant: diamond
difficile: difficult
diffuser: to broadcast
digne: worthy
dimanche (m): Sunday
diminuer: to lessen
le dîner: evening meal
dire: to say; to tell
le directeur: headmaster
diriger: to direct
disparaître: to disappear
disponible: available
disposer: to place
disposer de: to have
le disque: record
la distraction: absent-mindedness
distrait: absent-minded
le divertissement: amusement; distraction
divin: divine
la dizaine: about ten
le dogue: hound
le doigt: finger

194

le dolmen: stone monument
le domaine: estate
le domestique: servant
les dommages (m): damage
donc: therefore
les données (f): data
donner: to give
donner sur: to lead into
dont: of which; whose
doré: golden
dormir: to sleep
le dortoir: dormitory
le dos: back
le dossier: file
doter: to endow; to give
la douceur: softness
la douche: shower
doué: endowed
la douleur: pain; grief
le doute: doubt
se douter de: to suspect
doux: gentle
la douzaine: dozen
la doyenne: leader
la dragée: pill
le drap: sheet
le drapeau: flag
dresser: to draw up
se dresser: to stand forth
le droit: right; law; royalty
droite: right
drôle: funny
dru: vigorous
dû: past participle of *devoir*
dur: hard
la durée: duration
durer: to last
le duvet: down

E

l'eau (f): water
éblouir: to dazzle
ébranler: to shake
à l'écart: to one side
écarter: to push aside
un échafaud: gallows
un échafaudage: scaffold
s'échapper: to escape
échauffer: to heat up
un échec: failure
les échecs (m) chess

une échelle: ladder
un échelon: grade
échouer: to fail
un éclair: flash
éclairé: enlightened
un éclairage: lighting
un éclat: brightness
éclater: to burst forth
une école: school
économe: economical
écouter: to listen to
un écran: screen
écraser: to crush
s'écraser: to crash
s'écrier: to shout
écrire: to write
une écriture: handwriting
un écrivain: writer
un édifice: building
édifier: to build
une édition: publication
effectuer: to carry out
un effet: effect
efficace: efficacious
s'effondre: to collapse
un effroi: fear
effroyable: terrible
égal: equal; stable
également: equally
une égalité: equality
à l'égard de: with regard to
une église: church
un égout: sewer
élevé: high
un élève: pupil
élever: to raise
éloigné: far off
s'éloigner: to move off
emballer: to wrap up
un embouteillage: traffic jam
émerveillé: marvelling
émettre: to broadcast
une émission: broadcast
emmener: to bring (out)
s'emparer de: to take possession of
empêcher: to prevent
un emploi: job
émouvant: moving
un employé: clerk
emporter: to carry off

une emprise: power; hold
emprunter: to borrow; to take
un encombrement: clutter
encombrer: to clutter up
encore: yet; still; again
encore que: although
encourir: to run (a risk)
un encrier: ink-well
s'endormir: to fall asleep
un endroit: place
s'énerver: to become irritated
une enfance: childhood
un enfant: child
un enfant de choeur: altar boy
un enfer: hell
enfermer: to enclose
enfin: finally
s'enfuir: to flee
un engagement: obligation
s'engager: to join
enjamber: to step over
un enlèvement: kidnapping
enlever: to kidnap; to remove
ennuyer: to annoy
ennuyeux: annoying
énorme: enormous
une enquête: enquiry
enregistrer: to record
s'enrichir: to grow rich
enseigner: to teach
ensemble: together
un ensemble: group
ensuite: next
entasser: to pile up
entendre: to hear
un enterrement: burial
enterrer: to bury
entier: entire; whole
entre: between
une entrée: second course
entrer: to go in
entourer: to surround
un entrain: liveliness
entraîner: to bring about; to drag along
entreprendre: to undertake
une entreprise: business
entr'ouvrir: to half open
une envie: desire
environ: about
les environs(m): surroundings

un envoi: parcel
s'envoler: to fly off
envoyer: to send
un épagneul: spaniel
épais: thick
s'épanouir: to flourish
éparpiller: to spread
une épaule: shoulder
une épée: sword
une épicerie: grocer's shop
un épicier: grocer
en éponge: towelling
une épopée: epic
une époque: era
une épouse: wife
épouser: to marry
épouvantable: terrible
épouvanté: frightened
époux: husband
une épreuve: test; trial; proof
éprouver: to test; to feel
épuisé: exhausted
en équilibre: balanced
un équipage: crew
une équipe: team
errer: to wander
escalader: to climb over
une escale: port of call
un escalier: staircase
une escrime: fencing
une espace: space
espagnol: Spanish
une espèce: type
espérer: to hope
un espoir: hope
un esprit: mind; wit
une esquisse: sketch
un essai: attempt; test
essayer: to try
l'essence (f): petrol
un essor: take off; increase
essoufflé: breathless
l'est (m): east
estimé: well thought of
estimer: to reckon
une estrade: platform
établir: to establish
un établissement: establishment
un étage: floor; storey
étaler: to spread out
un étang: pond

une étape: stage of a journey
un état: state
les États-Unis (m): the United States
étayer: to support
l'été (m): summer
s'étendre: to stretch; to extend
une étoffe: material
une étoile: star
s'étonner: to astonish
étouffer: to smother
étrange: strange
un étranger: stranger
à l'étranger: abroad
étroit: narrow
une étude: study
un étudiant: student
eux: them
évaluer: estimate
une évasion: escape
un événement: event
un évêque: bishop
éviter: to avoid
une exactitude: punctuality
exagérer: to exaggerate
un examen: examination
s'excuser: to apologise
un exemplaire: copy
exercer: to practice; to be in charge of
un exercice: exercise
une exigence: demand
exiger: to demand
exister: to exist
un exode: exodus
expérimenté: experienced
expérimenter: to try out
expliquer: to explain
expirer: to die
une exposition: exhibition
exprès: deliberately
s'exprimer: to express oneself
expulser: to expel
une extase: ecstacy
extrême: final

F

la fabrique: factory
fabriquer: to make
en face de: opposite

fâché: angry
facile: easy
la façon: way
le facteur: postman
factieux: factional
faillir faire: to almost do
la faim: hunger
faire: to make; to do
faire semblant: to pretend
le fait-divers: news item
la famille: family
le fantôme: ghost
la farce: practical joke
le farceur: practical joker
fasse: subjunctive of *faire*
fatigant: tiring
fatigué: tired
il faut: it is necessary
la faute: fault; mistake
le fauteuil: chair (in a theatre); armchair
le fauve: wild beast
faux: false
le faux: forgery
la fée: fairy
féliciter: to congratulate
la femme: woman
la fenêtre: window
féroce: fierce
le fer: iron; horse-shoe
le jour férié: national holiday
la ferme: farm
fermer: to close
le fermier: farmer
la ferraille: scrap-metal
ferrer: to shoe (a horse)
le feu d'artifice: firework
la feuille: leaf; sheet
la fête: feast-day
fêter: to celebrate
le feuilleton: TV serial
les feux: head-lights
fidèle: faithful
fier: proud
la fierté: pride
la fièvre: fever
la figure: face
figurer: to appear
la fille: daughter
le fil: wire
le fils: son

filtrer: to allow through gradually
la fin: end
fin: fine-featured
financier: financial
finir: to finish
le fisc: tax authorities
le flanc: side
flanquer: to flank
la fleur: flower
la floraison: blooming
flotter: to fly (a flag); to float
la foi: faith
le foie gras: goose liver meat paste
la fois: time
à la fois: simultaneously
la folie: madness
la folle: madwoman
foncé: dark
la fonction: function
le fonctionnaire: civil servant
fonctionner: to work
le fond: depths; back; background
fonder: to found
fondre: to pounce
les fonds (m): funds
la force: strength
la forêt: forest
la formation: training
la forme: shape; mood
fort: strong; very; loud
de fortune: lucky
le fossé: ditch
le fou: madman
le foudre: thunderbolt
foudré: thunderstruck
fouiller: to search
le foulard: head-scarf
la foule: crowd
le fourgon à bagages: baggage car
la fourmi: ant
la fournaise: furnace
fournir: to provide
fourrer: to stuff
la fraîcheur: freshness; coolness
le frais (m): expenses
frais: cool
français: French
frapper: to strike; to knock; to hit
la frayeur: fear
freiner: to brake
le frémissement: sighing

fréquenter: to use frequently (a place)
froisser: to brush past
frissonner: to shiver
froid: cold
le fromage: cheese
froncer: to wrinkle
le front: forehead
frotter: to rub
la fumée: smoke
fumer: to smoke
funèbre: funereal
le fusil: rifle
la fusillade: (burst of) gunfire
le fusil-mitrailleur: automatic rifle

G

les gages (m): wages
gagner: to earn; to win; to gain; to reach
gai: gay
la galerie: tunnel
la galette: cake
le gant: glove
la gare: railway station
prendre garde: to take care
garder: to maintain; to keep
garer: to park
le gars: lad
gaspiller: to waste
le gastronome: food expert
gauche: left
le gaz: gas
geler: to freeze
gémir: to groan; to cry out
la gendarmerie: police station
gêné: annoyed
le génie: genius
le genou: knee
le genre: type
les gens: people
gentil: nice; kind
la gentillesse: niceness; kindness
le gérant: manager
le geste: gesture
le gibier: game (hunting)
la glace: mirror
glacé: iced; frozen
glacial: icy
glisser: to slip

la gloire: glory
le gonflement: swelling
le gorille: bodyguard
le gosse: kid
le gouffre: abyss
le goût: taste
le goûter: afternoon snack
la gouttière: gutter
grâce à: thanks to
grand: great; big
le gratte-ciel: skyscraper
gratuit: free
gravir: to climb
grec: Greek
grelotter: to shiver
le grenier: loft
la grève: strike
grièvement: grievously
le grillage: wire-fronted board
la grille: gate
grimper: to climb
gris: grey
le grognement: growling
gronder: to scold
gros: large
la grotte: cave
la guêpe: wasp
ne . . . guère: hardly
guérir: to cure
la guerre: war

hebdomadaire: weekly
un hébergement: shelter
un hectare: 2,5 acres
hein?: eh?
hélas: alas
une herbe: grass
une heure: hour
heureux: happy
heurter: to bump into
hier: yesterday
une hirondelle: swallow
une histoire: history; story
un homme: man
honorer: to honour
la honte: shame
honteux: ashamed
un hôpital: hospital
un horloger: watchmaker
hors de: out of
un hors-la-loi: outlaw
un hospice: workhouse
une hostie: host
un hôtel de ville: townhall
une hôtesse: hostess
une huile: oil
une huître: oyster
une humeur: mood
humide: damp
hurler: to scream
hypersensible: extremely sensitive

H

habile: skilful
s'habiller: to dress
un habit: article of clothing
un habitant: inhabitant
habiter: to live in
une habitude: habit; custom
d'habitude: usually
un haillon: rag
une haine: hatred
une haleine: breath
un hameau: small village
hanter: to haunt
un harmonium: small organ
au hasard: at random
hausser: to shrug
haut: high
un haut de forme: top hat
une hauteur: height

I

ici: here
une idée: idea
ignorer: to not know
une île: island
il y a (+ time): ago
un immeuble: block of flats
impératif: necessary
une impératrice: empress
un imperméable: raincoat
impitoyable: pitiless
impliquer: to involve
importer: to matter
s'imposer: to become necessary
un impôt: tax
impressionant: impressive
imprimer: to print
inattendu: unexpected
un incendie: fire

incertain: unsteady
s'incliner: to bow
inconnu: unknown
incroyable; incredible
inculte: uncultivated
indécis: undecided
s'indigner: to become indignant
indiquer: to point out
un industriel: industrialist
inégal: unequal
inférieur: less
infernal: hellish
s'infiltrer: to permeate
un infini: infinity
infirme: crippled
une infirmière: nurse
les informations (f): news
une infraction: misdemeanour
innombrable: innumerable
inquiet: anxious
inquiétant: disturbing
s'inquiéter: to become anxious
une inquiétude: anxiety
insensiblement: imperceptibly
s'installer: to settle down
à l'insu de: unknown to
insuffler: to inspire
insupportable: unbearable
interdit: forbidden
un intérêt: interest
un interlocuteur: person to whom one is talking
interpeller: to address
interrompre: to interrupt
un intime: close friend
inutile: useless
inverse: opposite
invraisemblable: unlikely
irréel: unreal
faire irruption: to break into
une issue: exit
un itinéraire: route
ivre: drunk

J

jadis: formerly
jalouser: to be jealous of
la jambe: leg
ne . . . jamais: never
jaune: yellow

jauni: yellowed
jeter: to throw
jeter un coup d'oeil: to glance
le jeu: game; quiz
jeudi: Thursday
jeune: young
la jeunesse: youth
le joaillier: jeweller
la joie: joy
se joindre: to join
joli: pretty
la joue: cheek
jouer: to play
le jouet: toy
le joueur: player
jouir de: to enjoy
le jour: day
le journal: newspaper
la journée: day
joyeux: joyful
juger: to judge
les jumelles (f): binoculars
la jupe: skirt
jurer: to swear
juridique: judical; legal
le jus: juice
jusqu'à: until

L

labourer: to dig up
le lac: lake
laisser: to leave
le lait: milk
la lame: blade
se lamenter: to complain
lancer: to throw; to launch
la langue: language; tongue
le lapin: rabbit
laquelle (f): which
large: wide
las: weary
la lassitude: weariness
se laver: to wash
la leçon: lesson
la lecture: reading
léger: light; slight
le légume: vegetable
le lendemain: next day
lent: slow
se lever: to rise

la lèvre: lip
la liaison: link
le libertinage: freedom
libre: free
le libre-service: self-service
le lieu: place
se liguer: to form an alliance
le linceul: shroud
lire: to read
la lisière: edge
le lit: bed
le livre: book
livrer: to give up
le local: premises
le locataire: tenant
la locution: phrase
la loge: apartment; actor's dressing-room
loger: to live in
la loi: law
loin: far
lointain: far off
la longueur: length
la loque: rag
lorsque: when
la louange: praise
louer: to rent
lourd: heavy
lugubre: mournful
lui: to him; to her
luire: to shine
la lumière: light
lundi (m): Monday
la lutte: struggle

M

mâcher: to chew
le maçon: mason
le magasin: shop
la main: hand
maintenant: now
maintenir: to keep up
le maintien: maintenance
le maire: Mayor
la mairie: town hall
mais: but
le maître: master
la majorité: coming of age; majority
mal: badly
le mal: evil; harm

pas mal de: quite a few
malade: ill
le malade: patient
la maladie: illness
maladroit: unskilled
le malaise: uneasiness; sickness
le malfaiteur: wrong-doer
malgré: in spite of
le malheur: misfortune
malheureux: unhappy
le manche: handle
la manche: sleeve
la manière: manner; way
le mannequin: model
le manque: lack
manquer: to miss; to be missing
la maquette: model
se maquiller: to make-up
le marchand: merchant
la marchandise: goods
la marche: walk; step
le marché: market
bon marché: cheap
en marche: running; going
marcher: to walk, go
la marée: tide
le mari: husband
le marin: sailor
la marine: Navy
la marque: brand; sign
marquer: to mark; to show
le marteau: hammer
le mastodonte: (large) lorry
le matelas: mattress
la matière: matter
le matin: morning
le mâtin: mastiff (dog)
la matinée: morning
mauvais: bad
le mec: fellow; bloke
méchant: nasty
mécontent: unhappy
la médaille: medal
le médecin: doctor
le médicament: medicine
(le) meilleur: better; (the) best
le mélange: mixture
mélanger: to mix
le membre: limb
même: same; very
la menace: threat

201

menacer: to threaten
le ménage: house (hold)
faire le ménage: to do the
  housework
la ménagère: housewife
mendier: to beg
mener: to lead
le menhir: standing stone
le menteur: liar
la mer: sea
mercredi: Wednesday
mériter: to deserve
le merle: blackbird
la merveille: marvel
la messe: Mass
à mesure que: according as
(être) en mesure de: (to be) in a
  position to
le métier: job; trade
mettre: to put
se mettre à: to begin to
le métro: underground railway
le meuble: furniture
le meurtre: murder
le meurtrier: murderer
mi-chignon: semi-bun
midi: noon
le miel: honey
(le) mien: mine
mieux: better
le milieu: middle-class
au milieu de: in the middle of
le milliard: 1000 million
le milliardaire: multi-millionaire
le mille: thousand
le millier: (about) a thousand
mince: thin; slim
le mineur: minor
minuit: midnight
minutieux: detailed
la mise en écrit: written account
le misérable: wretch
la misère: poverty; hardship
le mitrailleur: machine-gunner
le mode: means
la mode: fashion
les moeurs: customs; morals
moi: I; me
moindre: less; least
moins: less
au moins: at least

le mois: month
la moitié: half
le monde: world; people
mondial: world-wide
le montagnard: mountain dweller
la montagne: mountain
monter: to go up
la montre: watch
montrer: to show
le morceau: piece
la morsure: bite
la mort: death
le mot: word
le motard: motorcyclist
la moto: motorbike
la mouche: fly
le mouchoir: handkerchief
mouillé: wet
le moulin: mill
mourir: to die
le mouton: sheep
moyen: average
le moyen: means; way
le moyen-âge: the Middle Ages
muet: mute; quiet
munir: to equip
mûr: mature
le mur: wall
mûrir: to ripen
le museau: snout
le musée: museum
le mystère: mystery

N

nager: to swim
la naissance: birth
naître: to be born
naquis: see naître
la narine: nostril
natal: native
la natation: swimming
le naturel: nature
naufragé: shipwrecked
ne . . . ni . . . ni: neither . . . nor
né: see naître
néanmoins: nevertheless
le néant: nothingness
négliger: to neglect
la neige: snow
net: sharp

la netteté: distinctness
neuf: new
le neveu: nephew
le nez: nose
le nid: nest
nier: to deny
le niveau: level
la noblesse: nobility
nocif: harmful
nocturne: (of) night
le Noël: Christmas
noir: black
la noix: nut
le nom: name
nommer: to name
nombreux: numerous
le nord: north
notamment: in particular
la note: (exam) mark
noter: to jot down
notre: our
nouveau: new
la nouveauté: novelty
la nouvelle: news
la nourrice: nurse
nourrir: to feed
la nourriture: food
(se) noyer: to drown
nu: bare; naked
nu-tête: bare headed
le nuage: cloud
nuisible: harmful
la nuit: night
nullement: not at all
le numéro: number

O

obliger: to have obligations
s'obscurcir: to darken
les obsèques: funeral
obtenir: to obtain
occidental: western
s'occuper (à): to be busy (doing)
s'occuper de: to look after
un oeil: eye
un oeuf: egg
une oeuvre: work
offrir: to offer
un oiseau: bird
un olivier: olive tree

une ombre: shade; darkness
on: one; we; you; etc.
une once: ounce
opiniâtre: persistant
or . . . : now . . .
l'or (m): gold
ordonner (à): to order
les ordures: rubbish
une oreille: ear
un orphelin: orphan
un os: bone
oser: to dare
un otage: hostage
ôter: to take off ·
où: where
oublier: to forget
ouest (m): west
un ours: bear
un outil: tool
ouvert: open
un ouvrage: work
un ouvrier: worker
ouvrir: to open

P

la paille: straw
la paillasse: mattress
le pain: bread
le panier: basket
paisible: peaceful
la paix: peace
le palais: palace
la palier: landing
pâlir: to pale
le pamplemousse: grapefruit
le pantalon: trousers
en panne: broken down
le papier: paper
Pâques: Easter
le paquet: packet
par: by; through
paraître: to appear; seem
le parapluie: umbrella
parce que: because
par-ci, par-là: here and there
parcourir: to travel through
pareil: (a) like; similar
parfait: perfect
parfois: sometimes
le pari: betting

le parking: car park
parler: to talk; speak
parmi: among
la paroisse: parish
la parole: word
(autre) part: (else) where
à part: apart from
partager: to share; divide
le participe: participle
la partie: part
partir: to go away; leave
à partir de: from . . .
partout: everywhere
parvenir à: to arrive; succeed
le pas: (foot)step
le passage à niveau: level crossing
le passant: passer-by
le passé: past
passer: to spend; pass
se passer: to happen
se passer de: to do without
passionné: fond of
patiner: to skid; skate
le patois: dialect
la patrie: fatherland
le patron: boss; owner
la patrouille: patrol
la patte: paw; foot
pauvre: poor
payer: to pay for
le pays: country
le paysage: scenery; landscape
le paysan: countryman
Les Pays-Bas: Netherlands
le Pays de Galles: Wales
la peau: skin
la pêche: fishing
pêcher: to fish
le pêcheur: fisherman
le peignoir: dressing-gown
peindre: to paint
à peine: hardly
la peine: pain; trouble; punishment
le peintre: painter
la peinture: painting; paint
pêle-mêle: higgledy-piggledy
le pèlerinage: pilgrimage
le pèlerin: pilgrim
la pelure: skin
la pelletée: shovelful

se pencher: to bend
pendant: during; for
pendre: to hang
péniblement: laboriously
la pensée: thought
penser: to think
percer: to pierce
la perceuse: drill
perdre: to lose
périgordin: of Périgord (a region)
périphérique: circular
(se) permettre: to allow (oneself)
perpétrer: to carry out
personne . . . ne: nobody
la personne: person
le personnel: staff
la perspective: prospect
la perte: loss
peser: to weigh
la peste: plague
le petit-déjeuner: breakfast
un peu: a little
à peu près: almost; approximately
peu à peu: little by little
le peuple: people
peupler: to people
la peur: fear
peut-être: perhaps
le phare: headlight
le pharmacien: chemist
la phrase: sentence
la pièce: room; piece; coin
la pièce de théâtre: play
le pied: foot
le piège: trap; snare
la pierre: stone
pierreux: stony
le pilier: pillar
piller: to pillage
le pin: pine
la piqûre: bite; injection
pire: worse
la piste: track; runway
la place: square; place
la plage: beach
plaider: to plead
plaindre: to pity
se plaindre: to complain
la plaine: plain
la plainte: complaint
plaire à: to please

plaisanter: to joke
la plaisanterie: joke
le plaisir: pleasure
le plan: level
la planche: plank
planter: to drive
la plaque: spot
plat: flat
le plat: dish; course
plein; full
pleurer: to cry
pleuvoir: to rain
plier: to fold (up); bend
le plongeon: diving
plonger: to dive; plunge
la pluie: rain
la plume: pen
la plupart: the majority; most
plus: more
ne . . . plus: no more; no longer
plusieurs: several
plutôt: rather
le pneu: tyre
la poche: pocket
le poids: weight
la poésie: poetry
poignant: sad
le poil: hair; fur
le poing: fist
ne . . . point: not (at all)
le pois: pea
le poisson: fish
la poitrine: chest
le poivre: pepper
poli: polite
le policier: policeman
la politesse: politeness
la Pologne: Poland
polonais: Polish
la pomme: apple
le pompier: fireman
le pont: bridge
le portail: portal
la porte-plume: penholder
porter: to carry; wear
le portrait-robot: Identikit
 picture
poser: to place; to put down
poser une question: to ask a
 question
posséder: to possess

le poste (de télé): (television) set
le potage: soup
le potager: vegetable garden
le pot-de-vin: bribe
le poteau de signalisation: road-
 sign
la poubelle: dust-bin
le poudre: powder
le poulet: chicken
le poumon: lung
la poupée: doll
pour: for; in order to
pourchasser: to pursue
pourpre: purple
pourquoi: why
la poursuite: pursuit
poursuivre: to follow; chase
se poursuivre: to continue
pourtant: however
pourvu que: provided that
la poussée: push
pousser: to grow; push
pousser (un cri, etc.): utter; give
 (a shout, etc.)
la poussière: dust
poussiéreux: dusty
pouvoir: to be able: (one) can
la prairie: meadow
le pratiquant: practising
 (Catholic)
pratiquer: to carry out
le pré: meadow
prêcher: to preach
précieux: precious
se précipiter: to rush; to throw
préciser: to specify
précoce: early
prédire: to predict
la préfecture de Police: Police
 Headquarters
préféré: favourite
premier: first
prendre: to take
s'en prendre à: to attack
le prénom: first-name
près de: near
presque: almost
pressé: in a hurry
prêt: ready
le prêt à porter: ready-to-wear
prétendre: to claim

prêter: to lend
prétexter; to give as a pretext
le prêtre: priest
la preuve: proof
prévenir: to prevent; warn
la prévision: forecast
prévoir: to foresee; plan
prier: to pray
la prière: prayer
en principe: in theory
le printemps: Spring
la prise: the taking
le prix: prize; price
priver: to deprive
le procès: trial
le processus: process
prochain: next
proche: near
produire; to produce
le produit: product
profond: deep
la projection: throwing
le projet: plan
projeter: to show (film)
la promenade: walk; trip
se promener: to walk; stroll
promouvoir: to promote
à propos de: about; for
propre: (one's) own; clean; proper
la propriété: property
propulser: to propel
se prosterner: to bow down
prostré: prostrate
protéger: to protect
le puceron: green-fly
puis: then
puiser à la source: to go to the source
puisque: since
la puissance: power
puissant: powerful
puisse: subjunctive of pouvoir
le puits: well
pulluler: to multiply
punir: to punish
la punition: punishment
le pupitre: desk

Q

le quai: platform; quay

quand: when
quand-même: all the same
quant à: as regards
le quart: quarter
le quartier: area (of town)
le quartier-général: headquarters
quatorze: fourteen
que: that; which; what
ne . . . que . . . only
quel: which; what
quelconque: whatever
quelque: some
quelquefois: sometimes
quelqu'un: someone
la queue: tail
qui: which; who; that
quinze: fifteen
la quinzaine: about fifteen
quinzième: fifteenth
quitter: to leave
quoi: what
quotidien: daily

R

rabattre: to fold back
raconter: to tell; relate
la rafale: squall
rafraîchir: to refresh
raide: stiff
la raie: (hair) parting
la raison: reason; right
ralentir: to slow down
rallumer: to relight
ramener: to lead back
la rampe: bannisters
ramper: to crawl
ranger: to settle; to tidy
se rappeler: to remember
le rapport: relation
se rapprocher: to approximate
se rassembler: to come together
se rasseoir: to sit down again
rater: to miss
le rayon: shelf; radius
le réacteur: jet engine
réagir: to react
réaliser: to make real
rebondir: to rebound
récemment: recently
la recette: recipe

les recettes: takings (money); tax
recevoir: to get
réchauffer: to heat up
rechercher: to look for
la recherche: search
le récit: story
la réclame: advertising
la récolte: harvest
la récompense: reward
récompenser: to reward
reconnaître: to recognise
reconduire: to bring back
recouvert: covered
recueillir: to take in
reculer: to move back
redevenir: to become again
rédiger: to write (book, etc.)
la redingote: overcoat
redouter: to fear
se redresser: to straighten up
réduire: to reduce
réfléchir: to reflect; think of
regagner: to return to; go back
le regard: look
regarder: to look at
la règle: ruler; rule
en règle: in order
le règlement: regulation
régler: to fix; regulate
règner: to reign
la reine: queen
la réinsertion: reintegration
rejeter: to reject
rejoindre: to go back (to); join
la réjouissance: rejoicing
le relâche: respite
relever: to raise (again)
relier: to link
remarquer: to notice
rembourser: to pay back
remercier: to thank
remettre: to put; give back
se remettre: to take up again
remonter: to go back up;
  re-climb
remplacer: to replace
remplir: to fill
remuer: to move about
renaître: to be re-born
le renard: fox
rencontrer: to meet

rendre: to give (back); to make
se rendre: to go
se rendre compte: to realise
la renommée: fame
renommé: famous
renoncer à: to give up
le renseignement: information
la rentrée: return; come-back
rentré: suppressed
rentrer: to return
renverser: to throw back; knock
  over
le renversement: overthrow
renvoyer: to send back
la réparation: repair
répartir: to divide
le repas: meal
repêcher: to fish out
la répétition: rehearsal
le répit: respite; rest
répondre: to reply
la réponse: answer
le repos: rest
se reposer: to rest
repousser: to push back
reprendre: to take (to) again
un reproche: reproach
se reprocher: to reproach oneself
résonner: to resound
résoudre: to solve
respirer: to breathe
ressembler à: to resemble
ressentir: to feel
rester: to stay; remain
(se) rétablir: to re-establish
retard: late
en retard: late
retardé: late, delayed
retenir: to delay; to keep back/in
retentir: to ring out
(se) retirer: to go back
le retour: return
de retour à (chez): back at . . .
  (home)
retourner: to return
la retraite: retreat, retirement
(se) retrouver: to find oneself
  (again); to meet again
réunir: to (re)unite
réussir: to succeed
en revanche: on the other hand

le rêve: dream
le réveil: awakening
(se) réveillir: to awaken
révéler: to reveal
revendre: to re-sell
revenir: to come back; return
rêver: to dream
revêtir: to dress
la revue: magazine
le rez-de-chausée: ground floor
le rhume: cold
riant: laughing; pleasant
la ride: wrinkle
le rideau: curtain
(ne) . . . rien: nothing
rire: to laugh
le rire: laughter
la rive: (river) bank
la rivière: river
la robe: dress; robe
le robinet: tap
le rocher: rock
le roi: King
le roman: novel
le roman policier: detective novel
rompre: to break
ronger: to gnaw
à la ronde: around
rose: pink
rôtir: to roast
rougeâtre: reddish
le rouge-gorge: robin
rougir: to blush
rouler: to travel
un rouleau: roller
la route: road
le routier: lorry driver
la royauté: royalty
rude: tough
la rue: street
rugueux: rough
ruisseler: to stream
rusé: cunning

S

le sable: sand
le sac: bag
sacré: sacred
sage: wise; good
la sage-femme: midwife

la sagesse: wisdom
sain: healthy; wholesome
sain et sauf: safe and sound
saisir: to grab
la saison: season
le salaud: swine
la salle: room; hall
le salon: room; sitting room
saluer: to salute; greet
le samedi: Saturday
le sang: blood
le sang-froid: coolness
sanglant: bloody
sans: without
la santé: health
le sapin: fir tree
satisfaire: to satisfy
satisfaisant: satisfactory
le saucisson: sausage
sauf: except
sauter: to jump; leap
sauvage: wild
sauvegarder: to safeguard
sauver: to save
se sauver: to run off; away
le sauvetage: rescue
savant: learned; clever
la saveur: flavour
savoir: to know
le savoir: knowledge
le sceau: seal
la scène: stage
la scierie: saw-mill
scruter: to scan
la séance: session
(à) sec: dry
sécher: to dry
la sécheresse: dryness; drought
le secours: help
séduire: to seduce; attract
le sel: salt
selon: according to
la semaine: week
semblable: similar; like
sembler: to seem
le sens: direction; meaning
sensible: sensitive
sensiblement: appreciably
le sentier: path
(se) sentir: to feel
séparer: to separate

septième: seventh
sera: future of être
la série: series
le serpent: snake
(se) serrer: to squeeze; shake
la serrure: lock
servir: to serve
se servir de: to use
le seuil: door-step
seul: alone; only; single
seulement: only
si: if; so; yes
le siècle: century
le siège: siege
siffler: to whistle
signaler: to mention
le signe: sign
signifier: to mean
le singe: monkey
le sinistre: disaster
sinon: if not
Socrate: Socrates (Greek
   Philosopher)
la soeur: sister
soi-disant: so-called
la soie: silk
la soierie: silk goods
la soif: thirst
soigner: to take care of
le soin: care
le soir: evening
la soirée: evening
soit: (subjunctive of *être*) that is
la soixantaine: about 60
le sol: soil; land; ground
le soldat: soldier
le soleil: sun
solonnel: solemn
la somme: sum
le sommeil: sleep
somme toute: altogether
le son: sound
le sondage: survey; poll
sonner: to ring
la sonnette: bell
la sorcière: witch
le sort: fate
la sortie: exit
sortir: to go out
le sou: 5 centimes (small coin)
le souci: worry; concern

soucieux: worried; anxious
soudain: suddenly
souffler: to blow; breathe
la souffrance: suffering
souffrir: to suffer
souhaiter: to wish for
se soulever: to rise
le soulier: shoe
souligner: to underline
soumettre: to submit
le soupçon: suspicion
souper: to have supper
souple: lithe
la souplesse: suppleness
la source: well
le sourcil: eyebrow
sourd: deaf
sourire: to smile
le sourire: smile
sous: under
soutenir: to sustain
souterrain: underground
se souvenir de: to remember
souvent: often
le spectre: ghost
spirituel: witty
le stand: showroom
le stylo: pen
subir: to go through
subitement: suddenly
subsister: to live
succéder à: to follow
se succéder: to follow each other
la succursale: branch office
le sud: South
la sueur: sweat
suffisant: sufficient
il suffit: it's enough
suggérer: to suggest
la Suisse: Switzerland
la suite: continuation; sequel
à la suite: following
suivant: following
suivre: to follow
le sujet: subject
au sujet de: about
à son sujet: about her
la superficie: area
le supermarché: supermarket
supplémentaire: extra
supporter: to put up with; to stand

sûr: sure
bien sûr: of course
surcharger: to overload
surdoué: gifted
la sûreté: security
surgir: to loom up
le surnom: nickname
surprenant: surprising
surprendre: to surprise
surtout: especially
surveiller: to look after
le survivant: survivor
survoler: to fly over
sympathique: likeable
le syndicat: trade union

T

le tabac: tobacco
le tabagisme: nicotinism
le tableau: painting; board
le tabouret: stool
une tâche: task
une tache: spot
la taille: waist; height
se taire: to keep quiet
le talon: heel
tandis que: while; whereas
tant: so much; so many
la tante: aunt
tant pis: too bad
en tant que: as a . . .
tantôt . . . tantôt: now . . . now
le tapage: din
taper: to type; to beat
le tapis: carpet; cloth
taquiner: to tease
tard: late
la tartine: bread and butter
la tasse: cup
le taureau: bull
te: you
le teint: complexion
tel: such (as)
tellement: so
témoigner (de): to testify to
la tempe: temple
le tenancier: owner (of bar)
ténébreux: gloomy
tendre: to hold out; stretch out
tendre: tender; soft

tenir: to hold
tiens!, tenez!: Hey! Listen!
tenir à: to value
tenir compte de: to take account of
la tentative: attempt
la tente: tent
tenter: to try; to tempt
la tenue: dress; uniform
se terminer: to end
la terre: land; ground
le tertre: mound
la tête: head
une tête-à-tête: face-to-face (meeting)
le thé: tea
le thon: tuna
la thèse: thesis
la tige: stalk
tire-d'aile (voler à): to fly quickly
tirer: to pull; drag; draw; fire (gun)
le tiroir: drawer
le tireur: pickpocket
le tissu: material
le titre: title
la toile: canvas
le toit: roof
le tombeau: tomb
tomber: to fall
tordre: to wring
le tort: wrong; fault
tôt: early
toucher: to touch; affect
toujours: always; still
la tour: tower
le tour: turn; tour; feat
à tour de rôle: in turn
le tournant: turning point
le tourne-disques: record player
la tournée: tour; round
se tourner: to turn (oneself)
tourner un film: make a film
la tournure: turn (of phrase)
la Toussaint: All Saints' Day
tout: all; every; the whole
tout à coup: all at once
tout à fait: completely
tout de suite: at once
tout le monde: everyone
·traduire: to translate
la trahison: treason

Vocabulaire

la traînée: trail
traîner: to drag
en train de: in the process of
une traite: (banker's) draft
le traité: treatise
traiter: to treat
traiter de: to deal with
le trajet: journey
la tranchée: trench
transmettre: to transmit
le travail: work
travailler: to work
le travailleur: worker
traverser: to cross
à travers: through
la traumatisme: shock
tremper: to soak
très: very
tressauter: to jump
la trêve: intermission
la tribu: tribe
le tricheur: cheat
triste: sad
la tristesse: sadness
tromper: to fool; cheat
se tromper: to make a mistake
le trompe-la-mort: death-dodger
le tronçon: (broken) piece
trop: too much; many; too
le trottoir: footpath
le trou: hole
se troubler: to get confused
troué: full of holes
trouver: to find
se trouver: to be (located)
tu: see *taire*
tuer: to kill
la tuile: tile
un tulle: net
tutoyer: address as 'Tu'
le type: guy; bloke

U

unique (fils unique): only son
unir: to unite; join
un usager: user
une usine: factory
utile: useful
utiliser: to use
utilisable: usable

V

les vacances: holidays
le vacarme: din
la vache: cow
la vague: wave
vaillant: brave
vaincre: to overcome
le vainqueur: victor
(faire) la vaisselle: (to do) the washing-up
la valeur: value
la valise: case
valoir: to be worth
vaniteux: vain
il vaut: see *valoir*
la vedette: (film) star
la veille: eve; day before
veiller: to be on guard; stay awake
le velours: velvet
la vendange: wine harvest
le vendeur: seller
vendre: to sell
le vendredi: Friday
le venin: venom
venir: to come
venir de: to have just
le vent: wind
la vente: sale
le ventre: stomach
la véracité: truth
la verdure: greenery
la vérité: truth
le verre: glass; drink
verrouiller: to lock up
vers: towards
verser: to pour; to pay
vert: green
vert-foncé: dark green
la veste: jacket
le veston: jacket
les vêtements (m): clothes
se vêtir: to dress
la veuve: widow
la viande: meat
vide: empty
le vide: void
vider: to empty
la vie: life
les vieillards: old people

la vieillesse: old age
le vieillissement: aging
la Vierge: the Virgin Mary
vieux (f. vieille): old
vif: alive; lively; bright
la vigne: vine
vilain: nasty
la ville: city; town
le vin: wine
une vingtaine: about twenty
le visage: face; appearance
vite: quickly
la vitesse: speed
la vitre: (car) window
la vitrine: shop window
vivant: living
vivement: deeply
vivre: to live
voici: here is; are
la voie: way; road; track
voilà: there is; are
voilà quatre ans: four years ago
la voile: veil; sail
voir: to see
voire: or even
(le) voisin: neighbour;
    neighbouring

le voisinage: neighbourhood
la voiture: car
la voix: voice
le vol: flight; theft
la volaille: poultry
le volant: steering wheel
voler: to steal; to fly
le volet: shutter
le voleur: thief
volontaire: determined
la volonté: will
vouloir: to wish; to want
en vouloir à: to hold a grudge
voûté: vaulted
le voyage: journey
voyager: to travel
le voyageur: traveller
le voyou: hooligan
vrai: true
vraiment: really
la vue: sight; view
vulgaire: common

Y

Y: there; to it
les yeux: pl. of *l'oeil;* eyes

ACKNOWLEDGMENTS

The publishers wish to thank the following for permission to include copyright material in this book: *Paris Match; France Soir; Le Figaro; Le Monde; L'Express; Jours de France; Ici Paris; Marie-Claire; France Dimanche;* Mr Georges Simenon for an extract from *La Colère de Maigret* (Les Éditions Presses de la Cité); Éditions Gallimard for extracts from *Le Petit Prince* (A. de Saint Exupéry), *Paroles* (J. Prévert), *La Peste* and *L'Étranger* (A. Camus) and *Le Mur* (J. P. Sartre); Librairie Plon for an extract from *Le Sagouin* (F. Mauriac); Editions Bernard Grasset for an extract from *Intermezzo* (J. Giradoux); Editions Albin Michel for an extract from *Le Silence de la Mer* (Vercors); Éditions Émile-Paul Frères for an extract from *Le Grand Meaulnes* (A. Fournier); Flammarion et Cie for an extract from *Le Risque est mon Métier* (G. Delamare); Librairie Hachette for extracts from *Histoire de la France* (André Maurois), *Les Carnets du Major Thompson* (Pierre Daninos), *Guide France* (Guy Michaud), *Les Héritiers d'Avril* (Pierre Very) and *La dette d'Henri* (L. Bourliaquet); George C. Harrap and Company for an extract from *Antigone* (Jean Anouilh); Weidenfeld and Nicholson and Fayard for an extract from *L'Univers du Moyen Age* (*The Medieval World*) (F. Heer); E. J. Arnold and Company for an extract from *Inventions et Découvertes Françaises* (Schools Council); Cambridge University Press for an extract from *French Fair Copies* (R. Ritchie); BBC Publications for pieces entitled 'Cinéma, Télé ou Radio?' 'Une journée à la cour de Louis XIV' and 'Je veux être. . . . ?'; Paule Aline Dent for extract adapted from *La France Aujourd'hui* (BBC Autumn 1973 brochure for schools).

The publishers have attempted to trace copyright holders in each instance and will be glad to make appropriate arrangements with copyright holders traced after publication.